铁路职工岗位培训系列教材

货车检车员（理论部分）

中国铁路呼和浩特局集团有限公司　编

中国铁道出版社有限公司

2023年·北 京

内 容 简 介

本书是中国铁路呼和浩特局集团有限公司组织编写的铁路职工岗位培训系列教材之分册，介绍了货车检车员岗位应掌握的理论知识。全书分为三篇，包括：机械基础、铁路运输等基础知识；铁路货车概述、货车转向架、货车制动装置、货车车钩缓冲装置、货车车体、货车运用与管理、车辆故障处理等专业知识；车辆振动、货车造修基础等相关知识。

本书可供货车检车员工种及相关人员培训及自学使用。

图书在版编目(CIP)数据

货车检车员. 理论部分/中国铁路呼和浩特局集团有限公司编. —北京：中国铁道出版社有限公司，2023.10
铁路职工岗位培训系列教材
ISBN 978-7-113-30598-7

Ⅰ. ①货…　Ⅱ. ①中…　Ⅲ. ①铁路车辆-货车-车辆检修-岗位培训-教材　Ⅳ. ①U279.3

中国国家版本馆 CIP 数据核字(2023)第 185082 号

书　　名：货车检车员(理论部分)
作　　者：中国铁路呼和浩特局集团有限公司

责任编辑：李润华　　**编辑部电话：**(010)51873138
封面设计：郑春鹏
责任校对：苗　丹
责任印制：赵星辰

出版发行：中国铁道出版社有限公司(100054，北京市西城区右安门西街 8 号)
网　　址：http://www.tdpress.com
印　　刷：河北宝昌佳彩印刷有限公司
版　　次：2023 年 10 月第 1 版　2023 年 10 月第 1 次印刷
开　　本：787 mm×1 092 mm 1/16　**印张：**11.75　**字数：**266 千
书　　号：ISBN 978-7-113-30598-7
定　　价：128.00 元

编 委 会

前　言

技能是强国之基、立业之本，技能人才是支撑铁路高质量发展的重要力量，为加强铁路专业技能人才队伍建设，加快铁路创新型、应用型、技能型人才培养，依据铁路特有工种技能培训规范，中国铁路呼和浩特局集团有限公司组织编写了铁路职工岗位培训系列教材。

本套教材从各工种岗位实际出发，注重专业性、实用性和指导性，内容主要包括基础知识、专业知识和相关知识三篇，各篇内容紧扣培训规范，通过深入浅出的讲解，力求通俗易懂。本套教材可作为铁路职工岗位培训和业务学习用书，亦可供有兴趣的职工自学。

本套教材由中国铁路呼和浩特局集团有限公司教材编审委员会组织，集团公司运输、客运、货运、机务、工务、电务、车辆及供电部编写、审稿，职工培训部校订并实施完成。本书第一章至第五章由朱鹏举编写；第六章至第八章由马金林编写；第九章至第十一章由董久亮编写。全书由王忠、李春龙主审。在此对所有帮助本书编写的同志表示衷心的感谢。

本书编写时间短，难免存在疏漏之处，欢迎读者朋友批评指正。

编委会

2023 年 8 月

目 录

第一篇 基础知识

第二篇 专业知识

第一篇　基础知识

第一章 机械基础

第一节 机械制图基本知识

一、投影作图的方法

如果想要加工一个零件，单凭其三维模型或样件很难将物体的加工制造技术表达清楚，这时需要借助一个空间的投影面，将物体向投影面投影，即采用相应的投影法得到零件的投影图，借助图形想象零件。因此投影法是绘图、读图的基础。

用投射线通过物体，投向选定的投射面，并在该面上得到图形的方法称为投影法。投影法分为中心投影法和平行投影法两种。

（一）中心投影法

投射线汇交于一点的投影法称为中心投影法，所得到的投影称为中心投影，如图 1-1 所示。

中心投影法的特点：改变物体与投射中心或投影面之间的距离、位置，则其投影的大小也随之改变。因此，中心投影法绘制的图样，投影度量性较差，但具有较强的立体感，在建筑工程的外形设计中经常使用。

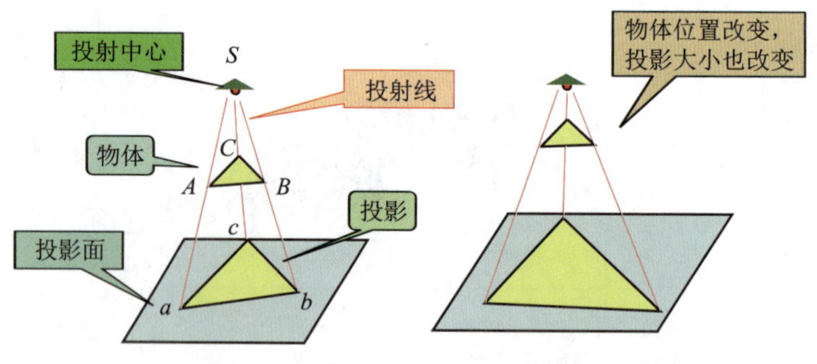

图 1-1　中心投影法

（二）平行投影法

投射线互相平行的投影法称为平行投影法，所得到的投影称为平行投影，如图 1-2 所示。平行投影法又可以分为正投影法和斜投影法。投射线与投影面倾斜的平行投射为斜投影；投射线与投影面垂直的平行投影为正投影。

平行投影法的特点：投影大小与物体和投影面之间的距离无关，故度量性好。

正投影法的特点：在投影面上能够得到反映物体的真实形状和大小的投影，绘制也较简便，具有良好的度量性，在工程上得到广泛应用。

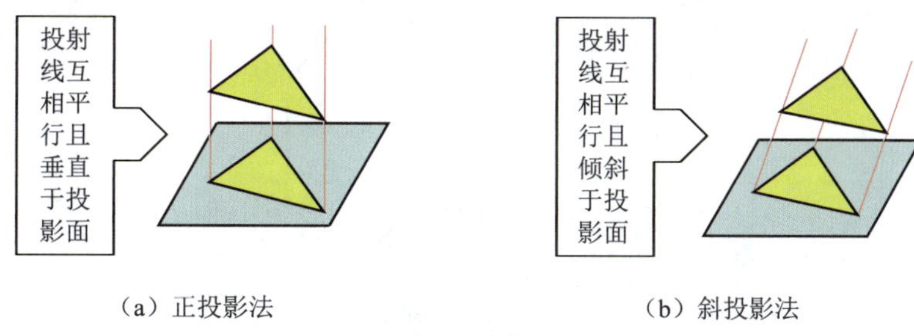

（a）正投影法　　（b）斜投影法

图 1-2　平行投影法

二、三视图的形成

（一）视图的形成及其投影关系

在机械制图中，通过正投影所得到的投影称为视图。一般情况下，一个视图不能确定物体的形状（图 1-3）。要表达物体的完整形状，必须增加不同投影方向的视图。工程上常用的是三视图。

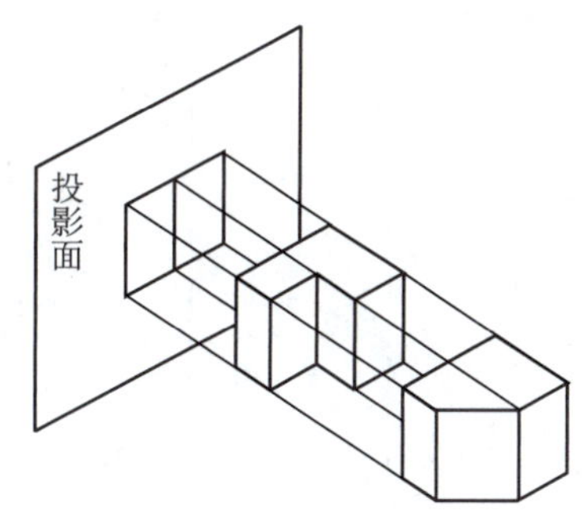

图 1-3　一个视图不能确定物体的形状

（二）三面投影体系与三视图的形成

1. 三面投影体系的建立

三面投影体系由三个互相垂直的投影面组成，如图 1-4 所示。三个投影面分别为：正立投影面（简称正面），用 V 表示；水平投影面（简称水平面），用 H 表示；侧立投影面（简称侧面），用 W 表示。相互垂直的两个投影面之间的交线，称为投影轴。V 面和 H 面的交线为 OX 轴，代表长度方向；H 面和 W 面的交线为 OY 轴，代表宽度方向；V 面和 W 面的交线为 OZ 轴，代表高度方向。三个投影轴垂直相交的交点 O 称为原点。

2. 三视图的形成

将物体放在三面投影体系中，位置处在人与投影面之间，然后将物体对各个投影面投影，得到三个视图，如图 1-5(a)所示。三个视图分别为：

主视图：从前往后进行投影，在正立投影面（V 面）上所得到的视图。

俯视图：从上往下进行投影，在水平投影面（H 面）上所得到的视图。

左视图：从左向右进行投影，在侧立投影面（W 面）上所得到的视图。

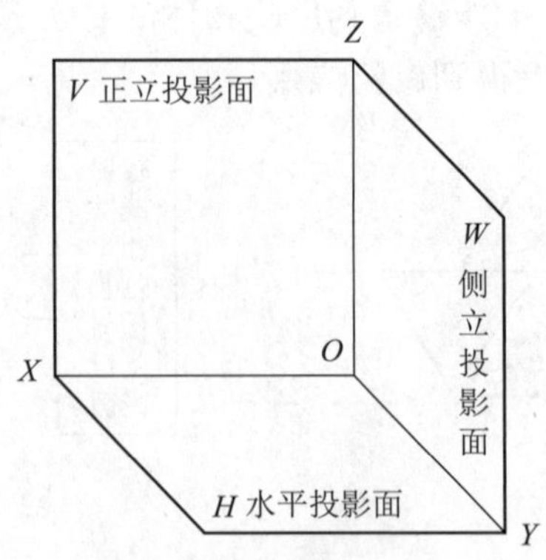

图 1-4　三面投影体系

在实际作图中，为把空间的三个视图画在同一个平面上，把三个投影面如图 1-5(b)所示展开摊平。展开时 V 面不动，H 面绕 OX 轴向下旋转 90°，W 面绕 OZ 轴向右旋转 90°，使它们与 V 面重合，这样就得到了在同一平面上的三个视图，如图 1-5(c)所示。这样摊平在一个平面上的三个视图，称为物体的三面视图，简称三视图，如图 1-5(d)所示。

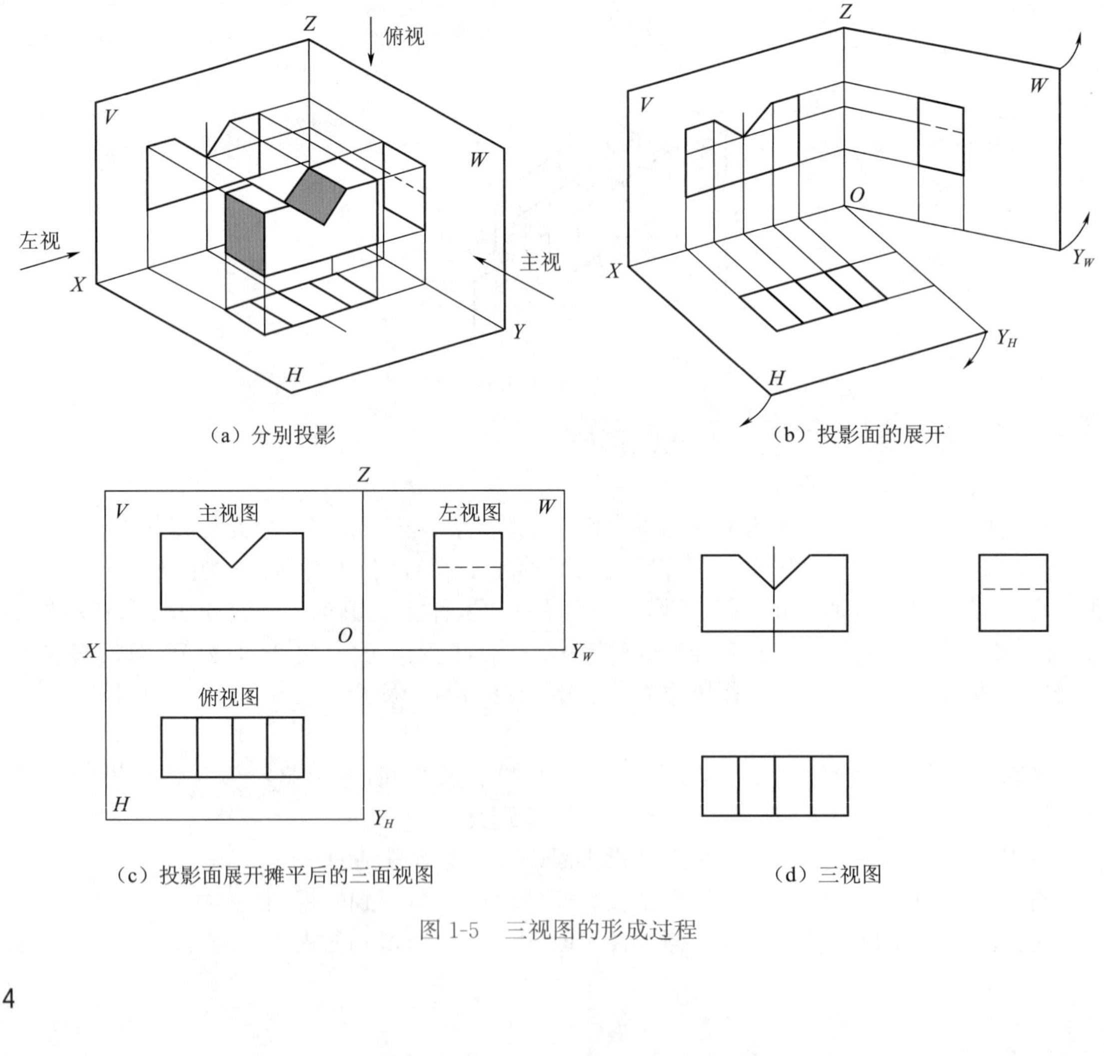

（a）分别投影

（b）投影面的展开

（c）投影面展开摊平后的三面视图

（d）三视图

图 1-5　三视图的形成过程

3. 三视图的投影规律

一个视图只能反映两个方向的尺寸。主视图反映物体的长度和高度，俯视图反映物体的长度和宽度，左视图反映物体的宽度和高度。由投影关系可以归纳出三视图的投影规律是：主、俯视图长对正，主、左视图高平齐，俯、左视图宽相等，如图 1-6 所示。

4. 三视图与物体方位的对等关系

物体有长、宽、高三个方向的尺寸，有上、下、左、右、前、后六个方位关系，这六个方位与三视图的对等关系如图 1-7 所示。

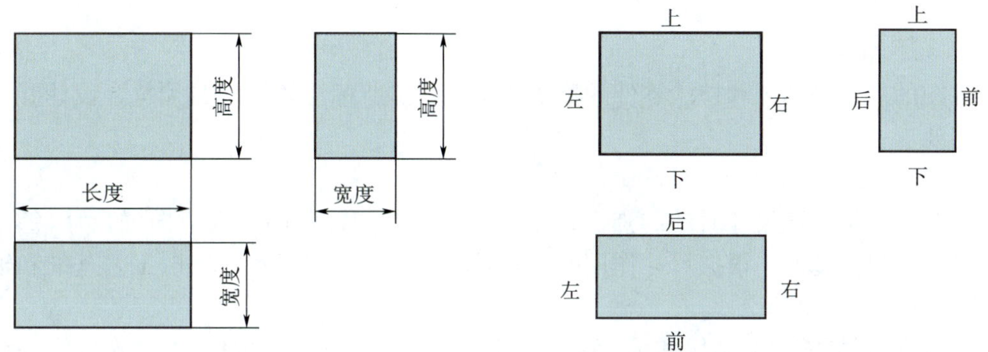

图 1-6　三视图的投影规律

图 1-7　三视图与物体方位的对等关系

三、视图的分类

在生产实际中，不是所有的零件都适合由三视图来表达，而应该根据实际结构、形状选择适当的视图表达方案，为反映其内外结构形状，还需借助其他的表示方法，如向视图、剖视图、断面图、局部视图、斜视图等。

四、视图的选择

视图是零件图的主要内容，其选择包括主视图的选择和其他视图的选择。

（一）主视图的选择

1. 形状特征原则：把最能反映零件结构形状特征的视图作为主视图。选择时通常先确定零件的安放位置，再确定主视图的投影方向。

2. 工作位置原则：主视图的位置要尽量考虑零件在机器中的工作位置，这样比较容易想象零件的工作情况，便于画图与看图。

3. 加工位置原则：主视图的位置要尽量考虑零件在加工时的位置，即装夹在机床上的位置或画线时的位置，这样在加工时可以直接图物对照，便于看图。

在画图时，上述原则只有综合考虑，才能选择出最合理的表达方案。

（二）其他视图的选择

其他视图用于补充主视图尚未表达清楚的结构，选择时应考虑以下几点：

1. 优先考虑基本视图并在基本视图上作剖视图、断面图。根据零件内外形状的复杂程度，考虑所选的其他视图都有一个表达的重点。

2. 合理选用其他辅助视图(如向视图、局部视图、斜视图等)，在表达清楚的情况下应采用较少的视图。同时要考虑合理的布置视图位置，使视图清晰匀称又便于看图。

第二节 零件图标注方法

一、零件图的尺寸标注

（一）尺寸标注

零件图的尺寸是加工和检验零件的重要依据，因此，所标注的尺寸必须符合设计要求和生产工艺要求。

选择尺寸基准：

尺寸基准是指标注尺寸时的起点。每个零件上都有长、宽、高三个方向的尺寸，每个方向至少有一个尺寸基准。根据尺寸作用的不同，尺寸基准可分为设计基准、工艺基准和辅助基准，设计基准是主要基准。

设计基准：根据零件的结构和设计要求选定的基准，称为设计基准。通常选择零件结构中一些重要的几何要素作为设计基准，如中心线、轴线、端面、底面等。

工艺基准：为便于加工和测量而选定的基准，称为工艺基准。在车床上加工外圆时，车刀的最终位置是以右端面为基准来测定的，因此，右端面即是轴向尺寸的工艺基准。

辅助基准：为了加工和测量方便而选择的基准，称为辅助基准。辅助基准必须用尺寸与主要基准相连接。

（二）标注尺寸的原则

1. 重要尺寸，要从基准出发直接标出。重要尺寸主要是指影响零件在整个机器中的工作性能和位置关系的尺寸。

2. 避免注成封闭尺寸链。

一组尺寸头尾相接就构成一个封闭的尺寸链。在封闭的尺寸链中，总有一个尺寸是其他尺寸加工完毕后自然得到的尺寸，这个尺寸称为封闭环，其他各尺寸则称为组成环。封闭环一般不允许标注尺寸，如图 1-8 所示。

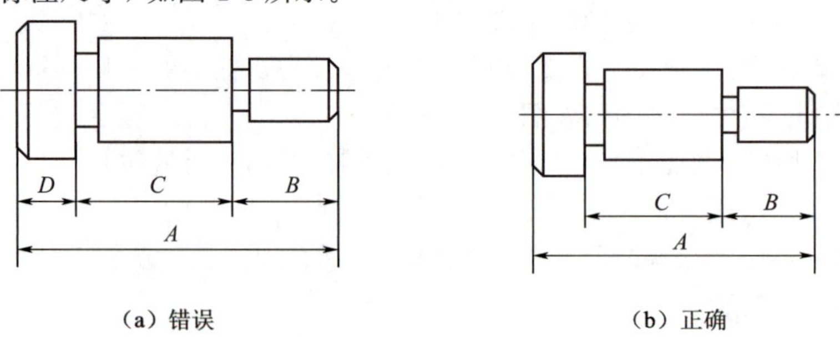

图 1-8 避免注成封闭尺寸链

二、零件图技术要求的标注

（一）表面粗糙度

1. 表面粗糙度的基本概念

零件加工后表面上较小间距和峰谷组成的微观几何形状不平的程度，称为表面粗糙度。

2. 表面粗糙度评定参数

常用的表面粗糙度评定参数有轮廓算术平均偏差 *Ra*、微观不平度十点高度 *Rz*、轮廓最大高度 *Ry* 等。参数 *Ra* 被推荐优先选用。

3. 表面粗糙度符号

表面粗糙度符号及含义示例见表 1-1。

表 1-1 表面粗糙度符号及含义示例

符 号	含 义
	基本图形符号，未指定工艺方法的表面，当通过一个注释解释时可单独使用
	扩展图形符号，用去除材料方法获得的表面；仅当其含义是“被加工表面”时可单独使用
	扩展图形符号，不去除材料的表面，也可用于表示保持上道工序形成的表面，不管这种状况是通过去除材料或不去除材料形成的
Rz 0.4	表示不允许去除材料，单向上限值，默认传输带，*R* 轮廓，粗糙度的最大高度 0.4 μm，评定长度为 5 个取样长度（默认），“16%规则”（默认）
Rz max 0.2	表示去除材料，单向上限值，默认传输带，*R* 轮廓，粗糙度最大高度的最大值 0.2 μm，评定长度为 5 个取样长度（默认），“最大规则”
0.008-0.8/*Ra* 3.2	表示去除材料，单向上限值，传输带 0.008-0.8 mm，*R* 轮廓，算术平均偏差 3.2 μm，评定长度为 5 个取样长度（默认），“16%规则”（默认）

4. 表面粗糙度在图样上标注的基本规则

（1）零件图中，每个表面一般只标注一次表面粗糙度代（符）号。

（2）表面粗糙度符号的尖端必须从材料外指向材料表面，既不准脱离也不准超出。

（3）表面粗糙度代（符）号应注在可见轮廓线、尺寸线、尺寸界线或它们的延长线上，并尽可能靠近有关的尺寸线附近。

（4）当零件大部分表面的表面粗糙度相同时，可将代号统一注写在图样右上角，代号前加“其余”二字。

表面粗糙度的标注方法具体可参见 GB/T 131。

（二）极限与配合

1. 尺寸公差

（1）公称尺寸：由图样规范定义的理想形状要素的尺寸，是设计给定的尺寸，也是图纸上标注的尺寸。

（2）极限尺寸：尺寸所允许的极限值，包括上极限尺寸和下极限尺寸。

上极限尺寸：以公称尺寸为基础，允许的最大尺寸。

下极限尺寸：以公称尺寸为基础，允许的最小尺寸。

（3）极限偏差：相对于公称尺寸的上极限偏差和下极限偏差，是极限尺寸减去公称尺寸所得的代数差。

上极限偏差：上极限尺寸减去其公称尺寸所得的代数差。

下极限偏差：下极限尺寸减去其公称尺寸所得的代数差。

（4）公差：允许尺寸的变动范围，它等于上极限尺寸与下极限尺寸之差，也等于上极限偏差与下极限偏差之差。

（5）公差带和公差带图：由代表两个极限尺寸或极限偏差的两条平行线所限定的区域叫公差带。取公称尺寸为零线，用适当的比例画出以两极限偏差表示的公差带，称为公差带图。通常，零线水平安置，且取零线以上为正偏差，零线以下为负偏差。尺寸公差带的大小取决于公差大小，公差带相对于零线的位置取决于极限偏差的大小。

极限与配合示例如图 1-9 所示。

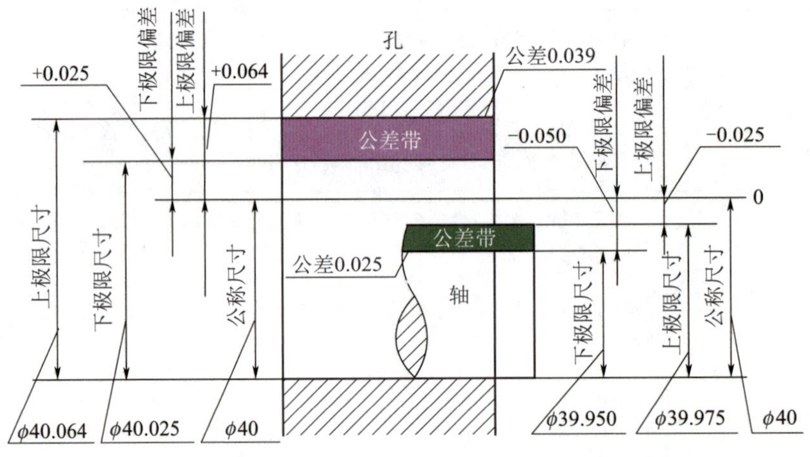

图 1-9 极限与配合示例（单位：mm）

（6）公差带代号：孔、轴的公差带代号由基本偏差代号和公差等级代号组成，如 H7 和 k6，如图 1-10 所示。

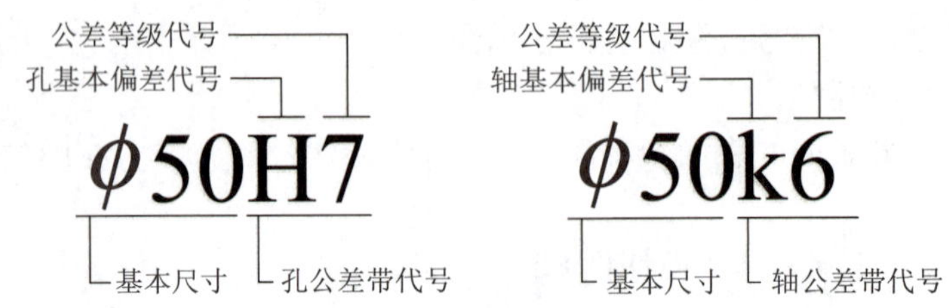

图 1-10 尺寸公差带代号

2. 配合的基本概念

配合是指基本尺寸相同的、相互结合的孔和轴公差带之间的关系。

(1)配合的分类

根据孔和轴公差带的位置关系,配合分为三类:间隔配合、过渡配合和过盈配合。

间隙配合:具有间隙(包括间隙等于零)的配合。此时,孔的公差带在轴的公差带之上。

过渡配合:可能具有间隙也可能具有过盈的配合。此时,孔的公差带与轴的公差带有重叠。

过盈配合:具有过盈(包括过盈等于零)的配合。此时,孔的公差带在轴的公差带下方。

(2)配合制度

当基本尺寸确定后,为了得到孔和轴各种不同性质的配合,规定了两种基准制,即基孔制和基轴制,应优先选用基孔制配合。

基孔制配合:基本偏差为一定的孔的公差带与不同基本偏差的轴的公差带形成各种配合的一种制度。此时孔的下偏差为零,其基本偏差代号为 H。

基轴制配合:基本偏差为一定的轴的公差带与不同基本偏差的孔的公差带形成各种配合的一种制度。此时轴的上偏差为零,其基本偏差代号为 h。

(3)配合代号

配合代号由孔和轴的公差带代号组成,写成分数形式,分子为孔的公差带代号,分母为轴的公差带代号,如 H7/g6。

3. 极限与配合的标注

(1)在零件图中的标注

用于大批量生产的零件图,只注公差带代号。用于中小批量生产的零件图,一般只注极限偏差数值。当需要同时注出公差带代号和数值时,则其偏差数值应加上圆括号。

标注极限偏差时,上偏差注在基本尺寸的右上方,下偏差与基本尺寸注在同一底线上,字高要比基本尺寸的字高小一号;上下偏差的小数点必须对齐,小数点后位数也必须相同。

(2)在装配图上的标注

在装配图上标注公差与配合时,其代号必须在基本尺寸后边用分数形式注出,分子为孔的公差代号,分母为轴的公差代号,与在零件图上标注相同。

4. 形状和位置公差

零件经加工后,不仅会产生尺寸的误差,而且会存在几何形状及相互位置误差。形状公差就是零件实际要素的形状对其理想形状所允许的变动量;位置公差就是零件实际要素的位置对其理想位置所允许的变动量。形状和位置公差简称形位公差。形位公差的分类、项目及符号见表 1-2。

表 1-2 形位公差的分类、项目及符号

公 差	特征项目	符 号	有或无基准要求
形状	直线度	—	无
	平面度	▱	无
	圆度	○	无
	圆柱度	⌭	无

续上表

公差		特征项目	符号	有或无基准要求
形状或位置	轮廓	线轮廓度	⌒	有或无
		面轮廓度	⌓	有或无
位置	定向	平行度	//	有
		垂直度	⊥	有
		倾斜度	∠	有
	定位	位置度	⌖	有或无
		同轴(同心)度	◎	有
		对称度	⌯	有
	跳动	圆跳动	↗	有
		全跳动	⌰	有

形位公差代号：

形位公差在图样上一般用框格形式表示，其中位置公差须加注基准代号。框格分两格或多格，框格中所填写的内容如图 1-11 所示。

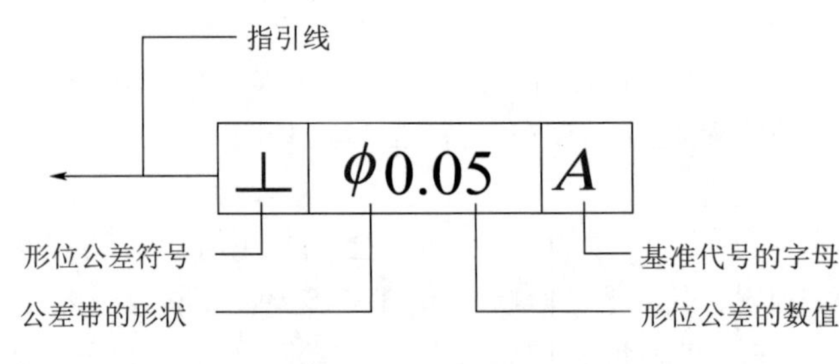

图 1-11　形位公差代号

第三节　机械传动与摩擦

一、机械传动

（一）带 传 动

1. 带传动的组成及工作原理

带传动一般是由主动轮、传动带和从动轮组成，传动带紧套在两轮上，使带和带轮之间的接触面产生正压力。当原动机驱动主动轮转动时，依靠带和带轮间的摩擦力作用，带动从动轮一起转动，并传递动力。

2. 带传动的特点

(1)带具有弹性,可缓解冲击和振动,传动平稳,无噪声。

(2)当机器过载时,带在带轮上打滑,对机器具有过载保护作用。

(3)结构简单,成本低,带损坏后容易更换,安装维护方便。

(4)结构不够紧凑,大功率的带传动尺寸往往很大,而且不能保证准确的传动比。

3. 带传动的类型及应用

常用的带传动有平型带传动、三角带传动、多楔带传动、圆形带传动和同步齿形带传动等。

(1)平型带传动。平型带的横剖面扁平。工作时,带的环形内表面与轮缘接触,结构简单,带轮也容易制造,而且平型带比较薄,挠曲性能好,适用于传动中心距较大、高速运转的传动。常用的平型带有橡胶布带、缝合棉布带、棉织带和毛织带等数种,其中以橡胶布带应用最多。

(2)三角带传动。三角带的横剖面是梯形,带轮上也做出相应的轮槽。工作时,三角带只和轮槽的两个侧面接触。根据摩擦原理,在同样的张紧力下,三角带传动较平型带传动能产生更大的摩擦力;而且结构比较紧凑,允许的传动比也比较大。三角带已标准化并大量生产,因此三角带传动的应用比平型带传动广泛得多。

(3)多楔带传动。多楔带传动兼有平型带和三角带的优点,柔性好、摩擦力大、能传递的功率高,并解决了多根三角带长短不一而使各带受力不均的问题。多楔带传动主要用于传递功率较大而结构要求紧凑的场合,传动比可达 10,带速可达 40 m/s。

(二)链 传 动

1. 链传动的组成及工作原理

链传动由主动轮、链条和从动轮组成,属于带有中间挠性件的啮合传动。链轮上制有特殊齿形的齿,依靠链轮轮齿与链节的啮合来传递运动和动力。

2. 链传动的特点

与带传动、齿轮传动相比,链传动具有下列特点。

(1)和齿轮传动比较,链传动较易安装,成本低廉,它可以在两轴中心结构较为紧凑相距较远的情况下传递运动和动力,而且能在低速、重载和高温条件下及尘土飞扬的不良环境中工作。

(2)和带传动比较,它能保证准确的平均传动比,传递功率较大,传递效率较高,一般可达 0.95~0.97,且作用在轴和轴承上的力较小。链传动是属于带有中间挠性件的啮合传动。与带传动相比,链传动无弹性滑动和打滑现象,因而能保持准确的传动比(平均传动比),传动效率较高;又因链条不需要像带那样张得很紧,所以作用于轴上的径向压力较小。

(3)链条的铰链易磨损,使得节距变大,造成脱落现象。

3. 链传动的应用

当两轴平行且同向回转,中心距较远,传递功率较大、平均传动比要求较准确时,可采用链传动。链传动多用于轻工机械、农业机械、石油化工机械、采矿、冶金、运输起重机械和机床、汽车、摩托车和自行车等机械传动上。

(三)齿轮传动

1. 齿轮传动的组成及工作原理

齿轮传动由主动轮和从动轮组成,两齿轮的轴线相对位置不变,并各绕其自身的轴线而转动。

2. 齿轮传动的特点及应用

齿轮传动与带传动和链传动等比较，有如下特点：

(1)能保证瞬时传动比恒定，平稳性较高，传递运动准确可靠。

(2)传递的功率和速度范围较大。齿轮传动传递的功率从几瓦至几万千瓦，圆周速度从很低到每秒 100 m 以上。

(3)结构紧凑、可实现较大的传动比。在同样的使用条件下，齿轮传动所需的空间尺寸一般较小。

(4)传动效率高，工作可靠，使用寿命长。常用的机械传动中，以齿轮传动的效率为最高，如一级圆柱齿轮传动的效率可达 99%。使用维护良好的齿轮传动，工作可靠，寿命可达一、二十年，这也是其他机械传动所不能比的。

(5)齿轮传动的制造及安装精度要求高，价格较贵，且不宜用于传动距离过大的场合。齿轮传动是现代各类机械传动中应用最广泛的一种传动，在工程机械、矿山机械、冶金机械以及各类机床中都应用着齿轮传动。齿轮传动所传递的功率从几瓦至几万千瓦，它的直径从不到 1 mm 的仪表齿轮到 10 m以上的重型齿轮，它的圆周速度从很低到每秒100 m以上。大部分齿轮是用来传递旋转运动的，但也可以把旋转运动转为往复运动，如齿轮齿条传动。

二、机械摩擦

（一）摩擦概述

在正压力作用下，当相互接触的两个物体受切向外力的影响而发生相对滑动或有相对滑动的趋势时，在接触表面上就会产生抵抗滑动的阻力，这一自然现象叫作摩擦，这时产生的阻力叫摩擦力。

摩擦是一种不可逆过程，其结果必然有能量损耗和摩擦表面物质的丧失或转移，即磨损。磨损会使零件的表面形状和尺寸遭到缓慢而连续的破坏，使机器的效率及可靠性逐渐降低，从而丧失原有的工作性能，最终还可能导致零件的突然破坏。

（二）摩擦分类

摩擦可分两大类：一类是发生在物质内部，阻碍分子间相对运动的内摩擦；另一类是当相互接触的两个物体发生相对滑动或有相对滑动的趋势时，在接触表面上产生的阻碍相对滑动的外摩擦。仅有相对滑动趋势时的摩擦称为静摩擦；相对滑动进行中的摩擦称为动摩擦。动摩擦又分为滑动摩擦与滚动摩擦。滚动摩擦的机理与规律完全不同于滑动摩擦。

根据摩擦面间存在润滑剂的情况，滑动摩擦又分为干摩擦、边界摩擦（边界润滑）、混合摩擦（混合润滑）及流体摩擦（流体润滑）。干摩擦是指表面间无任何润滑剂或保护膜的摩擦。在工程实际中，并不存在真正的干摩擦，因为任何零件的表面不仅会因氧化而形成氧化膜，而且多少也会被润滑油所湿润或受到“油污”。

1. 干摩擦

两个无润滑物体之间的摩擦，主要是由两种因素所构成，一是摩擦面的实际接触区内出现的黏着；二是较硬表面上的不平度凸峰在较软表面上所起的犁刨作用。影响摩擦系数的因素很多，除了摩擦副的材料性质以外，主要还有表面膜与镀层、滑动速度、环境温度、表面光洁度等。

2. 边界摩擦(边界润滑)

摩擦表面间由于润滑油的存在而大大改变了摩擦的特性。当两个受“油污”的表面在重载作用下靠得非常紧(两表面间可能只有 1 μm 甚至只有一两个分子那样厚的油膜存在,以致有许多的不平度凸峰发生接触),而润滑油的体积性质(又称黏性)还不能起作用时,其摩擦特性便主要取决于润滑油和金属表面的化学性质,这种能保护金属不致黏着的薄膜称为边界薄膜。这时两表面间形成的摩擦就称为边界摩擦。

边界摩擦的摩擦规律,基本上与干摩擦相同,只是摩擦系数小些,通常在 0.1 左右。因为不能完全避免金属的直接接触,所以这时仍有磨损产生。

3. 混合摩擦(混合润滑)

随着摩擦面间油膜厚度的增大,表面不平度凸峰直接接触的数量在缩小,而油膜承载的比重在增加。根据研究表明,在混合摩擦(混合润滑)时,因仍然有不平度凸峰的直接接触,所以不可避免地还有磨损存在,只是摩擦系数要比边界摩擦时小得多了。

4. 流体摩擦(流体润滑)

当摩擦面间的油膜厚度大到足以将两个表面的不平度凸峰完全分开时,即形成了完全的液体摩擦。这时的油分子大多不受金属表面吸附作用的支配而自由移动,摩擦是在流体内部的分子之间进行,所以摩擦系数极小,而且不会有磨损产生。

复习思考题

1. 中心投影法的特点是什么?
2. 平行投影法的特点是什么?
3. 正投影法的特点是什么?
4. 三视图与物体方位的对等关系是怎样的?
5. 三视图的投影规律是什么?
6. 零件图标注尺寸的原则是什么?
7. 什么是表面粗糙度?
8. 表面粗糙度在图样上标注的基本规则是什么?
9. 公差带是如何定义的?
10. 零件的配合可分为哪几类?
11. 零件的配合制度分为哪三种方式?
12. 机械传动的方法有哪几类?
13. 带传动的特点是什么?
14. 齿轮传动的组成及作用原理是什么?

第二章 铁路运输

第一节 行车组织和列车运行图

一、行车组织

铁路行车组织是铁路运输工作组织的重要组成部分，必须贯彻安全生产的方针，坚持高度集中、统一领导的原则。铁路各生产部门要发扬协作精神，主动配合，紧密联系，协同动作，组织均衡生产，不断提高效率，挖掘运输潜力，完成铁路运输任务。

（一）列车的编组

铁路车辆按规定重量、长度及编挂条件编成车列，挂上机车和规定的列车标志并指定有列车车次时，称为列车。发往区间的单机、动车组及重型轨道车也按列车办理。

1. 列车按运输性质分类

(1)旅客列车(动车组列车，特快、快速、普通旅客列车)；

(2)特快货物班列；

(3)军用列车；

(4)货物列车(快速货物班列、快运、重载、直达、直通、冷藏、自备车、区段、摘挂、超限及小运转列车)；

(5)路用列车。

2. 列车运行等级顺序

列车运行等级顺序原则上按速度等级从高到低排序，同速度等级的列车原则上按以下等级顺序：

(1)动车组列车；

(2)特快旅客列车；

(3)特快货物班列；

(4)快速旅客列车；

(5)普通旅客列车；

(6)军用列车；

(7)货物列车；

(8)路用列车。

开往事故现场救援、抢修、抢救的列车，应优先办理。特殊指定的列车等级，应在指定时确定。

（二）列车编组计划

列车编组计划是全路的车流组织计划。列车中车组的编挂，须根据国铁集团和铁路局集团公司的列车编组计划进行。列车编组计划包括装车地直达列车编组方案和技术站列车编组方案两部分。根据全路车流结构、各站设备能力和作业条件，统一安排各种货物列车的编解作业任务，具体规定各货运站、编组站和区段站编组列车的种类、到站及车组编挂办法。

列车编组计划的编制，应在加强货流组织的基础上，最大限度地组织成组、直达运输，合理分配各编组站、区段站的中转工作，减少列车改编次数。

（三）列车时刻及运行方向

1. 列车时刻

全国铁路的行车时刻，均以北京时间为标准，从零时起计算，实行 24 h 制。

铁路地面固定设备的系统时钟，当具备条件时，应接入铁路时间同步网；不具备条件时，可独立设置卫星授时设备。铁路行车房舍内和办理行车工作的有关人员均应备有钟表。钟表的时刻应与调度所的时钟校对。

2. 列车运行方向

列车运行，原则上以开往北京方向为上行，反之为下行。全国各线的列车运行方向，以国铁集团的规定为准，但枢纽地区的列车运行方向，由铁路局集团公司规定。列车须按规定编定车次。上行列车编为双数，下行列车编为单数。在个别区间，使用直通车次时，可与规定方向不符。

二、列车运行图

（一）列车运行图的意义

列车运行图是用以表示列车在铁路区间运行及在车站到发或通过时刻的技术文件，规定各次列车占用区间的程序，列车在每个车站的到达和始发（或通过）时刻，列车在区间的运行时间，列车在车站停车时间以及机车交路、列车重量和长度等，是全路组织列车运行的基础。

列车运行图是铁路运输工作的综合计划和行车组织工作的基础。科学合理地编制列车运行图，对保证行车安全，适应市场需求，提高运输能力、效率和效益，具有重要意义。所有与列车运行有关的铁路各部门、各单位，要严格按列车运行图的要求，组织本部门、本单位的工作，以保证列车按运行图运行。

列车运行图一方面是铁路运输企业实现列车安全、正点运行和经济有效地组织铁路运输工作的列车运行生产计划。另一方面它又是铁路运输企业向社会提供运输供应能力的一种有效形式。因此，列车运行图又是铁路组织运输生产和产品供应销售的综合计划，是铁路运输生产联合企业生产和社会生活的纽带。

（二）列车运行图的分类及要求

列车运行图分为基本列车运行图（简称基本图）和分号列车运行图（简称分号图）。

1. 基本图是指经过重新编制或调整，正在实施并持续到下次重新编制或调整为止的列车运行图。全路基本图原则上每两年编制一次。调整后的基本图又称调整列车运行图（简称调整图）。

2. 分号图是指为适应短期运输、应对突发事件或施工等需要，短时间实行，实行完毕又恢复到基本图的临时性列车运行图。

3. 列车运行图应根据客货运量、区段通过能力等因素确定列车对数，并符合下列要求：

(1)列车运行、车站间隔、技术作业等时间标准；

(2)迅速、便利地运输旅客和货物；

(3)充分利用通过能力，经济合理地运用机车车辆和安排施工、维修天窗；

(4)做好列车运行线与车流的结合；

(5)各站、各区段间的协调和均衡；

(6)合理安排乘务人员作息时间。

机车周转图应与列车运行图同时编制。

第二节　车站技术管理与铁路线路

一、车　　站

车站既是铁路办理客货运输的基地，又是铁路系统的一个基层生产单位。在车站上，除办理旅客和货物运输的各项作业外，还办理和列车运行有关的各项作业。为了完成上述作业，车站上设有客货运输设备及与列车运行有关的各项技术设备，还配备了客运、货运、行车、装卸等方面的工作人员。

（一）车站的作用

车站是办理客货运输的基地。旅客购票、候车、乘降和货物的承运、保管、装卸、交付以及相关的作业都是在车站进行的，可以说车站是铁路与旅客、货主联系的纽带。车站是铁路运输的基本生产单位。在车站，除了办理客货运输各项作业，还进行机车的换挂、整备；车辆的检查、修理等作业。此外，车站还进行列车的接发、会让、越行，车列的解体、编组等作业。车站是铁路运输的窗口，服务水平和效率亦在此体现。合理地布置和有效地运用车站和枢纽的各项设备，是保证列车快速、安全、正点，加速车辆周转、降低运输成本的关键。

（二）车站的分类

目前，我国铁路上有大小车站几千个，这些车站所担负的任务量、业务性质不同，其办理的作业、服务的对象及重点也有所不同。因此，车站有不同的分类。

1. 按业务性质分为：客运站、货运站、客货运站。

2. 按技术作业分为：中间站、区段站、编组站。

3. 按所担负的任务量及在铁路网上的地位分为：特等站、一等站、二等站、三等站、四等站、五等站。

（三）车站线路种类与线间距

1. 铁路线路分为正线、站线、段管线、岔线、安全线及避难线。

(1)正线是指连接车站并贯穿或直股伸入车站的线路。

(2)站线是指到发线、调车线、牵出线、货物线及站内指定用途的其他线路。

(3)段管线是指机务、车辆、工务、电务、供电等段专用并由其管理的线路。

(4)岔线是指在区间或站内接轨,通向路内外单位的专用线路。

(5)安全线是指为防止列车或机车车辆从一进路进入另一列车或机车车辆占用的进路而发生冲突的一种安全隔开设备。

(6)避难线是指在长大下坡道上能使失控列车安全进入的线路。

2. 线间距是两相邻线路中心线之间的距离。线间距应能保证行车和车站工作人员的安全,主要根据铁路限界、相邻线路办理作业的性质以及相邻线路间是否装设信号机等行车设备,并考虑留有适当的发展余地等因素来确定。线间距的大小应根据《铁路技术管理规程》(以下简称《技规》)有关规定确定。

二、中 间 站

中间站是为提高铁路区段通过能力,保证行车安全,并为沿线城乡居民及工业生产服务而设的车站。中间站的主要任务是办理列车的到发、会让和越行,以及客货运业务。

(一)中间站办理的作业

1. 列车的通过、会让和越行。在双线铁路上还办理调整反方向运行列车的转线作业。

2. 旅客乘降和行李包裹的承运、保管与交付。

3. 货物的承运、装卸、保管与交付。

4. 摘挂列车的车辆摘挂和向货场甩挂车辆或专用线取送车辆的调车作业。

5. 中间站如有工业企业线接轨或者是加力牵引起终点以及机车折返时,还需办理工业企业线的取送车、补机的摘挂、待班和机车整备、转向等作业。在客货运量较大的个别中间站,还有始发、终到旅客列车及编组始发货物列车的作业。

(二)会让站、越行站

中间站中,主要用来提高线路通过能力而设置的车站,称为会让站或越行站。

1. 会让站设置在单线铁路上,主要办理列车的到发、会车、让车,仅办理少量的客货运业务。因此,会让站应铺设到发线并设置通信、信号设备及旅客乘降、办公房屋等设备。

在会让站上,既可以实现会车,也可以实现越行。先到的列车在本站停车,等待反方向的列车到达本站、两个列车互相交会,称为会车;先到的列车在本站停车,等待后一个同方向的列车通过本站或到达本站停车后先开,称为越行。

2. 越行站设置在双线铁路上,主要办理同方向列车的越行业务。在正常情况下,双线铁路的每一条正线规定只开行某一方向的列车,必要时办理反方向列车的转线,也办理少量客、货运业务。

三、区 段 站

区段站的主要任务是为邻接的铁路区段供应及整备机车或更换机车乘务组,并为无改编中转货物列车办理规定的技术作业。此外,还办理一定数量的列车解编作业及客货运业务。在设备条件具备时,还进行机车、车辆的检修业务。区段站位于铁路网上各牵引区段的分界处,一般设在中等城市和铁路网上牵引区段(机车交路)的起点或终点。

客、货运业务:与中间站所办理的客、货运业务基本相同,但作业量较大。在某些区段站上还进行机械冷藏车的整备及牲畜车的供水作业。

车辆业务：主要是办理列车的技术检查和车辆的检修（摘车修和不摘车修）业务。在少数设有车辆段的区段站上，还办理车辆的段修业务。

所有到达区段站的货物列车，按它在该站所进行的作业性质，可以分为两类：一类是到达本站不解体，只作技术检查和机车换挂等作业，然后继续运行的列车，称为无改编中转列车；一类是列车到达本站后，要将车列解体，车组进入调车场集结编组形成列车后由车站出发，这种列车称为改编列车。

四、编 组 站

编组站是铁路网上办理大量货物列车解体、编组作业，编组直达、直通和其他列车，并为此设有比较完善的调车设备的车站。编组站通常设在几条主要干线的汇合处，也可以设在有大量装卸作业地点的大城市、港口或大工矿企业附近。

编组站和区段站统称为技术站。区段站以办理无中转列车为主，改编列车较少，办理少量区段列车和摘挂列车的改编作业；而编组站按照编组计划要求，除办理通过列车外，主要是解体和编组直达、直通、区段、摘挂及小运转等各种货物列车，以办理改编列车为主。

按照列车编组计划的要求，在编组站编解各种类型的列车，从而为合理的车流组织服务。归纳起来，编组站在路网上和枢纽中的主要任务如下：

1. 解编各种类型的货物列车，如改编货物列车、无调中转列车、本站作业车等；
2. 组织和取送本地区的车流——小运转列车；
3. 设在编组站的机务段，还需供应列车动力，整备检修机车；
4. 设在编组站的车辆段及其下属单位（站修所、列检所）还要对车辆进行日常维修和定期检修等。

五、客 运 站

专门为旅客办理客运业务的车站称为客运站。客运站是铁路旅客运输的基本生产单位，它的主要任务是组织旅客安全、迅速、准确、方便地上下车；办理行包、邮件的装卸搬运；组织旅客列车安全、正点到发和客车车底取送；为旅客提供舒适的服务条件。

六、货 运 站

凡专门办理货运作业（包括组织货源、货流，办理货物的承运、保管、交付，货物装卸作业，计算核收运费，填制货运票据等）的车站，以及专门办理货物联运或换装的车站，均称为货运站。

第三节　列车编组及运行

一、列车编组一般要求

列车应按《技规》、列车编组计划和列车运行图规定的编挂条件、车组、重量或长度编组。

列车重量应根据机车牵引力、区段内线路状况及其设备条件确定。编组超重列车时，编组站、区段站应征得机务段调度员同意，在中间站应得到司机的同意，并均须经列车调度员准许。

列车长度应根据运行区段内各站到发线的有效长，并须预留 30 m 的附加制动距离确定。超长列车运行办法，由铁路局集团公司规定。

二、禁止编入列车的机车车辆

1. 插有扣修、倒装色票的及车体倾斜超过规定限度的；

2. 曾经发生冲突、脱轨、火灾、爆炸或曾编入发生特别重大、重大、较大事故列车内以及在自然灾害中损坏，未经检查确认可以运行的；

3. 装载货物超出机车车辆限界，无挂运命令的；

4. 装载跨装货物(跨及两平车的汽车除外)的平车，无跨装特殊装置的；

5. 平车及敞车装载货物违反装载和加固技术条件的；

6. 未关闭侧开门、底开门以及平车未关闭端、侧板的(有特殊规定者除外)；

7. 由于装载的货物需停止自动制动机的作用，而未停止的；

8. 企业自备机车、车辆、自轮运转特种设备和城市轨道车辆、进出口机车车辆过轨时，未经铁路机车车辆人员检查确认的；

9. 缺少车门的(检修回送车除外)；

10. 超过定期检修期限的客车车辆(经车辆部门鉴定的回送客车除外)禁止编入旅客列车。

三、客车编入货物列车的要求

客车编入货物列车回送时，客车编挂辆数不得超过 20 辆，应挂于列车中部或后部。

装有密接式车钩的客车原则上应附挂旅客列车回送。需附挂货物列车回送时，不得超过 10 辆，其后编挂的其他车辆不得超过 1 辆。

客车与平车、平车—集装箱共用车以外的货车连挂时，不得与货车有人力制动机端连挂；客车与平车、平车—集装箱共用车人力制动机端连挂时，平车、平车—集装箱共用车的人力制动机不得使用，处于非工作状态。

机械冷藏车组应尽量挂于货物列车中部或后部。

军用及其他对编挂位置有特殊要求的客车按有关规定办理。

四、列车编组要求

1. 列车中机车和车辆的自动制动机，均应加入全列车的制动系统。

2. 货物列车中因装载的货物规定需停止制动作用的车辆，自动制动机临时发生故障的车辆，准许关闭截断塞门(简称关门车)，但列检作业场所在站编组始发的列车中，不得有制动故障关门车。

3. 编入列车的关门车数不超过现车总辆数的 6%(尾数不足一辆按四舍五入计算)时，可不计算每百吨列车重量的换算闸瓦压力，不填发制动效能证明书；超过 6%时，按规定计算闸瓦压力，并填发制动效能证明书交与司机。关门车不得挂于机车后部三辆车之内；在列车中连续连挂不得超过两辆；列车最后一辆不得为关门车；列车最后第二、三辆不得连续关门。对于不适于连挂在列车中部但走行部良好的车辆，经列车调度员准许，可挂于列车尾部，以一辆为限，如该车辆的自动制动机不起作用时，须由车辆人员采取安全措施，保证不致脱钩。

4. 旅客列车、特快货物班列不准编挂关门车。在运行途中（包括在站折返）如遇自动制动机临时故障，在停车时间内不能修复时，准许关闭一辆，但列车最后一辆不得为关门车，120 km/h 速度等级及编组小于 8 辆的 140 km/h、160 km/h 速度等级列车按规定关门时需限速运行，车辆乘务员须向司机递交限速证明书。

编有货车的军用列车、路用列车编挂关门车时，除有特殊规定外，执行货物列车的规定。

五、列车中车辆的连挂

1. 动车组以外的列车中相互连挂的车钩中心水平线的高度差，不得超过 75 mm。

2. 列车中车辆的连挂，由调车作业人员负责。软管的连结，有列检作业的始发列车由列检人员负责；无列检作业的，由调车作业人员负责。

3. 列车机车与第一辆车的连挂，由机车乘务员负责。单班单司机值乘的由列检人员负责；无列检作业的列车，由车辆乘务员负责；无车辆乘务员的列车，由车站人员负责。

4. 列车机车与第一辆车的车钩摘解、软管摘结，由列检人员负责。无列检作业的列车，车钩、软管摘解由机车乘务员（单班单司机值乘的由车辆乘务员）负责，软管连结由车辆乘务员负责；无车辆乘务员的列车，由机车乘务员（单班单司机值乘的由车站人员）负责。

5. 货物列车本务机车在车站调车作业时，无论单机或挂有车辆，与本列的车辆摘挂和软管摘结，均由调车作业人员负责。

第四节 铁路信号

一、铁路信号的分类

铁路信号按照感官分为视觉信号和听觉信号，按使用方式可分为手信号、移动信号和固定信号。

（一）视觉信号

1. 视觉信号的基本颜色：我国规定有红、黄、绿 3 种基本颜色，红色——停车；黄色——注意或降低速度；绿色——按规定速度运行。

2. 视觉信号分为昼间、夜间及昼夜通用信号。在昼间遇降雾、暴风雨雪及其他情况，致使停车信号显示距离不足 1 000 m，注意或减速信号显示距离不足 400 m，调车信号及调车手信号显示距离不足 200 m 时，应使用夜间信号。

3. 铁路沿线及站内，禁止设置妨碍确认信号的红、黄、绿色的装饰彩布、标语和灯光。如已装有妨碍确认信号灯光的设备时，应拆除或采取遮光措施。在规定的信号显示距离内，不得种植影响信号显示的树木。对影响信号显示的树木，其处理办法由铁路局集团公司规定。

（二）听觉信号

听觉信号：号角、口笛、响墩发出的音响和机车、自轮运转特种设备的鸣笛声。

（三）固定信号

固定信号按用途一般分为信号机和信号表示器两类。

1. 信号机按其类型可分为：

(1)色灯信号机：是以灯光颜色和数目的变化显示信号的装置。

(2)臂板信号机：昼间是以臂板的不同位置、形状、颜色及数目等特征显示信号；夜间装有照明灯具，以不同颜色和数目的灯光显示信号的装置。

(3)机车信号(机)：是装在机车司机室内的信号，用以反映地面信号信息显示的装置。机车信号分为三显示自动闭塞区段连续式机车信号、四显示自动闭塞区段连续式机车信号和接近连续式机车信号。

2. 信号表示器是表示行车设备位置或状态的信号机具，通过它的表示对列车运行或调车作业发出指示。信号表示器有道岔表示器、脱轨表示器、进路表示器、发车表示器、发车线路表示器、调车表示器和车挡表示器。

(四)移动信号和手信号

当线路上出现临时性障碍或进行施工，要求列车停车或减速时，应按照规定设置移动信号，安放响墩、火炬或用手信号进行防护，以便保证行车安全。

移动信号显示方式如下：

停车信号：昼间——表面有反光材料的红色方牌；夜间——柱上红色灯光。

减速信号：表面有反光材料的黄底黑字圆牌，标明列车限制速度。

减速防护地段终端信号：表面有反光材料的绿色圆牌。

手信号是有关行车人员用手持信号旗或信号灯做出各种规定动作来下达停车、减速、发车、通过、引导信号等各种命令。手信号的种类很多，常见的有指示列车运行手信号、调车手信号、联系用手信号等。

复习思考题

1. 铁路行车组织的方针及原则是什么？
2. 铁路列车是如何定义的？
3. 列车按运输性质可分为哪几类？
4. 铁路线路分为哪几类？
5. 正线是指什么？
6. 区段站的主要任务是什么？
7. 列车机车与第一辆车的车钩摘解、软管摘结是如何规定的？

第二篇　专 业 知 识

第三章 铁路货车概述

第一节 铁路货车的车种车号

一、铁路货车的定义及车种分类

铁路货车是供运送货物的车辆，原则上编组在货物列车中使用。货车类型很多，按其用途可分为通用货车和专用货车。货车车种基本代码及名称见表 3-1。

表 3-1 货车车种基本代码及名称

车种名称	代码	车种名称	代码
棚车	P	长大货物车	D
敞车	C	毒品车	W
平车	N	家畜车	J
罐车	G	水泥车	U
冷藏车	B	粮食车	L
集装箱车	X	平车—集装箱共用车	NX
矿石车	K	特种车	T

（一）通用货车

通用货车是装运普通货物的车辆，其货物类型多不固定，也无特殊要求，所占比例较大，一般有敞车、棚车、平车、罐车和冷藏车等。

敞车：车体无车顶，由地板、侧墙、端墙组成。主要用来运送煤炭、矿石、钢材等不怕湿的货物，必要时，在所装运的货物上面加盖防水篷布，也可代替棚车装运怕湿的货物。因此，敞车具有很大的通用性，是货车中数量最多的一种。敞车按卸货方式的不同可分为两类，一类是适合于人工或卸车作业机作业的通用敞车，另一类是适合于大型工矿企业、专用码头，用翻车机卸货的专用敞车。

棚车：车体由地板、侧墙、端墙、车顶、门和窗组成。用以装运各种需防止湿损、日晒或散失的货物，如粮食、布匹及日用品等。

平车：大部分平车只有地板，两侧设有柱插。用以装运钢材、机器、设备、集装箱、汽车等体积或重量较大的货物。有的平车还设有可向下翻倒的活动矮侧墙和端墙，用来装运矿石、砂土等块粒状货物。

罐车：车体外形为一个卧放的圆筒，具有较大的强度和刚度。罐体上设有安全阀，当外界温度发生变化时，罐体内的压力超过一定数值，安全阀能自行打开，将罐内气体放出；罐内压力低于一定数值时，通过安全阀向罐内补气，以保证运行安全。罐车专用于装载液体、液化气体或粉状货物。按货物品种可分为轻油类罐车、黏油类罐车、酸碱类罐车、液化气体类罐车和粉状货物罐车等。按卸货方式可分为上卸式罐车和下卸式罐车。

冷藏车:车体外形与棚车相似,但车体外表涂成银灰色,以利阳光的反射,减少太阳辐射热的侵入。车体墙板内装有隔热材料,车内设有制冷、加温、测温和通风装置。主要用以装运易腐货物,如鱼、肉、水果等;也可装运对温度有特殊要求的货物。根据冷藏设备的不同,有加冰冷藏车和机械冷藏车等。

(二)专用货车

专用货车一般指只运送一种或很少几种货物的车辆。其用途比较单一,同一种车辆要求装载的货物重量或外形尺寸比较统一,有时在铁路上的运营方式也比较特别,如固定编组、专列运行等。专用货车一般有矿石车、平车—集装箱共用车、毒品车、家畜车、水泥车、粮食车、长大货车、特种车等。

(三)特种用途车

按特种用途设计制造的货车,其结构和用途都有所不同,如检衡车、救援车、除雪车等。

二、货车车型车号标记的组成及含义

货车的车型车号标记由基本型号、辅助型号和制造顺序号码组成,简称车号。

基本型号是将货车的车种称号简化,用一个到三个大写汉语拼音字母来表示,如 C 表示敞车、P 表示棚车等。

辅助型号表示同一车种称号货车的不同结构系列以及有特殊结构设施或车体材料改变,用一位或者两位阿拉伯数字和字母表示,记在基本型号的右下角,如 C_{64K}、NX_{17T} 中的 64K、17T。

制造顺序号码表示按预先规定的规则而编排的某一车种的顺序号码,用阿拉伯数字表示,记在基本型号和辅助型号的右侧。

车型编码方法:

货车车型采用大写汉语拼音字母和阿拉伯数字编码,由车种编码、辅助编码 1、辅助编码 2、载重级别或速度级别或顺序序列、定型序号、转向架编码等组成,可无辅助编码 1(2)、定型序号、转向架编码。新型货车车型的编码不应与已有货车车型重复,货车车型编码不应超过 6 位。

示例:化工类罐车,用于装运甲醇,载重级别为 80 t,首次设计定型,装用交叉支撑转向架,其货车车型编码为 GHA_{80},如图 3-1 所示。

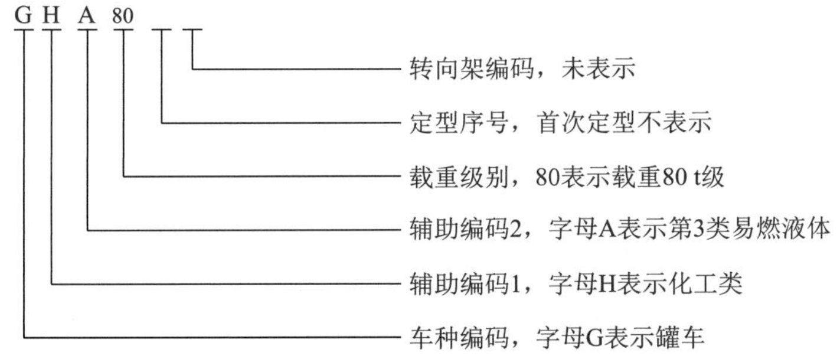

图 3-1　货车车型编码示例

第二节　铁路车辆的技术指标

铁路车辆的技术指标是表示铁路车辆性能和结构特点的一种指标，一般包括性能参数和主要尺寸。

一、性能参数

货车的性能参数主要有以下几项：

自重：空车时，货车本身具备的重量。

载重：货车标记中所注明的允许承载的重量。

自重系数：自重与载重的比值。在保证车辆强度、刚度和使用寿命的条件下，自重系数越小越经济。

容积：货车内部可容纳货物的体积。以车体内部长、宽、高的乘积表示。

比容系数：容积与载重的比值。

构造速度：设计时，根据各种条件所规定的允许车辆正常运行的最高速度。

轴重：货车总重与该货车轴数的比值。

每延米轨道载重：货车总重与车辆长度的比值。

通过最小曲线半径：货车所能安全通过的最小曲线半径。

二、主要尺寸

车辆长度：不受纵向外力影响的车辆，两车钩均处在闭锁位时，两端车钩钩舌内侧面间的水平距离。

车辆宽度：车辆两侧的最外凸出部位之间的水平距离。

最大宽度：车辆侧面的最外凸出部位与车体纵向中心线间的水平距离的两倍。

车辆高度：空车时，车体上部外表面至轨面的垂直距离。

最大高度：空车时，车辆上部最高部位至轨面的垂直距离。

车体长度：车体两外端墙板（非压筋处）外表面的水平距离。

底架长度：底架两端梁外表面间的水平距离。

车辆换长：车辆长度（m）除以 11 所得值（保留一位小数，尾数四舍五入）。

车钩中心线距轨面高度：车钩中心线至轨面的垂直距离。这是货车之间、货车与机车之间连挂运用的最重要尺寸。

第三节　车 辆 轴 距

车辆轴距分为全轴距和固定轴距。

一、全 轴 距

车辆全轴距是指车辆上，1、2 位端最外面的车轴中心线间的水平距离。

二、固定轴距

固定轴距是指两轴车或同一转向架最前位和最后位车轴中心线间的水平距离。

三、车辆定距

车辆定距是指车辆底架两心盘中心间的距离。一般车辆全长与车辆定距的比值为1.4∶1,此数值称为车辆定距比。

四、固定轴距过大时的危害

1. 车辆在曲线半径小的线路上运行时,外侧车轮轮缘压迫钢轨外侧面,容易扩大轨间距离,并且加剧轮缘与钢轨间的磨耗。

2. 轮缘容易挤到轨面上,当轮缘有缺陷时,容易造成脱轨事故。

第四节 铁路限界

为了确保机车车辆在铁路线路上运行的安全,防止机车车辆撞击邻近线路的建筑物和设备而对机车车辆和接近线路的建筑物、设备所规定的不允许超越的轮廓尺寸线,称为限界。

铁路限界是一个与线路中心线垂直的横断面,其横向尺寸为水平宽度,由线路中心线起算;其高度尺寸为垂直高度,自钢轨面起算,单位均为毫米。

铁路基本限界可分为机车车辆限界和建筑限界两种。

一、机车车辆限界

机车车辆限界是机车车辆横断面的最大极限,它规定了机车车辆不同部位的宽度、高度的最大尺寸和底部零件至轨面的最小距离。机车车辆限界是和桥梁、隧道等限界起相互制约作用的,当机车车辆在满载状态下运行时,也不会因产生摇晃、偏移等现象而与桥梁、隧道及线路上其他设备相接触,以保证行车安全。

二、建筑限界

建筑限界是一个和线路中心线垂直的横断面,它规定了保证机车车辆安全通过所必需的横断面最小尺寸。凡靠近铁路线路的建筑物及设备,其任何部分(和机车车辆有相互作用的设备除外)都不得侵入限界之内。

第五节 货车的基本构造

一、货车的基本构造及各部分的作用

为适应和满足货物运输的不同要求,铁路车辆虽有很多类型,构造也各有不同,但从基本结构来看,一般均由以下五部分组成。

（一）车　体

车体是装载货物的部分，车体一般和车底架构成一个整体，车体结构形式与车辆的用途有关，一般由车底架、侧墙、端墙、地板、车顶等部分组成。车底架是车体的基础，它承受车体和所装货物的重量，并通过上下心盘将重量传给走行部。在列车运行时，它还承受机车牵引力和列车运行中所引起的各种冲击力，所以必须具有足够的强度和刚度。

（二）转向架

我国铁路货车大部分是四轴货车，每节车有两台相同且独立的两轴转向架。转向架由两组轮对、轮对轴箱装置、侧架、摇枕、弹簧减振装置等组成一个整体结构，并通过摇枕上的下心盘、中心销和车体底架枕梁上的上心盘对接后与车体连接为一体。转向架可以引导车辆沿轨道运行，并把车辆的重量和货物载重传给钢轨，它应保证车辆以最小的阻力在轨道上运行，并顺利地通过曲线。转向架能否保持良好的状态，对于车辆的安全、平稳、高速运行有很大影响。

（三）车钩缓冲装置

车钩缓冲装置的作用是使机车和车辆或车辆之间连挂一起，并且传递牵引力和制动力，缓和列车运行或调车作业时所产生的冲击力。车钩缓冲装置包括车钩、缓冲器两部分，安装在车底架中梁的两端。车钩由钩头、钩身和钩尾三个部分组成。钩头里装有钩舌、钩舌销、钩提销、钩舌推铁和钩锁铁等零部件。为了实现挂钩或摘钩，使车辆连接或分离，车钩具有锁闭、开锁、全开三种位置。摘钩时，只要其中一个车钩处在开锁位置，就可以把两辆车分开。当两个车需要连挂时，只要其中一个车钩处在全开位置，与另一辆车钩碰撞后就可连挂。

为了缓和并减小车辆在连挂、启动、制动时产生的冲击力，提高列车运行的平稳性，延长车辆使用寿命，在车钩的后面装有缓冲器。可以起到缓和冲击的作用，还可以吸收一部分冲击时产生的动能。

（四）制动装置

制动装置是用外力迫使运行中的机车车辆减速或停车的一种设备。它的主要作用是保证高速运行中的列车能按需要实现减速、在规定的距离内实现停车或防止静止的车辆溜走，以保证行车安全。车辆上的制动装置一般包括三个部分：空气制动装置、基础制动装置和人力制动机。

（五）车内设备

车内设备是指能良好地为运输对象服务而设于车体内的一些固定附属装置。货车由于类型不同，内部设备也不同，一般来说比客车的内部设备简单，如冷藏车中装设的制冷设备等。

二、车辆标记

为便于客、货车辆的运用和管理，在车辆规定部位涂打的用于标明车辆的配属、用途、编号、主要参数、方向、位置等的文（数）字和代号称为车辆标记。车辆标记一般分为车型车号标记、产权制造标记、运用标记、检修标记、试验标记五类。

（一）车型车号标记

货车应在车体两侧侧墙上或活动墙板上涂打大车号，在底架测量或侧墙下缘涂打小车号，如侧梁为鱼腹梁，仅在侧梁涂打大车号。

（二）产权制造标记

1. 路徽：为区别于外国车辆和不属于中国国家铁路集团有限公司（以下简称国铁集团）的国内企业自备车辆，在国铁集团所属的车辆上，一律按规定涂打铁路路徽。在货车上还应按规定安装带路徽的产权标牌。

2. 国徽标记：凡参加国际联运的客车，在车体两外侧面中部必须装有国徽，表示是中华人民共和国的车辆。

3. 制造厂名及日期标牌：固定于车辆两侧梁的中部，内铸有制造厂名及制造年月。此外，车辆的主要零部件，如车轮、车轴、转向架、车钩等，在其上一般有该零部件生产厂家的代号。

4. 配属标记：对固定配属的车辆，涂打所属铁路局集团公司和车辆段的简称，如“京局京段”是代表北京局集团公司北京车辆段的配属车。

（三）运用标记

运用标记又可分为性能标记和特殊标记。

性能标记包括自重、载重、容积、换长、整备标记等。

特殊标记包括集中载重标记、货车结构特点标记、运用特殊标记。

（四）检修标记

定期检修标记包括厂、段修标记和临修标记，可反映出本次检修的时间和检修单位。

车辆检修有关标记包含延期标记、车辆方位标记、车钩型号标记、车钩中心线等标记。

（五）试验标记

试验标记根据试验项目，临时涂打在车号标记下面。车辆上一般涂打的标记应使用油漆涂打，除另有规定者外，根据涂打处所的颜色按照规定选定标记颜色。

复习思考题

1. 铁路货车可分为哪几类？
2. 铁路货车的性能参数主要有哪几项？
3. 铁路货车车辆由哪几部分组成？
4. 机车车辆限界是指什么？
5. 建筑限界是指什么？

第四章 货车转向架

第一节 货车转向架的种类、组成和功能

一、货车常见转向架的种类

我国铁路货车转向架型号主要有转 8AG 型、转 8G 型、转 8B 型、转 K2 型、转 K4 型、转 K5 型、转 K6 型、转 K7 型、2TN 型、控制型等。

二、转向架的组成及功能

转向架一般由以下四部分组成。

1. 构架部分,如铸钢侧架、拱形侧架、框架形构架、H 形构架等。
2. 摇枕弹簧减振装置,包括摇枕、弹簧、弹簧托板等。
3. 轮对轴箱装置,包括轮对、轴承、轴箱及有关配件。
4. 基础制动装置,包括制动梁、各杠杆、拉杆、闸瓦及悬挂零件等。

转向架作为车辆的走行部分,与车辆运行的平稳性和安全性有着十分密切的关系,主要有以下功能。

1. 承担车辆的自重和载重,并将重量传递到钢轨上。
2. 通过安装圆形或球形心盘,使车体与转向架可自由转动,能顺利通过曲线、降低运行阻力。
3. 车辆采用转向架后,可通过增加轴数的方法来提高车辆的载重。
4. 转向架能安装弹簧及减振装置,借以缓和车辆承受的冲击和振动。
5. 转向架是一个独立的结构,易从车下推出,便于检修。

第二节 转向架承受的载荷及载荷传递方式

一、转向架承受的主要载荷

转向架承受的主要载荷包括:

1. 垂直静载荷。
2. 垂直动载荷。
3. 车体侧向力引起的附加垂直载荷。

4. 侧向力所引起的水平载荷。
5. 制动时引起的载荷。

二、车体与转向架之间的载荷传递方式

按不同的载荷分配及载荷作用点，车体与转向架之间的载荷传递方式可分为三种。

(一) 心盘集中承载

心盘集中承载方式为车体上的全部重量通过两个上心盘分别传递给下心盘，我国绝大多数车辆都属于这种承载方式。

(二) 非心盘承载

非心盘承载的转向架没有心盘装置，虽然有的转向架上有类似心盘的装置，但它仅作为牵引及转动中心，而车体上的全部重量通过中央弹簧悬挂装置直接传递给转向架构架。

(三) 心盘部分承载

心盘部分承载方式的结构是上述两种承载方式结构的组合，即车体上的重量按一定比例分配，分别传递给心盘与旁承，使之共同承载。

三、货车转向架的力传递顺序

以转K2型转向架的力传递顺序为例：车体→上心盘→下心盘→摇枕→楔块→枕弹簧→侧架→车轴→车轮→钢轨。

第三节 侧　　架

一、铸钢侧架的种类及功能

(一) 种　　类

常见的铸钢侧架有转8、转K2、转K4、转K5、转K6型侧架。目前，我国铁路货车多采用导框式铸钢侧架。

(二) 功　　能

侧架是转向架的主要部件之一，有以下几种功能。

1. 承受转向架荷重。
2. 组装轴箱与轮对，构成固定轴距。
3. 安装支承弹簧及基础制动装置零部件。

二、各型侧架的特点

(一) 转8AG、转8G、转8B型

转8AG型侧架组成与转8A型侧架相同，只是通过连接板将左、右支撑座组焊在侧架上

作为下交叉支撑装置的连接安装座。

转 8G 型侧架外导框为箱形断面，A 部和弹簧承台处为变壁厚，斜弦杆下部为封闭结构，滑槽部位采用与转 K2 型侧架滑槽相同结构，其余与转 8A 型侧架相同。转 8G 型侧架组成主要由侧架、左支撑座、右支撑座、保持环、立柱磨耗板、左滑槽磨耗板、右滑槽磨耗板、斜楔挡等零件组成。转 8B 型侧架结构形式与转 8AG、转 8G 型基本相同。

（二）转 K2、转 K6 型

转 K2 型侧架组成如图 4-1 所示，由侧架、支撑座（1）、支撑座（2）、保持环、立柱磨耗板、滑槽磨耗板组成。主要结构特点是支撑座通过沿侧架中心线上下两条焊缝焊接在侧架上，组装位置必须用专用组焊工装保证，配合面允许打磨修配；左、右滑槽磨耗板为卡入式；侧架立柱磨耗板通过两个折头螺栓与侧架立柱紧固。由于载重的不同，转 K6 型侧架结构形式与转 K2 型基本相同，但各部尺寸不同。

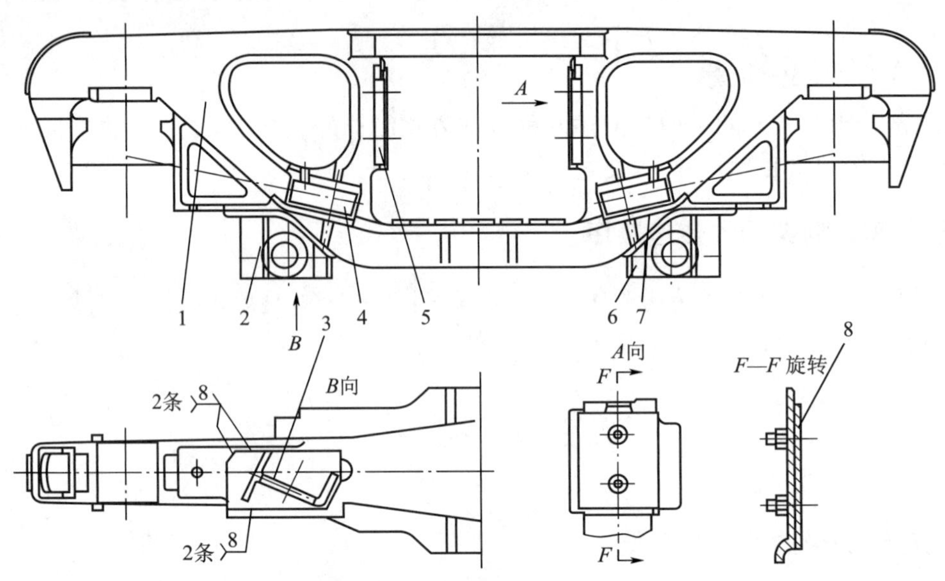

图 4-1　转 K2 型侧架组成

1—侧架；2—支撑座（1）；3—保持环；4—左滑槽磨耗板；5—立柱磨耗板；6—支撑座（2）；7—右滑槽磨耗板；8—折头螺栓、防松螺栓

（三）转 K4、转 K5 型

转 K4 型侧架组成包括侧架立柱磨耗板、侧架、导框摇动座、滑槽磨耗板等，如图 4-2 所示。侧架立柱磨耗板材质为 47Mn2Si2TiB，用折头螺栓、防松螺母将其紧固于侧架上（2003 年以前生产的转 K4 型转向架，侧架立柱磨耗板材质为 45 钢，同时将立柱磨耗板与侧架上下连接部位施以焊接，2003 年以后取消焊接）。侧架滑槽磨耗板为压型件，分左右，材质为 47Mn2Si2TiB 或 45 钢。侧架中央方框下弦杆处为一腔形结构，用以安装摇动座。侧架导框处也制成一腔形结构，用以安装导框摇动座，导框摇动座两侧用固定块焊固，使摇动座定位于侧架导框顶部腔内，导框摇动座底面为圆弧形，承载鞍顶面也为圆弧形，两圆弧面配合，使侧架像吊杆一样，具有摆动功能，提高车辆的横向动力学性能。由于载重的不同，转 K5 型侧

架结构形式与转 K4 型基本相同，但各部尺寸不同。

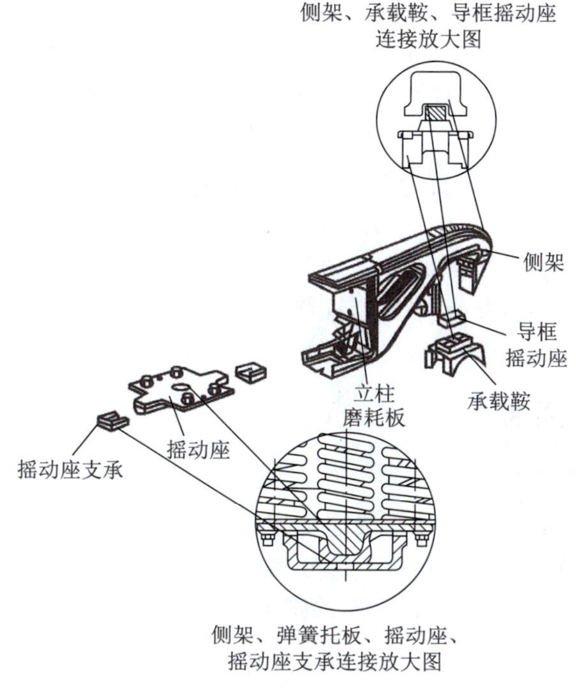

图 4-2　转 K4 型侧架组成

三、侧架滑槽磨耗板

（一）平板式滑槽磨耗板与卡入式滑槽磨耗板的主要区别

1. 外形不同。平板式为长方形钢板，卡入式为槽形。

2. 材质和硬度不同。平板式材质为 27SiMn，硬度为 40～50 HRC。卡入式滑槽磨耗板中转 8AG、转 8G、转 K2、转 K4 型材质为 T10 或 47Mn2Si2TiB；T10 硬度为 36～42 HRC，47Mn2Si2TiB 硬度为 43～58 HRC。

3. 安装方式不同。平板式为三面焊装，卡入式为镶嵌安装。

（二）转 K4、转 K5、转 K6 型侧架滑槽磨耗板主要结构特点

转 K4、转 K5、转 K6 型侧架滑槽磨耗板为卡入式结构，采用整体压型工艺制成，磨耗板侧面共压有 4 个 11 mm 的凸脐，可与侧架滑槽上的 4 个 14 mm 凹孔配合起定位作用。装配前磨耗板外张口尺寸大于侧架滑槽开口尺寸，由于材质采用 T10 或 47Mn2Si2TiB，并对成品进行热处理，保证了侧架滑槽磨耗板具有较好的弹性，压装后可利用磨耗板的弹性使磨耗板侧面与侧架滑槽上下面密贴。

第四节　摇枕与心盘

一、摇枕的种类及功能

摇枕按材质可分为铸钢摇枕、钢板或型钢焊接摇枕、型钢铆接摇枕；按结构形式可分为

箱形摇枕、鱼腹形摇枕。箱形摇枕为旧型摇枕，强度低且受力不合理，目前国产主型货车基本都采用铸钢鱼腹形摇枕。

摇枕的功能是承受车体重量的 1/2（即整个转向架荷重，此处以 1 个车体 2 个转向架为例），并平均分配到两端枕簧，摇枕相当于一简支梁，它把两侧架连接起来，使之成为一个整体。

摇枕依靠下心盘直接承受并传递车体重量，中间部分受力最大，由中部向两端受力越来越小。因此，摇枕制成鱼腹形有以下三个好处：

1. 摇枕基本上形成一个等强度梁，节约材料。
2. 有利于枕簧和侧架的设计、制造和检修。
3. 降低重心，提高了车辆的平稳性和运行速度。

二、货车主型摇枕的特点

（一）转 8AG、转 8G 型

转 8AG、转 8G 型转向架的摇枕组成完全相同，主要由摇枕、下心盘、固定杠杆支点座、斜楔摩擦面磨耗板、交叉杆安全链吊座五部分构成。主要区别是弹簧脐子高度不同，转 8AG 型转向架的摇枕弹簧脐子加焊了 8 mm 厚的脐子垫，但对于已加高的转 8A 型转向架摇枕在改造时不再加高。

（二）转 K2、转 K6 型

转 K2 型转向架摇枕组成由摇枕、固定杠杆支点座、下心盘、托架、斜楔摩擦面磨耗板组成，如图 4-3 所示。转 K2 型摇枕结构的主要特点是在摇枕中部腹板上开有椭圆孔，供制动装置中拉杆穿过。

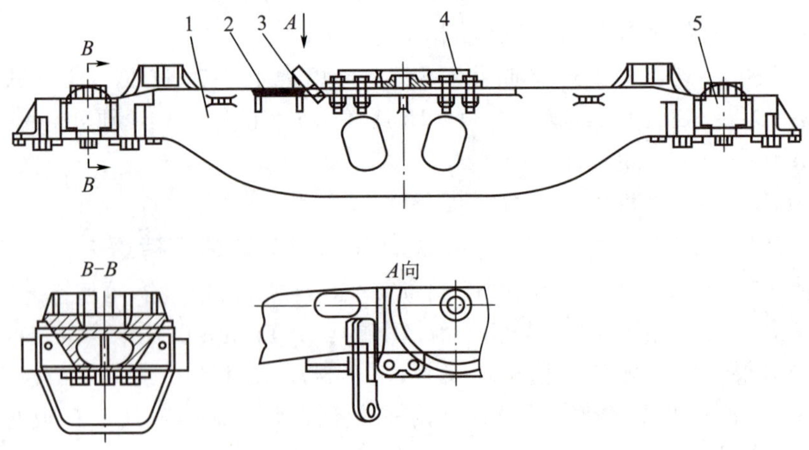

图 4-3　转 K2 型摇枕组成

1—摇枕；2—托架；3—固定杠杆支点座；4—下心盘；5—斜楔摩擦面磨耗板

（三）转 K4 型

转 K4 型转向架摇枕组成由摇枕、摇枕挡、下旁承座、摇枕斜楔面磨耗板、斜楔、下心盘等组成。转 K4 型摇枕为了便于与现有货车上心盘匹配，设计了直径为 ϕ355 mm 和 ϕ308 mm 两种下心盘，两种下心盘与摇枕上的螺栓孔位置相同；采用了和转 K2、转 8G 型转向架相同尺寸的改性尼龙心盘衬垫；为减轻自重，摇枕材质采用 AARM201 B 级钢。

摇枕下部铸出两块三角形挡与弹簧托板上的挡块配合，限定了摇枕的最大横向位移（摆动加横移共为±32 mm），防止摇枕窜出，起到安全挡的作用。

三、心盘的种类及功能

心盘从作用位置上可分为上心盘（与车体连接）、下心盘（与摇枕连接）；从结构可分为下心盘与摇枕一体式和下心盘与摇枕组合式两种。

心盘的主要功能有以下几种。

1. 支承并传递车体重量的 1/2，即整个转向架荷重（装用常接触式弹性旁承除外）。
2. 连接转向架与车体，承受纵向牵引力、冲击力、离心力和风力等，完成牵引作用。
3. 完成转向架与车体间的相对转动作用，随时进行运行中的转向。

为便于落车时导向，使上下心盘吻合、防止在运行中发生跳动而分离，上下心盘间穿以中心销，起定位和引导作用。

由于货车车体是由心盘承重，在运用过程中上下心盘承受着纵向冲击力、牵引力和车体侧摆振动、侧滚振动、车辆的蛇行运动、车辆通过曲线时的回转阻力等，上、下心盘之间很难保持平面接触。所以，心盘磨耗、裂损的故障较多，增大了检修工作量。为了减少上、下心盘的磨损，我国货车上都采用了耐磨性能优良的心盘磨耗盘，其材质为特种含油尼龙。心盘磨耗盘介于上、下心盘之间，上、下心盘的平面和圆周边部分都被含油尼龙心盘磨耗盘隔离，避免了上、下钢质心盘间的直接摩擦，改善了上下心盘面的承载均衡性。因含油尼龙心盘磨耗盘非常耐磨，可以有效提高上、下心盘的使用寿命，减少检修工作量。

心盘磨耗盘的主要技术指标有以下几项。

1. 满足－50～＋70 ℃的使用要求，同时能满足解冻库 110 ℃保温 3 h 的静态解冻要求。
2. 能满足运行速度 120 km/h 的要求。
3. 自制造之日起（无论使用与否）寿命期为 8 年。
4. 摩擦系数固定为 0.3，有助于稳定空重车时车体相对转向架的回转阻力力矩值。

四、旁　　承

货车旁承按作用方式分为摆块式旁承、平面摩擦式旁承、常接触式弹性旁承和双作用常接触式弹性旁承等几种。前两种均为淘汰型，新造通用货车均采用常接触式弹性旁承、双作用常接触式弹性旁承和 JC 系列旁承。

（一）双作用常接触式弹性旁承

双作用常接触式弹性旁承由弹性旁承体、旁承磨耗板、旁承座、滚子、滚子轴、调整垫板、垫片等零件组成。旁承磨耗板顶面距滚子顶面距离为 14_{-1}^{+2} mm，如图 4-4 所示。

采用双作用常接触式弹性旁承可有效解决摆块式旁承存在的以下问题：

1. 快速运行条件下，因轻载车辆或空车状态的车体摇头、侧滚、侧摆运动造成蛇行失稳、平稳性与脱轨安全性下降的问题。

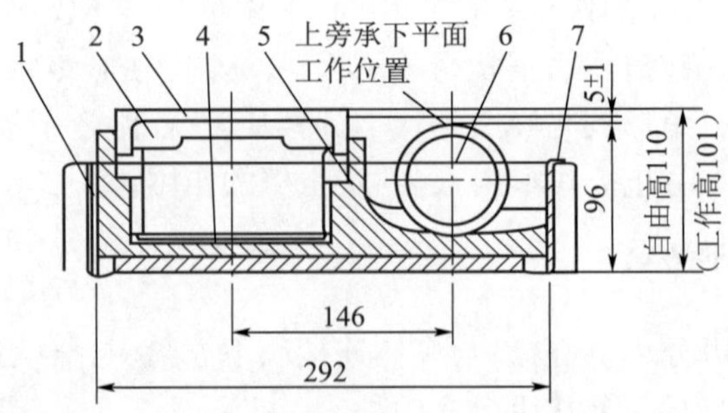

图 4-4　双作用常接触式弹性旁承结构(单位:mm)

1—调整垫板;2—弹性旁承体;3—旁承磨耗板;4—垫板;5—旁承室;6—滚子;7—垫板

2. 重载状态下车辆平稳性与转向架的曲线通过性能下降。

3. 快速运行条件下,车辆在曲线上运行的安全性下降。

采用双作用常接触式弹性旁承的优点:

1. 增大转向架与车体之间的回转阻尼,可有效抑制转向架与车体的蛇行运动,同时约束车体侧滚振动,提高货车在较高速度运行时的平稳性和稳定性。

2. 增加了车体在转向架上的侧滚稳定性。同时,为了防止货车在曲线运行时车体发生过大倾角,采用刚性滚子来限制弹性旁承的压缩量。一旦上旁承板压靠滚子,不仅车体侧倾角受到限制,而且由于滚子的滚动而不致增大回转阻力矩,有利于提高曲线通过性能。

双作用常接触式弹性旁承的工作原理:

对车体与转向架间采用间隙旁承的车辆来说,回转阻力力矩主要由上、下心盘间摩擦阻力所产生。由于空车状态下心盘载荷较小,故空车的回转阻力力矩较小,而重车回转阻力力矩就较大。当车辆采用常接触旁承后,回转阻力力矩 M 将由旁承摩擦力矩 M_1 和心盘摩擦力矩 M_2 组成,即 $M=M_1+M_2$,旁承摩擦力所产生的阻力力矩增加了空车状态的回转阻力矩。由于车体施加在旁承上的正压力并不随空、重车状态而变化,故 M_1 基本上是一个常量。这样,当采用常接触式弹性旁承时,可使车辆在空车和重车状态都能获得较为理想的回转阻力力矩。

双作用常接触式弹性旁承将单滚子旁承与常接触旁承结合起来,满足货车不断提高运行速度和改善动力学性能的要求。通过预压缩弹性旁承体,在上旁承和下旁承磨耗板间产生压力,当上下心盘回转时旁承处将产生水平方向的摩擦阻力,增大车体相对于转向架的回转力矩以提高车辆蛇行失稳临界速度和运行平稳性。当车体相对摇枕侧滚时,弹性旁承体将起约束作用,防止上、下心盘的翘离。当车体在心盘上侧滚引起弹性压缩过大时,上旁承将压靠滚子,防止车体过大侧滚及减少回转阻力的过分提高。

(二)常接触式弹性旁承

常接触式弹性旁承由旁承体组成、调整垫板、纵向锁紧斜铁等组成,其中旁承体组成由旁承体上部、旁承体下部、锥套形橡胶层、铆钉、旁承摩擦板等组成一个整体,如图 4-5所示。

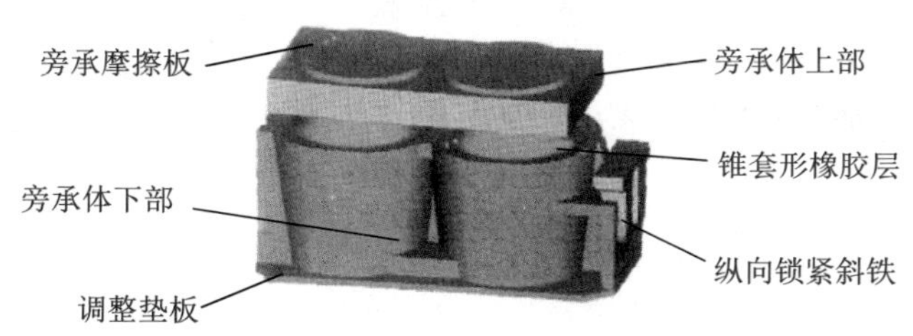

图 4-5 常接触式弹性旁承结构

常接触式弹性旁承的优点：

1. 结构简单紧凑，安装方便。旁承体组成通过橡胶将旁承体上部与旁承体下部硫化在一起，再通过螺钉将旁承摩擦板连接成一个整体，结构简单紧凑，易于安装或取出。

2. 检测、调整旁承压缩量方便。旁承体上部底面与旁承体下部顶面的间距即为旁承压缩量，检测方便、准确。旁承压缩量不符合要求时，可取出旁承体组成安装适当厚度的调整垫板，然后插入纵向锁紧斜铁即可。

3. 纵向无间隙、无磨耗。由于纵向锁紧斜铁的存在，消除了旁承体下部与旁承盒之间的纵向间隙，采用锥套橡胶将旁承体上部与旁承体下部硫化在一起，消除了旁承体上、下部的间隙，实现了弹性旁承在纵向无间隙、无磨耗的条件下工作，可稳定地保证旁承能抑制蛇行运动、提高临界速度，并消除了旁承与旁承盒之间的磨耗，提高旁承的使用寿命，降低维护成本。

4. 可靠性好。目前橡胶弹性旁承在国内外有较多使用。质量有保证时，该旁承有较高可靠性。

（三）JC 系列双作用常接触式弹性旁承

JC 系列双作用常接触式弹性旁承主要结构基本和双作用常接触式弹性旁承相同，主要区别在于滚子和弹性下旁承体，型号有 JC、JC-1、JC-2、JC-3 型四种。

第五节 弹簧减振装置

车辆在线路上运行时由于各种原因，使车辆产生振动及冲击。随着列车运行速度的不断提高，车辆的振动急剧增加，为了缓和这些振动和冲击在转向架上装设弹簧和减振装置。

当振动能量传到弹簧后，一部分能量去改变弹簧的挠度，弹簧挠度部分吸收能量储藏起来，一部分能量通过减振装置的摩擦机构，转化为热能，散发到大气中消耗掉；待振动解除时弹簧部分放出能量，摩擦部分又将其能量转为热能消耗掉。由于弹簧的存在可避免两零件同步振动，从而可把振动周期拉长、频率降低，提高车辆的运行品质，延长车辆及线路的使用寿命，同时也防止了货物的损伤。

一、货车转向架中弹簧的种类

（一）种　　类

弹簧从结构上可分为圆弹簧和扁（板）弹簧。摇枕弹簧由圆簧组合式、圆簧扁簧组合式、扁簧组合式(即合簧)或几组圆簧不用盖板组合而成。组合式有上下盖板及组成螺栓等。

(二)转向架上使用圆弹簧的优缺点

1. 优点

(1)制造加工工艺简单,成本较低。

(2)检修更换方便。

(3)欲提高总刚度时,不需要增加空间位置,可利用其本身的条件,增加内卷等。

(4)欲提高挠度和柔度时,利用转向架本身的结构就可以办到。

(5)便于实现外侧和超外侧悬挂,而不超过车辆限界。

2. 缺点

(1)没有阻尼作用,不能衰减振动。

(2)如果使用在高速运行的车辆上须另加装一种辅助装置,如液压减振器等。

二、两级刚度弹簧

转向架采用的两级刚度弹簧指采用自由高不同的摇枕内、外圆弹簧。空车状态下压缩摇枕外簧,由于弹簧刚度较小,使空车状态下的弹簧静挠度增大,从而改善空车动力学性能。重车时,摇枕外圆弹簧的压缩高度增大到与内圆弹簧自由高相等时,内、外圆弹簧开始同时承载,弹簧总刚度增大。实际上就是空车状态弹簧悬挂系统处于第一级刚度状态,即小刚度状态;重车状态弹簧悬挂系统处于第二级刚度状态,即大刚度状态,这样可使空、重车均获得良好的动力学性能。车辆采用两级刚度弹簧,既能满足空车的使用性能,又能保证重车的运用要求。

三、摩擦式减振装置

(一)种类和功能

摩擦式减振装置按结构分为直顶式、侧架立柱斜楔式、轴箱单侧斜楔式三种。

利用摩擦式减振装置的摩擦面与侧架立柱磨耗板或轴箱上的斜楔座之间产生的摩擦阻力来衰减振动,使部分冲击能转换成热能消耗掉。

(二)常见转向架减振装置的结构特点

1. 转8AG、转8G型转向架斜楔材质为贝氏体球墨铸铁(ADI),斜楔主摩擦面的角度为2°30′,副摩擦面的角度为45°,并在转8A型转向架45°面上设置了R200 mm的圆弧面,改善了主摩擦面的密贴程度,对45°斜面为平面的原结构允许与圆弧面结构并存。

2. 转K2、转K6型转向架斜楔材质为针状马氏体铸铁或贝氏体球墨铸铁,主摩擦板材质为高分子材料,转K2型转向架整体式斜楔主摩擦面的角度为0°,副摩擦面的角度为32°,主摩擦面设有磨耗限度标记(6.4 mm)。

3. 转K4、转K5型转向架主摩擦板材质为高分子材料,斜楔体为针状马氏体铸铁或贝氏体球墨铸铁。主摩擦板背面铸有圆柱形凸台,与斜楔本体安装面的孔形成间隙配合,装配后加装垫圈和开口销。

四、弹性下交叉支撑装置

为了提高转向架的抗菱刚度，减少轮对与转向架的蛇行运动，提高转向架的蛇行失稳临界速度，增大货车直线运行的稳定性，在车辆上采用了弹性下交叉支撑装置。采用交叉支撑装置的转向架空、重车抗菱刚度较以前提高了 3～6 倍。车辆采用交叉支撑装置克服了转向架抗菱刚度对斜楔减振装置的依赖，改善了斜楔减振装置的受力状态，延长了减振装置主、副摩擦面的使用寿命。由于采用交叉支撑装置可有效保持转向架的正位状态，从而减小了车辆在直线或曲线运行时轮对对钢轨的冲角，改善转向架的曲线通过性能，减少轮轨磨耗。

1. 转 8G、转 8AG 型转向架交叉支撑装置，主要由 1 个交叉杆组成、8 个轴向橡胶垫、4 个锁紧板、4 个端头紧固螺栓、4 个双耳防松垫圈等部件组成。其中交叉杆组成由杆体、交叉杆安全吊链、上盖板、下盖板、定位座、杆体、交叉杆端头等部分组成。交叉杆支撑组成呈交叉状态从摇枕下部穿过，在端部通过轴向橡胶垫组成、端头紧固螺栓、锁紧板、双耳防松垫圈与焊接在侧架上的支撑座连接。每个端头紧固螺栓紧固力矩为 675～700 N·m。交叉杆支撑组成通过轴向橡胶垫，使两个侧架在水平面内实现弹性连接，达到了控制两侧架菱形变形的目的。

2. 转 K2、转 K6 型转向架交叉支撑装置，其交叉支撑杆由两根相互交叉连接的上、下交叉杆组成，即由 1 个下交叉杆组成、1 个上交叉杆组成、8 个轴向橡胶垫、4 个双耳防松垫圈、4 个锁紧板、4 个端头紧固螺栓、4 个安全链、4 个安全锁组成。上、下交叉杆组成交叉状态从摇枕下部穿过，在端部通过轴向橡胶垫组成、端头紧固螺栓、锁紧板、双耳防松垫圈与焊接在侧架上的支撑座连接。在上、下交叉杆中部焊有夹板，利用 M12 螺栓、螺母、垫圈将夹板紧固，同时把螺母用电焊点固，夹板间有 4 处塞焊点和 2 条平焊缝，把上、下交叉杆连成一个整体。每个端头紧固螺栓紧固力矩为 675～700 N·m。

第六节　货车主型转向架

一、转 8AG、转 8G、转 8B 型转向架

转 8AG 型转向架是指装用下交叉支撑装置，侧架采用已安装支撑座的转 8A 型侧架的新型三大件式货车转向架。

转 8AG 型转向架在转 8A 型转向架基础上加装和换装部分零部件，提高了转向架的运行品质。具体加装和换装的零部件有下列五项。

1. 在两侧架之间加装弹性下交叉支撑装置，提高转向架的抗菱刚度。
2. 换装双作用弹性旁承，提高车辆的临界速度。
3. 换装两级刚度弹簧，提高车辆的空车弹簧静挠度和空车运行品质。
4. 加装心盘磨耗盘，配套改制上、下心盘，减少心盘磨耗。
5. 基础制动装置使用奥—贝球铁衬套和 45 钢圆销，换装中部压扁的下拉杆。

转 8G 型转向架是指装用下交叉支撑装置，侧架采用已安装支撑座的转 8G 型侧架的新

型三大件式货车转向架。转8G型转向架装用B级钢材质的新结构侧架、支撑座、材质为47Si2Mn2TiB的侧架立柱磨耗板和卡入式滑槽磨耗板，加装交叉支撑装置、含油尼龙心盘磨耗盘、双作用常接触式弹性旁承、两级刚度弹簧、奥—贝球铁耐磨衬套。

转8B型转向架是对转8G(转8AG)型转向架进行改造后的转向架，分别由转8G型更改为转8B型、转8AG型更改为转8AB型，原车型、车号不变，在车体和转向架规定位置涂打“已改造”和“改”标识。

主要改造的项目有以下几项。

1. 换装JC-1型弹性旁承。
2. 换装组合式斜模、45钢加宽侧架立柱磨耗板。
3. 换装L-A、L-B型组合式制动梁，新型高摩擦系数合成闸瓦。
4. 取消下拉杆安全吊，加装安全索。
5. 取消交叉杆安全链，加装安全索。
6. 按厂、段修规定需更换交叉杆时，采用C型交叉杆。
7. 优先选用50钢车轴及HDZB、HDZC、HDZD、HDS、HDSA型车轮，不得采用辐板孔有裂纹的车轮和钢保持架轴承。

二、转K2、转K6型转向架

转K2型转向架是装用变摩擦减振装置的铸钢三大件式转向架。摇枕、侧架采用B级钢铸造；中央悬挂系统采用两级刚度弹簧、减振弹簧高于摇枕弹簧；在两侧架间加装了侧架弹性下交叉支撑装置；采用双作用常接触式弹性旁承、提速双列圆锥滚子轴承及提速车轮；车轮踏面形状采用LM磨耗型踏面；加装含油尼龙心盘磨耗盘；基础制动装置采用组合式制动梁、中拉杆。

转K6型转向架是铸钢三大件式货车转向架。一系悬挂采用轴箱弹性剪切垫；二系悬挂采用带变摩擦减振装置的中央枕簧悬挂系统，摇枕弹簧为二级刚度；在两侧架之间加装侧架弹性下交叉支撑装置；采用直径为375 mm的下心盘，下心盘内设有含油尼龙心盘磨耗盘；采用JC型双作用常接触式弹性旁承；装用25 t轴重双列圆锥滚子轴承，采用轻型新结构HEZB型铸钢车轮或HESA型辗钢车轮；基础制动装置为中拉杆式单侧闸瓦制动装置，采用L-A或L-B型组合式制动梁、新型高摩合成闸瓦。

转K6型轴箱橡胶垫的作用如下：

1. 实现轮对的弹性定位，隔离轮轨间高频振动，减小轮轨动作用力，降低轮轨磨耗。
2. 解决了侧架导框与承载鞍之间磨耗的惯性质量问题。
3. 降低了簧下质量，减小了轮轨之间的冲击力。

转K2、转K6型转向架的主要性能参数与基本尺寸见表4-1。

表4-1　转K2、转K6型转向架的主要性能参数及基本尺寸

型　号	转K2型	转K6型
轴重	21 t	25 t
自重	≤4.2 t	4.78 t

续上表

型　　号	转 K2 型	转 K6 型
最高运行速度	120 km/h	120 km/h
轨距	1 435 mm	1 435 mm
轮径	ϕ840 mm	ϕ840 mm
轴型	RD_2 型	RE_{2A}型或 RE_{2B}型
基础制动装置制动倍率	4	4
通过最小曲线半径	100 m	145 m
固定轴距	1 750 mm	1 830 mm
旁承中心距	1 520 mm	1 520 mm
下心盘直径	ϕ355 mm	ϕ375 mm
下心盘面(含心盘磨耗盘)至弹性旁承顶面距离 自由状态 工作状态	 71 mm 62 mm	 92 mm 83 mm
侧架上平面距轨面高	743 mm	787 mm
侧架下平面距轨面高	165 mm	162 mm
游动杠杆与车体纵向铅垂面的夹角	50°	53°

三、转 K4、转 K5 型转向架

转 K4、转 K5 型转向架类似于传统铸钢三大件式转向架，主要由轮对和轴承装置、摇枕、侧架、弹簧悬挂系统及减振装置、基础制动装置、常接触式弹性旁承等组成，该型转向架采用了独特的弹簧托板、摇动座等结构，使之具有更好的横向性能及其他优点，转 K4、转 K5 型转向架结构如图 4-6、图 4-7 所示。

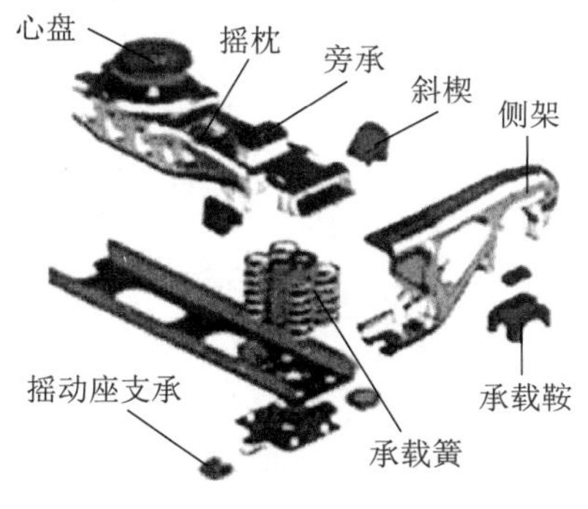

图 4-6　转 K4 型转向架结构

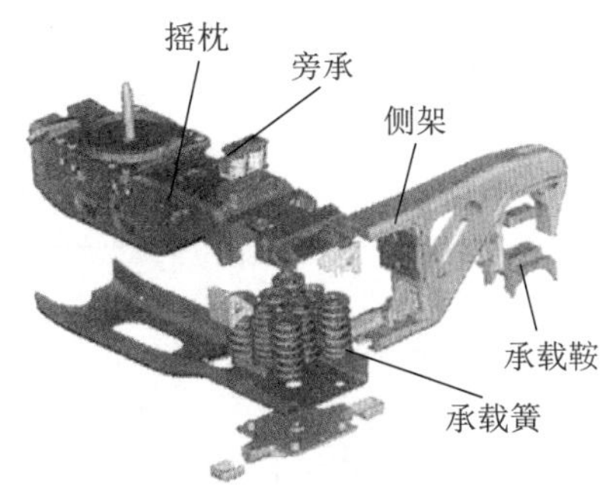

图 4-7　转 K5 型转向架结构

转 K4、转 K5 型转向架的主要特点：

1. 结构上属于铸钢三大件式转向架，具有结构简单、车轮均载性好、检修维护方便等优点。

2. 转向架采用了类似于客车转向架的摇动台摆式机构，使转向架横向具有两级刚度特性，大大增加了车辆的横向柔性，提高了车辆的横向动力学性能，降低了轮轨间的磨耗。

3. 提高了车辆脱轨安全性。由于摆动式转向架摇枕挡位置下移，使侧滚中心降低，对侧滚振动控制加强，有效地减小了爬轨和脱轨的可能性，尤其是对高重心的货车，大大提高了其脱轨安全性。

4. 转向架具有较高的耐久性和可靠性。

转 K4、转 K5 型转向架的主要性能参数及基本尺寸见表 4-2。

表 4-2 转 K4、转 K5 型转向架的主要性能参数及基本尺寸

型　　号	转 K4 型	转 K5 型
轴重	21 t	25 t
自重	≤4.2 t	≤4.7 t
最高运行速度	120 km/h	120 km/h
轨距	1 435 mm	1 435 mm
轮型	HDS 型	HEZB 或 HESA 型
轮径	ϕ840 mm	ϕ840 mm
车轮踏面形状	LM 磨耗型踏面	LM 磨耗型踏面
轴型	RD_2 型	RE_{2A} 型
轴承	SKF197726	TBU150 或 TAROL150
基础制动杠杆倾角	40°	50°
基础制动装置制动倍率	6.48	4
转向架中央悬挂弹簧空车垂向刚度	3 470 N/mm	3 682 N/mm
转向架中央悬挂弹簧重车垂向刚度	8 960 N/mm	10 727 N/mm
心盘允许载荷	371.42 kN	443.94 kN
通过最小曲线半径	100 m	145 m
工作环境温度	±40 ℃	−40～50 ℃
固定轴距	1 750 mm	1 800 mm
轴颈中心距	1 956 mm	1 981 mm
旁承中心距	1 520 mm	1 520 mm
下心盘直径	ϕ308 mm/ϕ355 mm	ϕ375 mm
下心盘面（含心盘衬垫）距轨面自由高	703 mm	710 mm

续表

型　　号	转 K4 型	转 K5 型
下心盘面至弹性旁承顶面距离(自由高)	71 mm	83 mm
侧架上平面距轨面高	743 mm	765 mm
侧架下平面距轨面高	165 mm	160 mm

第七节　货车转向架各部件主要故障特征

一、侧架故障

(一)侧架裂纹

1. 部位

铸钢侧架易发生裂纹部位为 A、B 部内,其中 A 部比 B 部的危害大。A 部为侧架导框的内弯角处;B 部为侧架的底面平面及向上倾斜延伸至导框下弯角处附近,如图 4-8 所示。

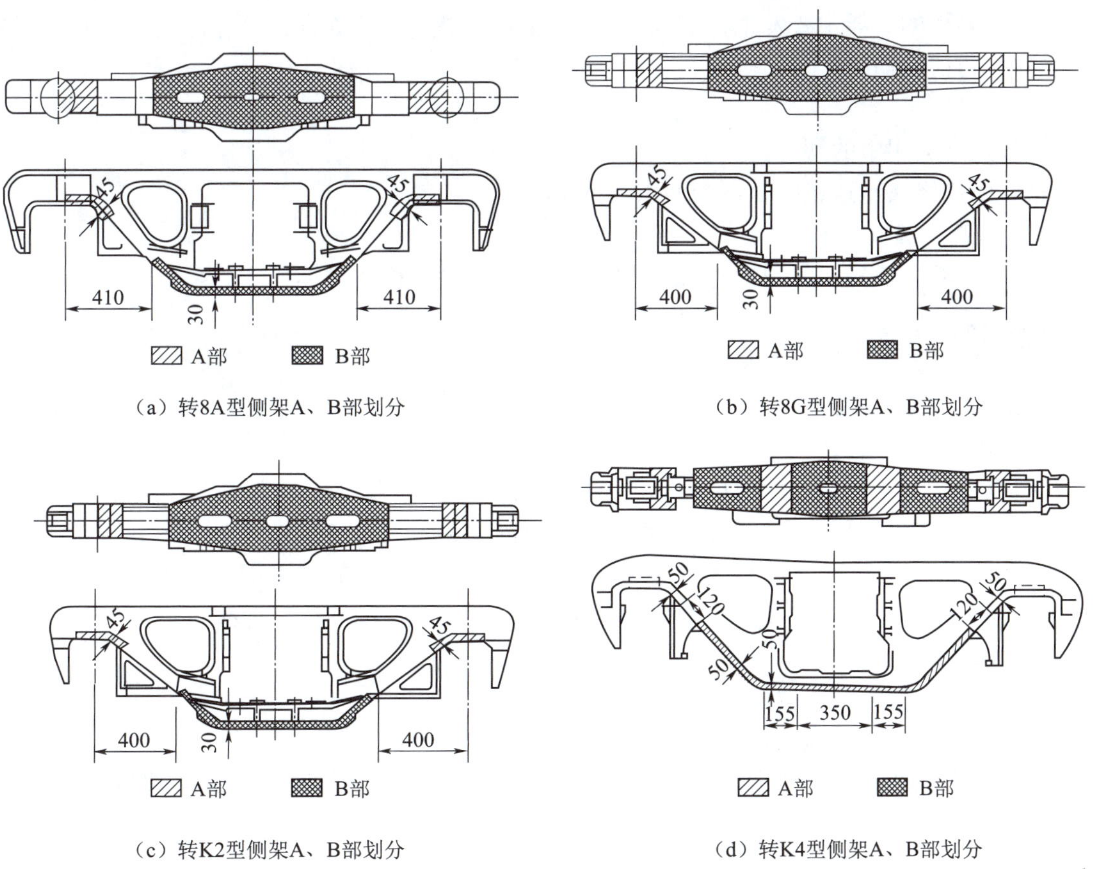

图 4-8　各型侧架 A、B 部划分(单位:mm)

2. 原因

(1)侧架弯角处断面尺寸的突然变化，产生应力集中。

(2)铸造工艺不良产生内应力。

(3)铸造缺陷，如气孔、砂眼、夹渣等，减弱了断面强度，从而导致局部应力过大而出现裂纹。

(4)焊修工艺不当，如未焊透，产生气孔、夹渣、咬边等缺陷，如果焊修前后热处理不当，在电焊处易发生脆裂。

(5)侧架立柱的磨耗，增加了侧架立柱与摇枕的间隙，当冲击力过大时，在侧架立柱根部弯角处易产生裂纹。

3. 检查方法

检查侧架裂纹时，应进行外观检查(厂、段修时须翻转检查)，对有锈线及细油线处应借光线斜交照射来发现。对可疑迹象，可用火焰烘烤的方法判断，并按规定进行探伤检查。

(二)侧架磨耗

1. 部位

铸钢侧架的磨耗主要发生在侧架立柱磨耗板、斜楔挡、制动梁滑槽磨耗板、轴箱导框及侧架立柱与摇枕挡的配合面等处。

2. 原因

(1)正常运用中的磨耗。

(2)因检修质量造成配合不当而引起的磨耗。

3. 检查方法

检查磨耗一般采用外观检查，也可以用样板尺测量磨耗的具体尺寸。

二、摇枕故障

(一)摇枕裂纹

1. 部位

铸钢摇枕易发生裂纹的部位为A、B部内，其中A部比B部更具有危害。A部包括摇枕下平面中心排水孔处附近；摇枕两端底面鱼腹形向枕弹簧座过渡的弯角处150 mm范围内。B部为摇枕底面的鱼腹倾斜部分。另外，摇枕内部心盘座加强筋与平面交接处、中心销孔边缘、心盘座螺栓孔、摇枕挡和斜楔槽弯角处也容易发生裂纹，如图4-9所示。

2. 原因

(1)摇枕受力较大部位及弯角处应力集中。

(2)螺栓松弛后受纵向作用力冲击。

(3)制造工艺不符合要求，如铸造后开箱水瀑清砂时间过早等，从而产生温度应力和内应力而造成的。

3. 检查方法

检查摇枕裂纹时，可直接外观检查(段修及厂修时须翻转检查)，通过光线照射及火焰加热烘烤的方法发现或用探伤检查进行确认。

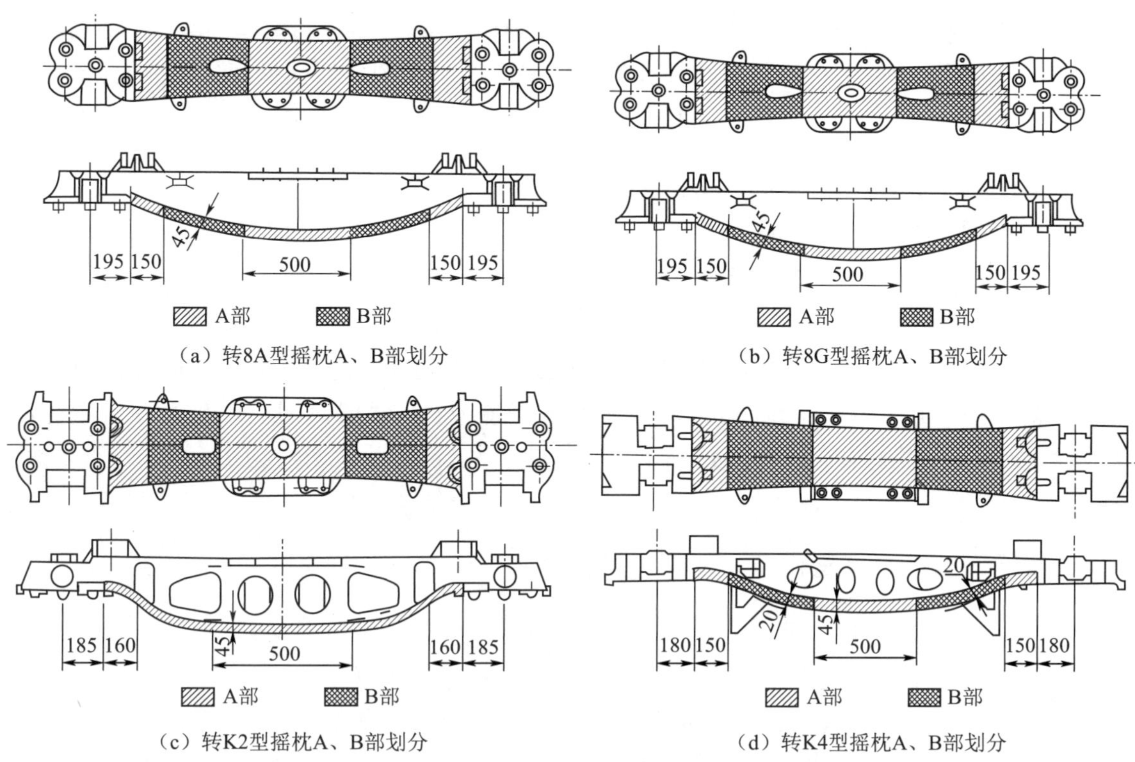

图 4-9 各型摇枕 A、B 部划分(单位:mm)

(二)摇枕磨耗

1. 部位

摇枕磨耗易发生在摇枕两端的斜楔槽摩擦面、摇枕挡、轴箱导框的摩擦面处。

2. 检查方法

摇枕磨耗可用目视外观检查或转向架分解后用检查样板测量检查。

三、摇枕弹簧故障

1. 形式及部位

弹簧的损伤形式主要有裂损、折损、衰弱(即自由高和荷重高降低)、腐蚀及磨损等。圆弹簧的裂纹和折断经常发生于弹簧内侧,因为此处弹簧所受的扭转与剪切的合成应力最大。

2. 原因

弹簧故障的原因主要是多次加热后弹簧表面脱碳或腐蚀磨损严重,使强度下降。弹簧衰弱严重时,会使弹簧起不到应有的缓和冲击作用。

四、心盘故障

心盘故障主要为裂纹。

1. 部位

下心盘裂纹易发生在螺栓孔处、立棱上、立棱圆周根部、环形平面及背部筋处。上心盘裂纹易发生在凸台根部、铆钉孔或螺栓孔处。为提高上心盘的疲劳强度，采用材质为20Mn或25Mn的锻钢上心盘逐步代替铸钢上心盘。

2. 原因

(1)因车辆载重或设计原因造成强度不够。

(2)应力集中。

(3)加修工艺不当。

3. 处理方法

心盘裂纹时可施行电焊修理，但焊前须在裂纹末端钻止裂孔，沿裂纹开坡口，预热后焊修，焊后进行正火热处理，以便消除内应力。对低合金高强度铸钢上心盘焊修时，须按焊修规范焊前预热、焊后缓冷方法进行，焊条应采用与上心盘相对应的等强度合金钢焊条。

五、提速后因车辆结构及材质引起的故障

1. 上心盘铆钉松动、折断故障。

2. 承载鞍顶面非正常磨耗故障，转 K2 型转向架在车辆运行一定的里程后，部分车辆承载鞍顶面与侧架导框顶面出现非正常磨耗，发展为金属碾出的黏着性磨损。

3. 转 K4 型转向架承载鞍与侧架磨耗及不正位故障。转 K4 型转向架在车辆运行一定的里程后，部分车辆出现承载鞍与侧架导框横向及纵向磨耗严重，导致侧架与承载鞍不正位，侧架与轴承外圈接触磨耗故障。

4. 转 K4 型转向架导框摇动座固定块止挡铁开焊或脱落丢失故障。

5. 旁承磨耗板螺栓切断故障。转 K4 型转向架所装旁承磨耗板固定螺栓折断、磨耗板松动窜出。

6. 旁承橡胶体裂纹破坏故障。

7. 旁承盒断裂损坏故障。

8. 双作用弹性旁承滚子压死、间隙超限故障。

9. 侧架立柱磨耗板断裂故障。

10. 心盘磨耗盘裂损故障。

第八节　货车车轮

一、车轮的类型及特点

（一）辗钢车轮

辗钢整体车轮简称辗钢轮，是由钢锭或轮坯经加热辗轧而成，并经过淬火热处理。辗钢轮强度高、韧性好、自重轻、安全可靠，运用中不会发生轮箍松弛和崩裂故障，适应载重大和运行速度高的要求，维修费用较低，轮缘磨耗过限后可以堆焊，踏面磨耗后可以旋削，能多次

旋修使用,所以是我国铁路车辆上采用的主型车轮。但辗钢轮制造技术较复杂,设备投资大,踏面的耐磨性不如带箍轮的好。

(二)铸钢车轮

铸钢车轮是由钢水在生产线上直接铸造成型。与辗钢车轮相比,省去了铸锭、截断再加热、水压机压型、冲孔、轧制等诸多工序,因此生产工序少、劳动力消耗少、生产能耗低;由于采用石墨型浇铸工艺,避免了辗钢车轮由于下料偏差引起的尺寸和重量偏差,使新型铸钢车轮尺寸精确、几何形状好、内部组织均匀、质量分布均匀,轮轨之间动力作用相对小。新型铸钢车轮辐板为深盆形结构(又称流线型结构),耐疲劳、抗热裂的性能均优于辗钢车轮;新型铸钢车轮的化学成分与辗钢车轮相近,二者的标准中所有技术要求相同,探伤和检验的标准也相同,而铸钢车轮的轮辋要求更高一些。

二、整体车轮各部分的名称及作用

整体车轮由踏面、轮缘、轮辋、辐板和轮毂组成。轮辋是指车轮沿踏面圆周的厚度部分。踏面是指车轮轮辋表面同钢轨接触并在轨面上滚动的部位。轮缘是指车轮踏面上靠内侧的凸起,用以保持车轮在钢轨上运行并防止脱轨的部分。辐板是连接轮辋和轮毂的部分。轮毂是位于车轮中央与辐板相连并与车轴互相配合的部分。轮毂孔供安装车轴用。

整体车轮结构如图 4-10 所示。

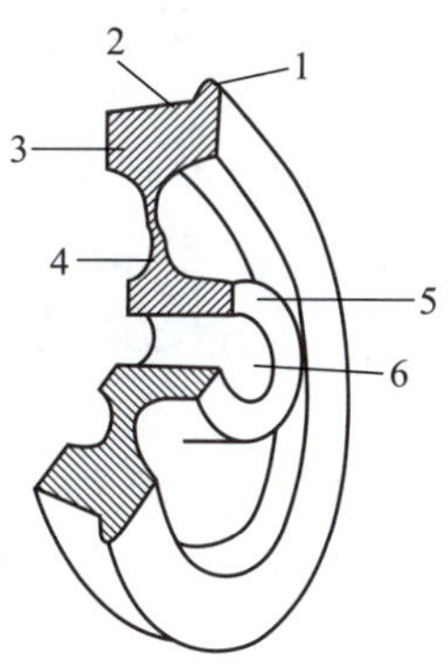

图 4-10 整体车轮结构

1—轮缘;2—踏面;3—轮辋;4—辐板;5—轮毂;6—辐板孔

三、车轮的种类及尺寸要求

货车标准型车轮有 HD、HE 型,辗钢整体车轮有 HDS、HES 型等用于 60 t 级及以上载重车辆,此外还有 HDZA、HDZB、HDZC 型铸钢车轮和 HDSA 型辗钢车轮。

货车车轮在离轮缘内侧 70 mm 处测量所得的直径为名义尺寸,该圆称为滚动圆,我国货车标准车轮直径为 ϕ840 mm。

四、磨耗型踏面的作用

磨耗型踏面外形(图 4-11)是在锥形踏面的基础上经过研究、改进发展而来的，它的主要作用如下。

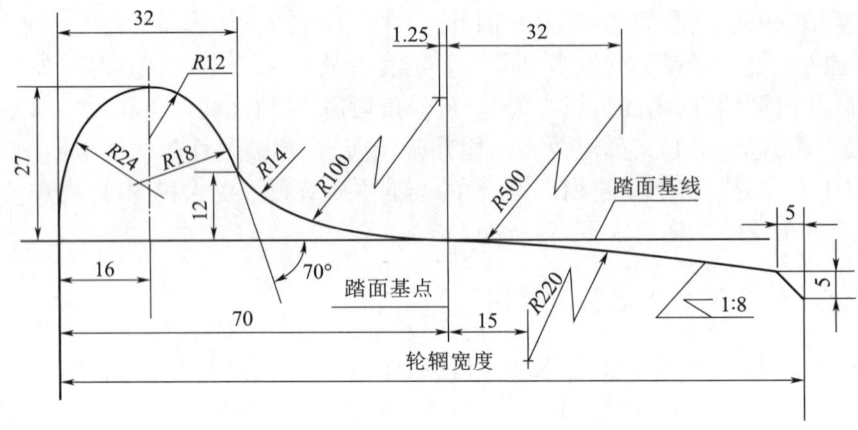

图 4-11　磨耗型踏面外形(LM)(单位：mm)

1. 增加了轮缘高度，提高了防脱轨性能和安全通过道岔性能。
2. 改善了轮缘外侧与钢轨头部侧面的配合关系，从而减少了轮轨磨耗。
3. 改善了踏面中部的圆弧过渡关系，从而减少了踏面圆周磨耗。
4. 改善了踏面锥度及外侧倒角，从而提高了通过曲线的圆顺性和通过道岔的安定性，降低了直线运行的蛇行幅度。
5. 由于减少了轮轨磨耗，从而减少了旋修时的切削量，提高了车轮使用寿命。

第九节　货 车 车 轴

车轴是由车轴钢加热铸造成毛坯，然后经切削加工而成。货车车轴从结构上可分为滑动车轴和滚动车轴。目前我国货车上主要采用滚动车轴。

一、圆锥滚子轴承车轴各部分的名称及作用

圆锥滚子轴承车轴各部分的名称及作用如图 4-12 所示。

轴端螺栓孔：安装固定压板。

轴端中心孔：方便车轴或车轮车削定位，校对车轴的圆度以及测量车轴的基准线。

轴颈后肩：轴颈与防尘板座之间的过渡圆弧。

轮座前肩：轮座与防尘板座之间的过渡圆弧。

轮座后肩：轮座与轴之间的过渡圆弧。

轴身：轮座至中央部之间的部分。

轮座：压装车轮部分，也是受力最大的部分。

防尘板座：安装防尘挡圈，以防止灰尘侵入轴箱内部。

卸荷槽：减少安装轴承后在轴颈后肩处产生的应力集中。

轴颈：安装滚动轴承，承受车辆载荷的部分。

圆锥滚子轴承车轴与圆柱轴承车轴基本相同，主要不同点是圆锥滚子轴承车轴无轴端螺纹、防松板座及退刀槽，且在轴端部有 3 个螺栓孔，以便安装轴承前盖，其轴身为圆柱形并进行旋修加工。

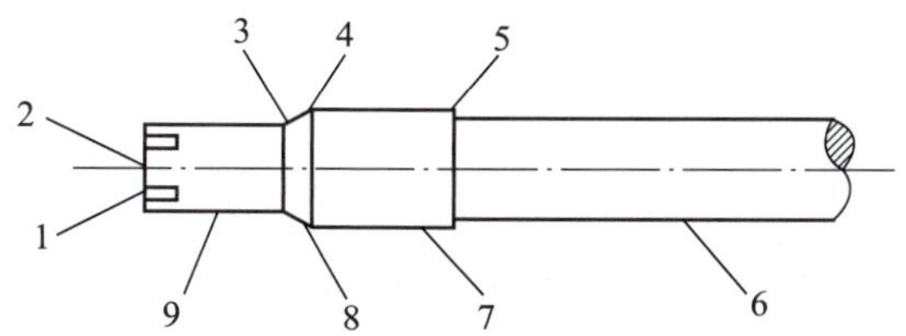

图 4-12　圆锥滚子轴承车轴各部分名称

1—轴端螺栓孔；2—轴端中心孔；3—轴颈后肩；4—轮座前肩；5—轮座后肩；6—轴身；7—轮座；8—防尘板座；9—轴颈

二、车轴承受的载荷

1. 车轴重向载荷：车辆自重加载重减去轮对重量。

2. 风力。

垂向：背风侧轴颈增载，迎风侧轴颈减载。

横向：背风侧轴端螺栓承受向外水平力。

3. 曲线上的离心力。

作用方式与风力相同，但大小应减去外轨超高产生的减少量。

4. 制动惯性力。

垂向：前转向架各轴颈增载，后转向架各轴颈减载；每个转向架的前轴增载，后轴减载。

纵向：每个轴颈有向前水平力。

5. 制动时闸瓦压迫车轮所引起的作用力。

6. 钢轨接头处的冲击力。

7. 纵向牵引冲击力。

第十节　货车轮对

一、轮对的组装

车轮与车轴采用过盈配合，在常温下用轮对压力机将车轴压入车轮的轮毂孔内。为了得到牢固的结合，轮毂孔直径与轮座直径之间应保持一定的过盈量。轮对压装后，轮毂孔被扩大而产生拉伸应力；车轴轮座部被压缩而产生径向压缩应力，从而使轮对紧密地结合成一个整体。

轮对组装用压力压入时，轮毂孔与轮座的接触部分必须洁净，选用纯净的植物油(禁用桐油）润滑。压装时车轴纵向中心线与压力机活塞中心线应保持一致，车轴纵向中心线与车轮轮辋内侧平面应相垂直，车轮压入速度应均匀并保持一致，同时必须采取保护措施，防止轴颈碰伤及轴颈端部墩粗。

对用于提速货车的轮对，须检验平衡度。静平衡的不平衡值为 125 g · m。动平衡的最大不平衡度和采用的测量方法，按图纸和技术要求执行。

二、轮对的种类及适用范围

（一）轮对的种类

1. 提速轮对。应符合 TB/T 2817 的要求，新品车轮经过静平衡试验（最大残余静不平衡值为 125 g · m，标记为 E3）的 HDS 或 HDZ 等型车轮、50 钢车轴及装用能适应 120 km/h 运行轮对。

2. 减重轮对。装用 HDZB 型铸钢减重车轮或 HDSA 等型辗钢减重车轮、50 钢车轴及无轴箱双列圆锥滚子轴承的轮对。

3. 提速且减重轮对。装用经过静平衡试验的 HDZB、HDZG、HDZD、HEZB、HEZD 和 HDSA 等型减重车轮、50 钢车轴及能适应 120 km/h 运行速度的无轴箱滚动轴承的轮对。

（二）货车轮对适用范围

货车轮对适用范围见表 4-3。

表 4-3　货车轮对适用范围

轮对型号	车轴型号	车轮型号	轴承型号	适用转向架型号
REZB	RE_{2B}	HESA、HEZB、HEZD	353130B(C353130) 353130A CTBU150(SKF TTALY V OR7030A)	转 K5、转 K6
REZA	REZA	HESA、HEZB、HEZD	353130X2-2RZ 353130-2RS(SKFTBU150) TBU150(SKF ITALY V OR7032) TAROL150/250TVP808997 AP150	转 K5、转 K6
RE_2	RE_2	E	197730	—
RD_2	RD_2	D、HDS、HDSA、HDZ、HDZA、HDZB、HDZC、HDZD	352226X2-2RZ(TN) SKF197726 197726TN AP130	转 8A、转 8G、转 8AC、转 K1、转 K2、转 K3、转 K4

续上表

轮对型号	车轴型号	车轮型号	轴承型号	适用转向架型号
RD_{2Y}	RD_{2Y}	—	42726QT 152726QT NJ3226X1 NJP4226X1	2TN
RB_2	RR_2	HBS	197720	转 9
RD_3	RD_3	KDS	42726QT 152726QT NJ3226X1 NJP3226X1	—

三、车轮标记

（一）辗钢车轮

1. 基本标记

(1)制造年月；

(2)制造单位代号；

(3)车轮钢种代号；

(4)车轮型号；

(5)熔炼炉罐号(视具体情况)；

(6)车轮顺序号；

(7)检验人员标记。

2. 标记要求及示例

辗钢车轮标记须冷打在轮毂内侧端面上。

标记示例：(1) 0511 MG Ⅱ HDSA 05-2-2541 123 M，(2) 1412 TZ Ⅱ HESA 220436△，如图 4-13 所示。

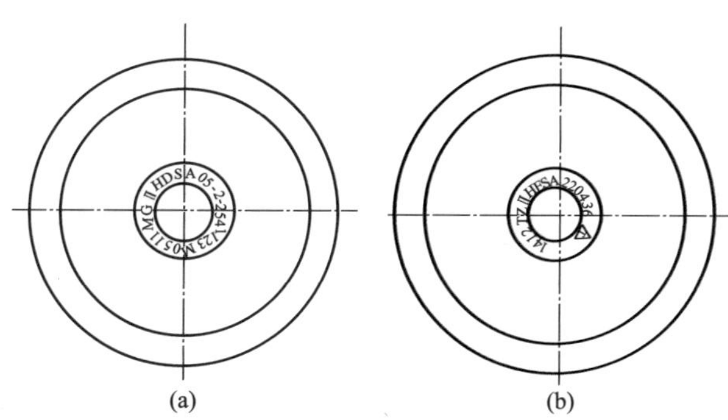

图 4-13 辗钢车轮标记示例

（二）铸钢车轮

1. 基本标记

(1)制造年月；

(2)制造单位代号；

(3)车轮钢种代号；

(4)铸钢车轮代号；

(5)车轮型号；

(6)车轮顺序号。

2. 标记要求及示例

铸钢车轮标记在车轮辐板内侧面上铸造凸字标记。

标记示例：0702 CO B Z HDZD 001456，如图 4-14 所示。

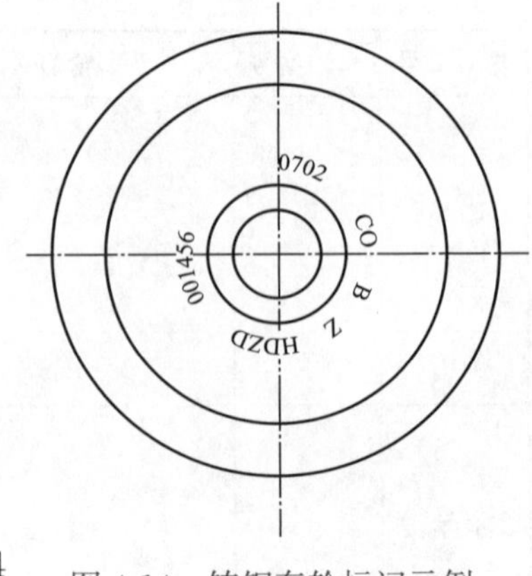

图 4-14 铸钢车轮标记示例

（三）车轮型号含义

1. 辗钢车轮

如："HDSA"和"HESA"

含义：H—货车；D—RD_2 轮轴、E—RE_{2B}轮轴；S—辗钢；A—图纸差异。

2. 铸钢车轮

如："HDZD"和"HEZB"

含义：H—货车；D—RD_2 轮轴、E—RE_{2B}轮轴；Z—铸钢；D、B—图纸差异。

四、车轴标记

车轴标记包括车轴制造标记、轮对组装标记和特殊标记。

（一）车轴标记刻打位置

在车轴两端面上，以轴端中心孔中心与轴端三个螺栓孔中心的假想线及其延长线将轴端分成三等分，构成三个扇区。

车轴标记须按规定刻打在某一扇区内。

（二）车轴制造标记

1. 车轴钢冶炼熔炼号：阿拉伯数字或阿拉伯数字和字母组成，如 D1006048。

2. 车轴钢钢种标记：1 个字母，打在熔炼号后面，LZ50 钢钢种标记为"W"，LZ45CrV 钢钢种标记为"H"，LZ40 钢钢种标记省略。

3. 车轴制造(锻造)单位代号：3 位阿拉伯数字或字母，如 114。

4. 车轴锻造年月：年、月分别用 2 位阿拉伯数字表示，如 1012。

5. 车轴锻造顺序号(轴号)：用 1～6 位阿拉伯数字表示，从 1～999999 循环刻打；如 22772。2015 年之前生产的 LZ45CrV 钢车轴用 5 位阿拉伯数字表示，从 00001～99999 循环刻打。

6. 车轴方位标记："左"字标记。

7. 车轴轴型标记：用字母及阿拉伯数字表示，如 RF_2、RE_{2B}、RD_2等

8. 车轴制造超声波穿透探伤检查钢印标记："↑"。

9. 超声波穿透探伤工作者的责任钢印标记："⚠"

10. 车轴制造标记须集中刻打在轴端的某一扇区之内并永久保留，排列位置如图 4-15 所示。

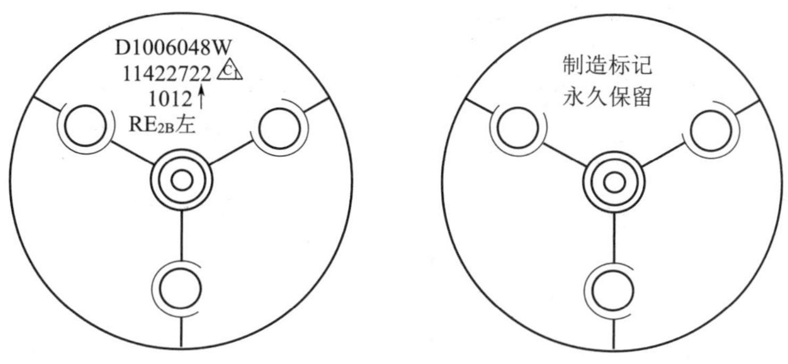

图 4-15 车轴制造标记刻打位置

（三）轮对组装标记

1. 轮对组装及组装单位标记：“×××”，框内刻打轮对组装单位代号，如904。

2. 轮对组装年、月、日。年、月、日分别用 2 位阿拉伯数字表示，如 051014。

3. 轮对第一次组装标记必须在车轴制造标记所处扇区按顺时针方向排列的下一个扇区内刻打，排列位置如图 4-16 所示，轮对第一次组装标记必须永久保留。

4. 轮对再次组装时，组装标记在轮对第一次组装标记所处扇区按顺时针方向排列的下一个扇区内刻打，左端打满后在右端刻打，依次类推。各扇区均打满后，依次选择第二次及以后各次组装标记中可不保留者，将该扇区的所有标记全部磨除，重新刻打组装标记。

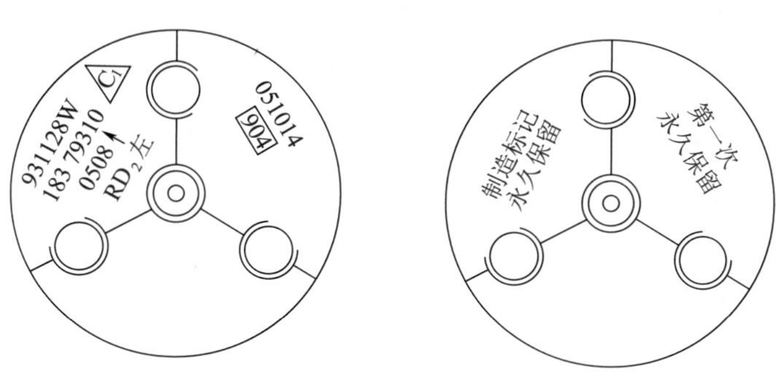

图 4-16 轮对第一次组装标记刻打位置

（四）车轴特殊标记

1.“++”标记

车轴的轮座上有深度大于 0.3 mm 且小于 2.5 mm 的横裂纹经旋除后再组装成轮对时，在本次组装标记的扇区内增加刻打“++”标记，带有“++”字标记的扇区内的所有标记须永久保留，如图 4-17 所示。

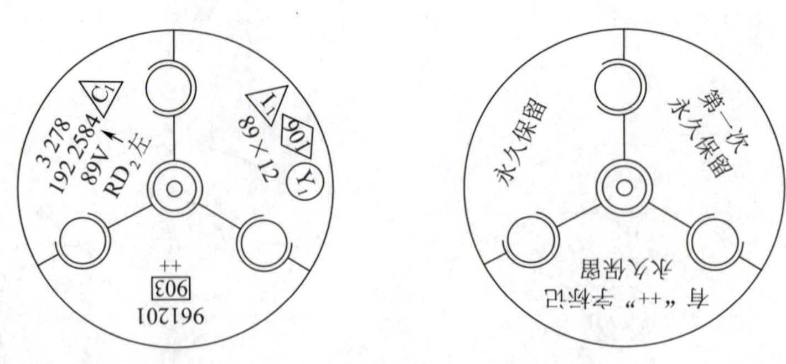

图 4-17　双十字标记的刻打方法

2. 等级车轴标记

车轴轴颈公称直径比原形直径小 0.5 mm 的等级车轴，在本次组装日期和组装单位下面刻打 D1 标记，等级车轴标记须永久保留。

3. 进口车轴标记

进口轮对轴端原有制造及组装等标记须永久保留。

4. 改制轴端螺栓孔标记

改制轴端螺栓孔时，须将需要永久保留的轴端标记依次转打在新刻制的各扇区内，按新的标记刻打。

5. 标记刻打要求

车轴轴端标记须刻打清晰、准确，除规定刻打的标记外，不得刻打其他标记。

五、轮对故障及检修要求

（一）车轴的损伤

车轴的损伤主要有车轴裂纹，车轴碰伤、磨伤，车轴弯曲等。

1. 车轴裂纹

(1)裂纹种类

车轴裂纹分为横裂纹和纵裂纹。裂纹与车轴中心线夹角大于 45°时称为横裂纹，小于 45°时称为纵裂纹。车轴横裂纹对车轴强度影响最大，容易发展引起断轴事故，危险性极大。

(2)裂纹位置及原因

车轴经过运用以后所产生的裂纹，大约 95%以上都发生在轮座部分，分布于车轮的内侧和外侧。发生的主要原因有以下几点：

①车轴和轮座是过盈配合，当车轴压入轮毂孔以后，在车轴表面产生很大的接触应力，这种接触应力的分布是不均匀的，在轮毂两端的接触应力最大，由此而引起车轴轮座部的应力也最大。

②压装轮对时，当车轴压入轮毂孔后，使轮对的形状相当于一个截面突然变化的整体轴，因而在车轴与车轮交界的截面突变处产生高度的应力集中。

③车轴每转动一周，轮座部的纤维在变应力作用下交变地产生拉伸和压缩，造成车轴轮座部与轮毂边缘有微小的滑动摩擦，时间久了，在摩擦处形成磨损。而车轴在实际使用中，在各种腐蚀介质的作用下产生摩擦腐蚀，使磨损表面形成许多微小的腐蚀坑穴，成为车轴裂

纹疲劳源，使车轴疲劳极限下降，致使过早地出现疲劳裂纹。

2. 车轴的其他损伤

(1)车轴防尘板座磨伤

原因：轴箱激热，内部零件严重磨耗，会使防尘板座磨耗。车辆制动机空重车位置不当，空车时闸瓦压力过大，迫使车轴与轴箱脱离正常位置，也能导致防尘板座磨耗。

处理：防尘板座有磨伤或碰伤即不准使用，须经旋修。防尘板座直径必须比轴颈直径大 20 mm 以上。

(2)车轴轴身磨伤

原因：制动拉杆、杠杆等组装不良与车轴接触造成轴身磨伤。车轴磨伤处会引起应力集中，导致车轴裂纹。

处理：当磨伤深度在 2.5 mm 以下时，可将棱角消除，打磨光滑后继续使用；深度在 2.5 mm及以上时，须将缺陷旋除，旋除后的轴身(包括轴中央部)尺寸允许比原形公称尺寸减少 4 mm。

(3)车轴轴身打痕、碰伤及电焊打火

原因：轮对在运行中或运输时轴身有可能被磕碰打击而损伤；在车辆焊修时，因接地线不当，造成电流通过车轴将轴身打伤。

处理：车轴轴身打痕、碰伤及电焊打火深度在 2.5 mm 以下时，可将棱角消除，打磨光滑后继续使用：深度在 2.5 mm 及以上时，须将缺陷旋除，旋除后的轴身(包括轴中央部)尺寸允许比原形公称尺寸减少 4 mm。

(4)车轴弯曲

原因：车辆重车脱轨或车轴受到剧烈冲击时会引起车轴弯曲。车轴弯曲时，车辆运行振动增大，能造成轴箱发热、轮缘偏磨，甚至发生脱轨事故。沿车轮圆周测量轮对内侧距离，如果任意相差超过 3 mm，则车轴弯曲超限，必须更换轮对。

处理：车轴弯曲时，可将弯曲处旋除，旋除后的轴身(包括轴中央部)尺寸允许比原形公称尺寸减少 4 mm。

(二)车轮的故障

车轮的故障主要有踏面圆周磨耗，轮缘磨耗，踏面擦伤、剥离和局部凹下，车轮裂纹等。

1. 车轮踏面圆周磨耗

(1)产生磨耗的原因

①自然磨耗是一种正常的、不可避免的磨耗。

②挤压塑性变形。车轮滚动时，踏面与钢轨接触处受挤压和剪切，经多次反复作用，使表层金属疲劳磨耗。

③摩擦热的作用。制动时，闸瓦与车轮间产生大量摩擦热，缓解时闸瓦离开踏面后，摩擦热迅速向整个车轮传导而使踏面快速冷却。时冷时热易使表而材质发生变化而造成破坏。研究表明，车轮踏面的磨耗是踏面表层不断形成厚度在 0.05～0.20 mm 的白硬层和白硬层不断脱落的过程。

(2)轮缘及踏面偏磨的原因

①轮径差过大。轮径差过大时，车体重心向小轮径一侧偏移，致使小轮径的轮缘、踏面

磨耗加剧。

②转向架两侧轴距相差过大。两侧轴距相差过大时，轴颈中心对角线交点向小轴距侧偏移，即转向架承重中心向小轴距侧偏移，从而迫使小轴距一侧轮缘与钢轨靠近，使其磨耗加剧。

③转向架对角线呈菱形。对角线呈菱形时，两轴中央连线与轨道中心线偏转一角度，分别使短对角线两轮靠近钢轨，因而短对角线的两轮轮缘磨耗严重。

(3)踏面圆周磨耗的危害

①破坏了踏面的标准外形，使踏面与钢轨经常接触部分的锥度发生变化，使轮对蛇行运动的波长减小，频率增高，影响车辆运行的平稳性。

②使轮缘高度增加，轮缘过高时，会剪断钢轨连接螺栓，引起车辆脱轨。

③踏面磨耗严重时，会使踏面外侧下垂，当通过道岔时，踏面外侧会陷入基本轨和尖轨之间，把基本轨推开，造成脱轨。

④车轮踏面磨耗后，车轮与钢轨的接触面积增大，车轮踏面与钢轨接触的各点与车轴中心的距离不等，使车轮与钢轨发生局部滑动摩擦，增大运行阻力。

2. 轮辋过薄

当车轮踏面磨耗超过限度或因其他故障旋修车轮后，车轮轮辋厚度随之变薄。轮辋过薄时，其强度减弱，容易发生裂纹；同时由于车轮直径变小，会使转向架的高度下降，影响各部分配合关系。

3. 轮缘磨耗

(1)引起轮缘磨耗的原因

轮缘厚度减小的原因是车轮蛇行运动时，轮缘经常与钢轨内侧面发生冲撞磨耗。还有在曲线上由于离心力的作用，外侧车轮轮缘与外轨内侧面经常发生摩擦而造成磨耗。这样的磨耗虽然不可避免，但并不严重。轮缘加剧磨耗的原因主要有转向架两侧固定轴距差过大，轴箱导框间隙过大或过小，同轴两车轮直径差过大，以及压装车轮时两车轮至轴端的距离不相等等原因，这些原因均会造成轮对与钢轨间的相对位置不正常，使轮对偏向线路一侧，导致一侧车轮轮缘发生磨耗，也称为轮缘偏磨。

(2)轮缘过薄的危害

①轮缘磨耗超限后，其根部断面减薄，强度下降，易在轮缘根部产生裂纹以至缺损。

②轮缘与钢轨间的游间增大，减少车轮安全搭载量，特别是在最小半径的曲线上运行时，直接威胁行车安全，而且加剧了轮对横向运动，影响车辆运行的平稳性。

③由于尖轨的尖端处低于基本轨，轮缘垂直磨耗后，如垂直磨耗面与基本轨贴紧时，轮缘顶点很可能处于尖轨上方，车轮通过道岔时，易爬上尖轨，造成脱轨或轧伤尖轨的事故。

④轮缘垂直磨耗后，其根部与钢轨内侧面形成全接触摩擦，当通过曲线时，增加运行阻力，并加剧了磨耗。

(3)轮缘过薄轮对容易爬上尖轨的分析

道岔的曲线半径比较小，又不超高；当轮对通过道岔时，由于离心力的作用，使轮缘承受较大的横压力，此外，尖轨的尖端处上平面低于基本轨。因此，当轮对通过道岔时尖轨与轮缘的顶部接触，而轮缘顶部是比较平坦的，在轮对承受较大横压力的情况下，轮缘顶部很容易往尖轨上爬，使轮缘顶点爬上尖轨顶部而造成车辆脱轨事故。

4. 轮缘垂直磨耗

轮缘外侧面被磨耗成平面形成垂直状态。其产生的原因基本上与轮缘厚度加剧磨耗的原因相同，但横向力的影响更大些。轮缘垂直磨耗的危害是车轮通过道岔时，轮缘外侧磨耗面容易和基本轨密贴，轮缘顶部更易压伤或爬上尖轨造成脱轨。而且由于磨耗面外形与钢轨内侧面的形状一致，使两者的接触面大大增加，不仅加大运行阻力，还会加速轮缘和钢轨的磨损。轮缘外侧磨耗面与轮缘顶部未磨耗部分的交点叫作“角点”。角点到轮缘根部的垂直距离叫做垂直磨耗高度。

5. 轮缘碾堆

车轮材质过软时，在轮缘磨耗的过程中，轮缘受钢轨的挤压作用，在轮缘外侧靠轮缘顶部形成的凸起叫做碾堆。轮缘产生碾堆后，危害与垂直磨耗的情况相似，在通过道岔时，容易脱轨，发现碾堆须进行打磨处理，严重者须更换轮对。

6. 踏面擦伤及局部凹下

(1)造成踏面擦伤及局部凹下的原因

车辆运行中制动力过大、制动缓解不良、车轮材质过软、调车作业单方面使用铁鞋、同一车轮直径相差过大等原因，使车轮在钢轨上滑行，踏面局部被磨成一块或数块平面即为踏面擦伤。

踏面局部凹下是因车轮局部材质过软，在运行中与钢轨挤压而成的，其测量方法和限度同踏面擦伤相同。

(2)车轮踏面擦伤及局部凹下超限的危害

踏面擦伤会引起车辆运行时振动过大，加速车辆零部件的损伤，引起热轴，损坏钢轨。踏面擦伤的深度越大引起的振动越大。而且当擦伤处与钢轨接触时车轮转动的阻力增大，更易引起车轮在钢轨上滑行，扩大擦伤。踏面擦伤超限后，轮对圆弧面上出现较大的局部平面，当轮径为 ϕ840 mm，擦伤深度为 2 mm 时，其弦长为 82 mm，就是有 82 mm 长的平面参与车轮滚动，使车轮滚动中振动加剧。

7. 踏面剥离

踏面剥离是车轮踏面金属剥落的一种损伤。踏面剥离的原因有两种，一种是车轮材质不良，在车轮与钢轨多次挤压作用下发生的疲劳破坏；另一种是由于某些原因导致车轮在钢轨上滑行时，车轮与钢轨及闸瓦间的摩擦热使踏面金属组织发生变化而造成的金属脱落。踏面剥离使车辆在运行中产生过大的振动，也可能造成热轴。踏面剥离的深度一般较大，剥离的凹下处不会与钢轨接触，为了限制踏面剥离对车辆振动的影响，对踏面剥离的长度规定了限度。剥离的长度应沿着车轮的圆周方向测量。

8. 车轮轮缘缺损或踏面缺损

车轮钢材存在缺陷，如碾制时金属的皱折(重皮)、铸造的熔渣等，运行中经撞击或碾压作用而造成车轮缺损。

9. 车轮轮辋外侧碾宽

这种故障是由于车轮材质过软引起的。轮辋外侧碾宽的危害与踏面磨耗的情况相似，在过道岔时碾宽部分会挤压基本轨而造成车辆脱轨。

10. 车轮裂纹

车轮裂纹多发生在使用时间过长、轮辋较薄的车轮上。铸钢轮又较辗钢轮易发生裂纹。

裂纹的部位多在辐板孔周围及辐板与轮辋交界处、轮辋外侧、踏面及轮缘根部。发现车轮裂纹时须更换轮对。

11. 轮毂松弛及轮对内侧距离不符合标准

车轮轮毂孔和车轴轮座组装前，机械加工精度不够和粗糙度不合要求、组装压力不符合标准，在使用中由于车轮与车轴的相互作用力，车轮和车轴会发生松弛，一旦轮对内侧距离发生变化就会造成车辆脱线或颠覆。当发生轮毂松弛或轮对内侧距离不合标准时，须更换轮对。

（三）轮对的检修要求

1. 列检时轮对的检查范围

(1)注意轮对转动是否圆滑平稳，有无擦伤、剥离或局部凹入打击钢轨现象。

(2)如发现燃轴征兆时，应开盖检查轴箱内各配件，特别要详细检查轴颈是否拉伤、有无横裂纹等。

(3)轮辋、轮缘及踏面、辐板等部分是否有裂纹或磨耗过限。

(4)轴身是否严重弯曲，轮毂与车轴的移动检查标记、轮对内侧距离是否有变化。

2. 轮对厂修、段修时更换车轴条件

(1)车轴无制造时间或制造单位代号。

(2)RD_2 型 K_1、K_2 等级车轴。

(3)使用时间达到 20 年的国产 RD_2 型 40 钢车轴轮对需退轮时。

(4)车轴裂纹超限而不能修复。

(5)经超声波探伤检查确认透声不良。

(6)轴颈、防尘板座、轮座、轴身等有 1 处尺寸超过规定限度而不能修复。

(7)轴身弯曲超限。

(8)脱轨车辆同一转向架上的车轴轴颈弯曲大于 0.15 mm。

(9)轴颈由于燃轴而碾长或弯曲者。

(10)轴颈及防尘板座有电焊打火或电蚀。

(11)其他需要更换车轴者。

3. 轮对厂修、段修时更换车轮条件

(1)车轮轮辋厚度小于规定限度。

(2)车轮轮辋宽度小于 127 mm。

(3)厂修时，车轮轮毂长度小于 170 mm。

(4)车轮踏面及轮缘裂纹、缺损、剥离经旋修无法消除。

(5)车轮轮毂裂纹无法消除或辐板(不包括辐板孔)、轮毂裂纹。

(6)车轮辐板孔周向裂纹长度超限、扩展方向大幅度偏离圆周方向或存在径向裂纹。

(7)辗钢车轮轮毂外侧及辐板上有沿圆周方向的重皮。

(8)辗钢车轮有铲槽。

(9)其他需要更换车轮者。

4. 轮对厂修、段修时加工修理条件

(1)车轮踏面剥离、擦伤、局部凹陷、碾宽、圆周磨耗超限、裂纹、缺损、粘有熔化金属。

(2)车轮轮缘厚度超限或轮缘垂直磨耗超限,轮缘缺损、裂纹、碾堆。

(3)同一轮对的两车轮直径差超限。

(4)同一车轮相互垂直的直径差超限。

(5)轴颈、防尘板座及轴领有1处尺寸超限。

(6)轴颈及防尘板座裂纹,表面有磕伤、碰伤、拉伤、划伤、凹痕、锈蚀及棱形、鞍形、鼓形、螺旋波纹等状态。

(7)轴颈蹭粗。

(8)轴身裂纹,表面有打痕、碰伤、磨伤及电焊打火等状态。

(9)轴端螺栓孔或装用大螺母的轴端螺纹损伤不能起紧固作用。

(10)中心孔损伤影响加工定位。

(11)同一车轮踏面与轴颈面的距离在同一直径线上测量的两点相差超限。

(12)出现其他需要加工修理的缺陷。

5. 列检检查发现轮对故障更换条件

(1)车轴有横裂纹。

(2)车轴纵裂纹超过规定限度。

(3)轴身上有磨、碰、弹伤或电焊打火等缺陷,经处理后痕迹深度达到2.5 mm。

(4)轴颈、轴领、防尘板座有磨、碰、拉伤。

(5)轴颈因燃轴而弯曲变形。

(6)轴端螺纹或轴端螺栓孔损伤,不能起紧固作用。

(7)整体车轮有裂纹(踏面剥离前期的裂纹除外)。

(8)轮对磨耗、擦伤、剥离、凹入、缺损过限。

(9)轮毂移动或车轮窜动。

(10)轮座与轮毂接缝处透出红锈铁粉。

(11)空车脱轨造成轴身弯曲使轮对内距三点差超过规定。

(12)车辆颠覆或重车脱轨。

第十一节 轴 承

一、滚动轴承的构造及轴承代号

滚动轴承由内圈、外圈、滚动体和保持架组成。内外圈用高碳铬钢制成,保持架用工程塑料或金属材料制成,滚动体与内、外圈之间有一定的径向和轴向间隙,保证滚动体自由滚动,载荷分布合理并传递轴向与径向力。保持架使滚子与滚子之间保持一定距离,防止相互挤压而被卡住。

滚动轴承代号由汉语拼音和数字组成,分为前、中、后三段。

基本系列代号为0,但不注出,基本系列范围不足时,尚有较小或较大的辅助系列,辅助系列代号为1~9,铁路轴承的游隙是特殊的,在标号中也不注出(球面轴承除外)。轴承的游隙分为轴向游隙和径向游隙。

前段由字母和数字组成，表示精度等级、游隙系列。

中段由七位数字组成，表示轴承基本型号(从右开始)。

(1)第一、二位数字表示轴承内径。

(2)第三位数字表示直径系列。在相同的内径下，由于外径不同而重量不同，分为超轻、特轻、轻、重等系列。

(3)第四位数字表示滚动体形状，作用方式等基本类型，共分十类，用0～9表示。

(4)第五、六位数字表示结构特点。

1. 轴向游隙

轴承组成后，将内、外圈之一固定，另一个沿轴向的最大位移量称轴向游隙。

2. 径向游隙

轴承组成后，将内、外圈之一固定，另一个沿径向的最大位移量，或称滚子与内、外圈滚道间隙总和称径向游隙。径向游隙的基本作用是保证滚子受力合理，转动灵活。径向游隙选择合理，可提高轴承寿命，保证行车安全。如果径向游隙小，运转中稍有膨胀便发生转动困难，导致热轴；如果径向游隙过大，使滚子受力不均匀，局部负荷加大，应力加大，影响轴承的使用寿命。

3. 径向游隙的种类

(1)原始游隙。轴承在未安装时(自由状态)测量的游隙。

(2)配合游隙。轴承与轴颈、轴箱组装后的游隙。因为过盈配合，这种游隙要比原始游隙小，段修测量的主要是这种游隙。

(3)工作游隙。轴承在工作状态下的游隙。

4. 确定径向游隙时应考虑的因素

(1)使滚子灵活转动，受力合理。

(2)考虑内圈过盈配合后的减少量。

(3)考虑负荷后的增大量。

(4)考虑在运动热条件下滚子膨胀后的减少量。

二、货车滚动轴承及轴承润滑脂

(一)铁路货车用滚动轴承装置主要形式及特点

1. 无轴箱滚动轴承

无轴箱滚动轴承将轴承和密封部分列为统一结构，附件主要有后挡、前盖、防松片和承载鞍。这些部件组成后，承载鞍置于轴承的上部与转向架的侧架相连接。

2. 有轴箱滚动轴承

有轴箱滚动轴承主要用于部分罐车及机械保温车上，是一种导框式轴箱，轴箱内安装滚动轴承，以轴箱密封为主，密封形式各有不同。

(二)铁路货车滚动轴承的形式和主要零件材质

铁路货车滚动轴承的形式和主要零件材质见表4-4。

表 4-4 滚动轴承的形式和主要零件材质

轴承型号	零件名称	材料名称	材料型号
353130B(C353130) CTBU150(SKFOR-7030A)	外圈	渗碳轴承钢	G20CrNi2MoA 及符合铁标的材料
	内圈	渗碳轴承钢	G20CrNi2MoA 及符合铁标的材料
	滚子	轴承钢	GCr15 及符合铁标的材料
	保持架	塑钢	玻璃纤维聚酰胺
	中隔圈	中碳钢	45 钢
	LL 油封	钢板和橡胶	低碳钢和橡胶
	塑钢隔圈	塑钢	玻璃纤维强化 PPA
353130A	外圈	渗碳轴承钢	G20CrNi2MoA
	内圈	渗碳轴承钢	G20CrNi2MoA
	滚子	轴承钢	GCr15
	保持架	工程塑钢	玻璃纤维增强聚酰胺
	中隔圈	中碳钢	45 钢
	密封罩	钢板	St14 或 10 或 08A1
	密封	钢板和橡胶	低碳钢和丁腈橡胶
197726TN 197720	外圈	渗碳轴承钢	G20CrNi2MoA
	内圈	渗碳轴承钢	G20CrNi2MoA
	滚子	轴承钢	GCr15
	保持架	钢板	08AIT 或 B275TZ
		工程塑钢	玻璃纤维增强聚酰胺
	中隔圈	中碳钢	45 钢
	密封座	轴承钢	GCr15
	密封罩	钢板	10 或 08A1
	密封	钢板和橡胶	低碳钢和丁腈橡胶

续上表

轴承型号	零件名称	材料名称	材料型号
353130X2-2RZ 352226X2-2RZ(TN)	外圈	渗碳轴承钢	G20CrNi2MoA
	内圈	渗碳轴承钢	G20CrNi2MoA
	滚子	轴承钢	GCr15
	保持架	工程塑钢	玻璃纤维增强聚酰胺
	中隔圈	中碳钢	45 钢
	密封座	轴承钢	GCr15
	密封罩	钢板	St14 或 10 或 08A1
	密封	钢板和橡胶	低碳钢和丁腈橡胶
SKF197726	外圈	渗碳轴承钢	G20CrNi2MoA 或 SKF157
	内圈	渗碳轴承钢	G20CrNi2MoA 或 SKF157
	滚子	轴承钢	GCr15 或 SKF3
	保持架	塑钢	玻璃纤维增强聚酰胺
	中隔圈	中碳钢	45 钢
	密封座	轴承钢	GCr15
	LL 油封	钢板和橡胶	低碳钢和丁腈橡胶
轴承型号	零件名称	材料名称	材料型号
SKF353130-2RS SKF TBU150 TBU150(SKF ITALY V OR-7082)	外圈	渗碳轴承钢	G20CrNi2MoA 或 SKF157
	内圈	渗碳轴承钢	G20CrNi2MoA 或 SKF157
	滚子	轴承钢	GCr15 或 SKF3
	保持架	塑钢	玻璃纤维增强聚酰胺
	中隔圈	中碳钢	45 钢
	密封座	轴承钢	GCr15
	LL 油封	钢板和橡胶	低碳钢和橡胶

（三）轴承润滑脂

滚动轴承没有油箱，其润滑剂是直接填充在轴承各部件的间隙之内，要求具有较大黏着力并长时间不注油，其油膜强度要高，缓冲性能要好，以适应较高的负荷和较大的冲击，在较高与较低的轴温下，均有合适的稠度，因此滚动轴承采用润滑脂。目前我国常用的润滑脂是铁道车辆滚动轴承Ⅳ型润滑脂。

1. 润滑脂的功能

（1）减少各接触表面间以及套圈和滚动体在负荷下弹性变形产生的摩擦。

（2）导出轴承部件摩擦时散出的热量。

（3）保护轴承表面防止产生锈蚀。

（4）填充曲路及橡胶密封部分的间隙，防止沙尘、水分等杂物的侵入。

（5）减少轴承工作时的噪声。

（6）吸收部分瞬间冲击能。

2. 润滑脂应具备的基本性能

为满足润滑脂的工作条件及达到功能要求，润滑脂应具备以下基本性能。

（1）良好的机械稳定性及胶体安定性，即经长期、反复、强烈地机械压力、剪切作用，油脂不发生油皂分离，稠度变化小。

（2）良好的化学稳定性，即经长期运用或保管，油脂不发生氧化变质。

（3）合适的稠度，即油脂软、硬、稀、干的程度要适中。

（4）较高的滴点，即油脂开始溶化的温度要高，因为轴承工作时有一定温度，油脂在正常轴温下必须不溶化才能保证良好润滑。

（5）较好的耐低温性。车辆经常在低温下工作，油脂的稠度应稳定，不应变硬。

3. 润滑脂的有关理化性能

（1）锥入度。润滑脂在 25 ℃温度下，以标准圆锥体的尖端，在 5 s 内沉入润滑脂试样中的深度，单位为 1/10 mm，锥入度表示稠度指标。

（2）滴点。将润滑脂加温，当其溶化开始滴下第一滴时油脂的温度称滴点。铁路车辆轴承工作时产生热量，要求油脂滴点越高越好。

（3）钢网分油。在一定机械压力下，油皂产生分离，其分离数越小越好，它是测定润滑脂胶体安定性的项目。

（4）相似黏度。在规定一个固定剪率的条件下，按动力黏度的测定方法所测定的黏度。因为润滑脂不同于润滑油，它为固态，作动力试验时一发生搅动，其黏度就是个不稳定值，因而测不出固定结果，即其剪率为变动值。剪率是指试验速度与油层厚度的比值。

（5）水分。油脂中的水分含量。

（四）标志板标记

轴承标志板共分 A、B、C、D 四栏，如图 4-18 所示。

1. 轮轴左端轴承的标志板

A 栏：轴承首次装用年月，等级轴承标记，轴承制造（大修）单位代号，轴承分类代号。

B 栏：轮对第一次组装年月日，左，轴号。

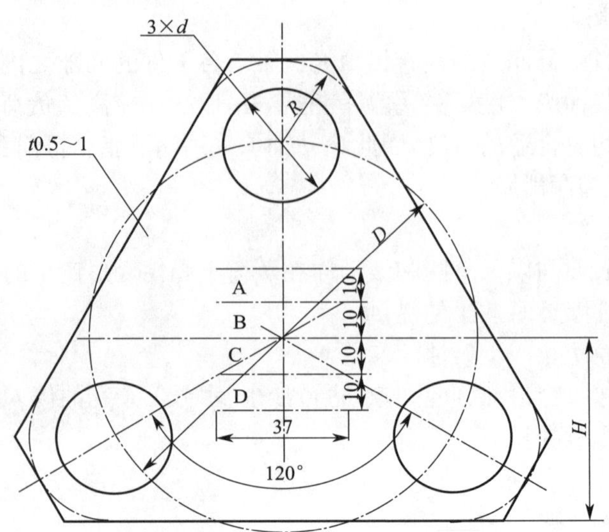

图 4-18　标志板示意(单位:mm)

注:(1)标志板分 A、B、C、D 四栏,分栏线可以不设,也可以设虚线;

(2)A、B、C、D 不打在标志板上。

C 栏:轴承本次装用年月日,车轴制造年月、车轴钢钢种代号、车轴制造单位代号。LZ50 钢钢种标记为“W”,LZ45CrV 钢钢种标记为“H”,LZ40 钢钢种标记为“S”。

D 栏:轴承本次装用单位代号,一般检修单位代号,一般检修符号。

2. 轮轴右端轴承的标志板

A 栏:轴承首次装用年月,等级轴承标记,轴承制造(大修)单位代号,轴承分类代号。

B 栏:轮对最后一次组装年月日,轮对组装单位代号。

C 栏:轴承本次装用年月日。

D 栏:轴承本次装用单位代号,一般检修单位代号,一般检修符号。

3. 标记刻打说明

(1)标志板上的标记使用钢印或激光等方式刻打,深度不小于 0.2 mm,字高 5 mm,角标字高 3 mm,行间距 3 mm。右端 B 栏、左端 C 栏不同内容之间空两个字的距离,但车轴制造年月、车轴钢钢种代号、车轴制造单位代号之间可连打。

(2)轴承分类代号中,新造轴承代号为高度 10 mm 的等边三角形,大修轴承代号为直径 10 mm的圆形,轴承分类代号套打在轴承制造(大修)单位代号外边。

(3)新造轴承或大修轴承首次装用时,D 栏内只刻打轴承本次装用单位代号;轴承为本单位一般检修并压装时,在轴承本次装用单位代号外边套打轴承一般检修符号,即高度 10 mm、长度 22 mm 的菱形框;轴承为外单位一般检修而由本单位压装时,在轴承本次装用单位代号后面刻打轴承一般检修单位代号并套打轴承一般检修符号。

(4)轮轴装用等级轴承时,须在 A 栏首次装用年月后面增加刻打轴承等级标记“D1”。

(5)标志板标记刻打示例如图 4-19 所示。

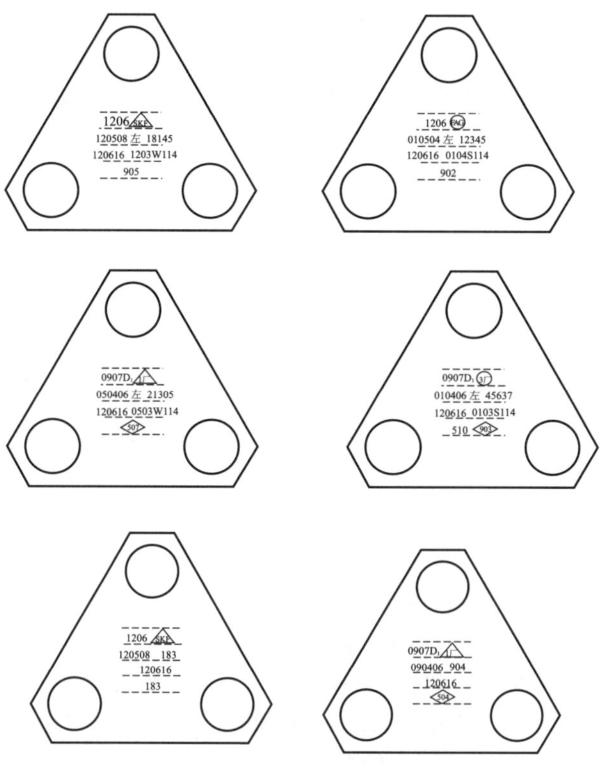

图 4-19 轴承标志板标记刻打示例图

(五)353130B 紧凑型轴承的简介

353130B 紧凑型轴承的主要特点是减少了轴承的零件,缩短了轴承总的轴向宽度,改善了微动磨损对轴承性能的影响,适应与之压装的 RE_{2B} 型车轴轴颈长度。

1. 结构型式

(1)双列圆锥滚子轴承,无轴箱,通过承载鞍与转向架侧架连接。

(2)轴承内圈挡边为锥挡边,内外圈滚道为圆弧凸度形式;滚子端面为球基面,素线为对数曲线或圆弧凸度形式。

2. 外廓尺寸:内径×外径×外圈宽度×装配高($d \times D \times C_1 \times B_1$)为 $\phi150$ mm×$\phi250$ mm×160 mm×180.6 mm。

3. 滚子每列个数为 23 个。每列内圈组件滚子直径相互差 $V_{DwL} \leqslant 0.003$ mm。

4. 润滑脂

(1)采用铁路货车滚动轴承Ⅳ型润滑脂。

(2)注润滑脂质量:(245±20)g。

5. 油封装置:采用 LL 型油封。

三、轴承装置的故障

(一)热　　轴

1. 热轴故障等级划分

热轴故障根据热轴温度的大小分为微热、强热、激热三类。

2. 滚动轴承的温度变化特点

滚动轴承的温度主要是由滚子与内外圈滚道间的滚动摩擦、滚子与保持架间的滑动摩擦、滚子端部与内外圈挡边间的滑动摩擦、滚子与润滑油脂之间的摩擦等原因产生的。同时，温度还与轴承上的载荷、运行速度、线路状态（坡道或弯道等）、天气温度、风速、连续运行时间、润滑油脂的质量与数量等许多其他因素有关。特别是列车运行速度、润滑油脂质量以及轴承的游隙大小等对轴承温度影响较大。

3. 滚动轴承车轴产生热轴的原因

(1)轴承内缺油。

(2)油质不良，混入砂、水或其他杂质。

(3)油脂过多，使油脂的摩擦力增大，因而滚子转动发生困难。

(4)滚子破裂、损坏。

(5)内圈破裂。

(6)保持架破损。

(7)轴承套的滚道及滚子表面剥离。

(8)轴承锈蚀，轴承保管不当，油脂含有水分。

(9)滚动轴承与轴箱组装不良或有关游隙不正确，如轴箱盖安装得不正，轴承径向游隙和轴向游隙过小，轴颈与轴箱内孔的椭圆度与圆锥度过大，防尘挡圈组装不正等。

(10)轴箱导框与导槽之间（导框式轴箱）或弹簧支柱与轴箱弹簧座孔壁的间隙过小。

(11)轴箱后部的密封部分与防尘挡圈接触或毡垫与防尘挡圈摩擦，使轴箱密封部分卡住。

4. 判断滚动轴承故障的“七字检查法”

听：列车进站或二次启动时，轴承有无异音。

看：轴承是否有甩油、密封罩脱出等异常现象。

摸：轴承温度。

捻：轴承甩出的油脂是否有铁粉。

转：起轴转动是否有异音、卡滞。

诊：检车员、工长、车间干部共同会诊、判断。

鉴：轴承分解鉴定，做好鉴定记录。

（二）轴承故障

1. 麻点

(1)定义及形态特征：零件表面呈分散或群集状的细小坑点，呈黑色针孔状凹坑；有一定深度；个别存在或密集分布。

(2)部位：多出现在轴承内、外圈滚道面和滚子滚动面上，也出现在滚子球基面或内圈滚子引导面上。

(3)产生原因：

①金属表面疲劳。在滚动接触应力的循环作用下，在金属亚表层形成微观裂纹，并逐渐发展成凹坑状的微小剥离。

②金属的亚表层存在夹杂物或大颗粒碳化物形成应力集中，过早产生微观裂纹并逐渐发展成剥离。

③装配不当或润滑不良。

2. 碾皮

(1)定义及形态特征：零件表面由于疲劳而发生的极薄的金属起皮现象。呈不规则形状的一定面积上产生的极薄的表面起皮或脱落；一般有手感；碾皮后的金属表面失去原有光泽。

(2)部位：轴承内、外圈滚道面和滚子滚动面，尤以滚子滚动面上最为常见。

(3)产生原因：

①金属表面早期疲劳。由于滚动接触应力滑动摩擦的作用而产生的极浅层的疲劳剥落。

②材质不良或热处理不当。

③润滑不良。

④过载应力作用。

3. 剥离

(1)定义及形态特征：零件表面在高接触应力的循环作用下产生的金属片状剥落现象。具有一定的深度和面积；表面呈凹凸不平鳞状；具有尖锐的沟角。通常呈现疲劳扩展特征的海滩状条纹。

(2)部位：轴承内、外圈滚道面和滚子滚动面。

(3)产生原因：

①过载应力作用。

②材质不良或热处理不当。

③润滑不良。

④装配不当。

4. 擦伤

(1)定义及形态特征：零件表面因滑动摩擦而产生的金属迁移现象。沿滑动方向，具有一定长度和深度的表面机械性损伤。

(2)部位：轴承零件工作面。

(3)产生原因：

①轴承游隙过小。

②润滑不良及润滑脂中含有杂质。

③轴向预负荷过大。

5. 烧附

(1)定义及形态特征：零件表面产生的热熔性金属黏着现象。金属表面粘附有被迁移的熔融性金属。

(2)部位：轴承零件工作面。

(3)产生原因：

①轴承游隙过大或过小。

②润滑不良或润滑脂中含有杂质。

③擦伤严重引起急剧温升而形成。

6. 热变色

(1)定义及形态特征：由于温度升高致使零件表面产生氧化的现象。变色部位局部或全部呈现淡黄色、黄色、棕红色、紫蓝色及蓝黑色。严重变色将导致表面硬度降低。在确认零件变色时，应考虑润滑脂粘附表面的影响。

(2)部位：轴承内、外圈滚道面和滚子滚动面。

(3)产生原因：

①润滑不良或油脂老化变质。

②游隙过小。

③轴承滚动表面加工粗糙。

④过载。

7. 腐蚀

(1)定义及形态特征：零件表面与周围环境介质发生化学或电化学反应产生的表面损伤现象。腐蚀按不同程度分为锈迹、蚀刻和蚀坑。

锈迹呈点状、斑块状或条状，颜色呈淡黄色、黄色、浅灰色或红褐色，尚无深度。

蚀刻呈点状、条状或片状，颜色呈灰黑色，稍有手感。

蚀坑呈点状、条状或片状，颜色呈红褐色或黑色，手感明显。

(2)部位：轴承零件各表面。

(3)产生原因：

①轴承内部或润滑脂中混有水、酸、碱类物质。

②密封不良。

③轴承在空气湿度较大的环境中工作发热，在停止运转时迅速冷却形成冷凝水而导致腐蚀。

④清洗、组装、存放和使用不当。

8. 微振磨蚀

(1)定义及形态特征：静止状态下的轴承受到小角度回摆和振动，在滚子与滚道配合面间产生的磨蚀或转动状态下的轴承在载荷循环作用下发生车轴挠曲，致使配合面间反复张合而产生磨蚀的现象。内、外圈滚道面上呈现等间距的褐色或黑色假压痕；配合接触表面产生磨损，表面附有黑色或红褐色的氧化铁粉末。

(2)部位：轴承内、外圈滚道面；内圈端面及内径面。

(3)产生原因：

①装用轴承较长时间处于非转动状态并受振动影响。

②几何形状不良或配合过盈量不足。

③轴向紧固力不足。

9. 凹痕

(1)定义及形态特征：轴承内混有金属或其他硬性颗粒而使零件表面产生的点状或条状塑性凹陷现象。形状、大小不规则；有一定深度。

(2)部位:常出现在轴承内、外圈滚道面上,也出现在滚子滚动面上。

(3)产生原因:

①轴承清洁度不够,内部含有金属或其他杂物。

②轴承密封不良。

10. 压痕

(1)定义及形态特征:因受过大冲击载荷作用,滚子使轴承内、外圈滚动面产生的塑性凹陷。压痕呈条状,有深度,其中心线与滚子中心线平行,边缘光滑且与滚子轮廓相吻合。

(2)部位:轴承内、外圈滚道面。

(3)产生原因:

①轴承受过大冲击载荷的作用。

②内、外圈滚道面硬度不足。

11. 拉伤

(1)定义及形态特征:轴承向轴颈上压装或从轴颈上退卸时,内圈内径及轴颈表面产生的机械性损伤。伤痕一般与轴线平行,严重时有金属移位或表面有附着金属。

(2)部位:轴承内圈内径表面和轴颈表面。

(3)产生原因:

①压装或退卸轴承时,内圈内径面或轴颈表面有硬性颗粒。

②轴承内圈或密封座的内径倒角过渡不圆滑。

③轴承组装时不正位。

④过盈量过大。

12. 磕碰伤

(1)定义及形态特征:轴承零件间或轴承零件与其他硬物间相互碰击而产生的零件表面机械性损坏。多呈棱角形或半月形的刻印状;边缘凸起,手感明显,有时在尖角处产生微裂纹。

(2)部位:轴承零件各表面。

(3)产生原因:粗暴作业及相互碰撞而致。

13. 划伤

(1)定义及形态特征:硬性颗粒或物体尖刃部与轴承零件接触并有相对移动而产生的表面线状机械性损伤。呈线状,方向不定,有手感的光亮沟纹。

(2)部位:轴承零件各工作表面。

(3)产生原因:

①粗暴作业。

②油脂中含杂质。

14. 裂损

(1)定义及形态特征:轴承零件金属的连续性遭到破坏而产生的损伤。裂纹按其损伤程度可分为裂纹和破损。裂纹呈线状,有一定长度和深度,有时肉眼不可见,磁化后有聚粉现象;破损时,零件有局部掉块。

(2)部位:可发生在轴承零件的任何部位。裂纹多发生在外圈牙口和滚子工作面上。

(3)产生原因：

①材质不良(有夹杂物、折叠、白点等冶金缺陷)。

②热处理中渗碳或淬火不当。

③磨削操作不当。

④轴承受非正常冲击力。

⑤材质疲劳。

⑥由其他缺陷诱发产生。

15. 电蚀

(1)定义及形态特征：当电流通过轴承时，在接触点或面击穿油膜放电，产生高热，造成金属表面局部熔融形成弧坑或沟蚀。一般呈斑点、凹坑、密集的小坑状；有金属熔融现象。电蚀产生的弧坑在放大镜下观察呈火山喷口状。当电流通过运转中的轴承连续击穿油膜时，形成条状平行沟蚀(俗称洗衣板状)。电蚀降低蚀点周围区域金属的硬度，严重时形成剥离。

(2)部位：轴承内、外圈滚道面和滚子滚动面。

(3)产生原因：电流通过轴承。

16. 其他缺陷

(1)表面斑纹。有些轴承在外圈滚道面上存在形态不定的斑纹，目视纹理清晰，有浮雕感。由于材质成分偏析经锻造扩孔后分布不均造成。

(2)环形条纹。在轴承内、外圈滚道面和滚子滚动面上同时呈现规则的周向环形条纹。同一列的轴承内、外圈滚道面和滚子滚动面上，条纹间距吻合，且同一列滚子都有轻重不同的环形条纹。由于机械加工、热处理和表面处理及其他原因造成。

(三)滚动轴承附件故障的形式和检查要点

1. 承载鞍与轴承零件摩擦、碰撞

检查承载鞍状态时，应注意观察承载鞍是否正位，与前盖、后挡或密封罩有无摩擦、碰撞的可能。若发现承载鞍或轴承零件发生非正常的移动，即表明承载鞍与轴承零件有摩擦、碰撞。

2. 轴承外圈裂损

检查轴承外圈状态时，应注意检查外圈边缘有无裂损。若发现外圈边缘有横向黑道，可使用检点锤轻轻地敲击，看其是否在敲击时出油，出油者即为裂损。

3. 轴端螺栓松动

检查轴端螺栓状态时，应注意检查轴端螺栓有无松动或丢失，防松片止耳是否被扳平。使用检点锤轻轻地敲击螺栓头部，若发出异常声音，即为螺栓松动。

4. 前盖凹陷、变形

检查前盖状态时，应注意观察前盖是否凹陷、变形。若发现前盖有碰撞或外物击伤的痕迹则前盖凹陷、变形可能是由此而引起的。

5. 后挡松动

检查后挡松动时，应注意检查后挡与车轴防尘板座配合处有无相互转动现象。使用检点锤轻轻地敲击后挡，若发出与车轴防尘板座离体的“噼啪”声音，即为后挡松动。

6 密封罩松动、变形

检查密封罩状态时，应注意检查密封罩是否松动、变形。若发现密封罩与外圈配合不密贴而发生相对转动即为密封罩松动;若密封罩有磕碰痕迹、不圆或凹陷则为密封罩变形。

(四)润滑脂状态不良

1. 油脂漏泄

无轴箱滚动轴承在运用中的润滑状态检查,主要是根据油脂的漏泄情况来判断其漏泄程度的。通常油脂漏泄有以下几种类型。

(1)渗油。外观检查轴承内的油脂泄漏情况,若发现轴承外圈牙口与密封罩配合处有少量的油迹,而且油迹比较干燥即为渗油。

(2)漏油。外观检查轴承内的油脂漏泄情况,若发现轴承外圈牙口与密封罩配合处有大片的油迹,擦去油迹和尘砂,可看到配合缝隙的油迹比较湿润,同时,在密封罩上或前盖、后挡的外缘内面有油迹和尘砂积聚即为漏油。

(3)甩油。外观检查轴承内的油脂泄漏情况,若发现密封罩、前盖、后挡上有大片湿润油迹,而且污染了承载鞍、侧架、轮辐或车底架等,并在其上有油滴积聚即为甩油。

2. 油脂变质

铁道车辆滚动轴承Ⅳ型润滑脂,正常时为淡黄色,但混入异物或油脂变质后,会使油脂劣化,以致运行中外溢、变色。

(1)混砂。外观检查外溢、油脂变色,若发现轴承温度偏高并在轴承外圈牙口与密封罩配合处附有砂粒,手捻油脂有颗粒状感觉即为轴承内部混砂。

(2)混水。外观检查外溢、油脂变色,若发现轴承温度偏高、油脂乳化变稀,呈乳白色或棕红色即为轴承内部混水。

(3)混金属粉末。外观检查外溢、油脂变色,若发现轴承温度偏高,油脂呈黑灰色,手捻油脂有颗粒状感觉即为轴承内部混金属粉末。

四、车辆切轴

滚动轴承车轴在运行中发生切轴,通常分为由于燃轴后轴颈发热变形而引起的热切和因车轴材质疲劳、锻造缺陷或残存旧裂纹所引起的冷切。

(一)热切原因

1. 车辆制造、检修质量不高。

2. 轴承检修工艺执行不好。

3. 轴承故障:

(1)滚子破碎或局部缺损。

(2)滚子或滚道严重剥离。

(3)滚子球基面和挡边引导面严重擦伤。

(4)内圈破裂或松动。

(5)保持架断裂。

(6)轴承密封失效。

4. 车轮踏面严重擦伤。

5. 车辆严重超载、偏载、集重。

6. 运用中无先进的检测手段。

7. 红外线轴温探测器的可靠性不高。

8. 非正常运用未能杜绝。

（二）冷切原因

1. 车轴外形因素的影响。

2. 车轴材质不良。

3. 锻造质量缺陷。

4. 加工质量不高。

5. 装配质量的影响。

6. 疲劳裂纹的影响。

7. 无损探伤可靠性差。

8. 运行条件苛刻。

（三）切轴的检查与判断

1. 确定切轴类型

无轴箱滚动轴承车轴切断后，应根据其外观特征，初步确认是热切还是冷切。

热切是燃轴后轴颈发热变形而熔断的现象。其特征是有明显的严重燃轴迹象；滚子、保持架及内外圈受热变色，呈棕红色或紫蓝色；油脂严重烧焦或烧光；滚子及保持架多发生破碎，有的还熔结在一起；轴颈严重磨损变细，呈黄褐色，断面不规整，多为斜形扭断状。

冷切是车轴疲劳而断裂的现象，其特征是一般在断裂处的断面上有长期裂纹演变的旧痕，有的旧痕占横断面的40％以上；断面比较平整并有明显的分期裂纹区。

2. 观察分析断口状态

断口是金属材料由于受某些物理、化学或机械因素的影响导致破断，在破断过程中所形成的自然表面。由于断口的形貌真实地记载了金属材料断裂的全过程，通过对断口状态的观察和分析即可找出断裂的原因及其影响因素。观察、分析断口状态之前，首先要对车轴切断的表面进行彻底清洗，清除锈蚀及油污，然后再仔细地观察、分析。其清洗方法如下：清洗时用细毛刷蘸苯刷洗断口，至显露出原始金属光泽为止；部分表面锈蚀严重的，可蘸上10％磷酸水溶液刷洗，刷洗后要迅速、彻底地进行冲洗并立刻吹干。

(1)观察断裂形式

在初步确认切轴类型之后，还应进一步观察断裂形式。无轴箱滚动轴承车轴的断裂形式主要有韧性断裂和疲劳断裂两种。其断口形态各不相同。

①韧性断裂

韧性断裂的特征是断口附近有宏观的塑性变形并呈纤维状，颜色发暗，有滑移变形痕迹。车轴热切既属于韧性断裂，而且具有热裂特征。

②疲劳断裂

疲劳断裂无明显的宏观塑性变形。其断口一般可明显地分为两部分，一部分是疲劳裂纹的延展部分，这是由于交变应力的反复挤压、摩擦而呈光滑的表面或呈瓷状，有时在表面上有贝壳状的痕迹；另一部分是残余断面瞬间断裂区，这是由于裂纹发展，有效断面减小，强度减弱而导致的脆性断裂，该部分呈光亮的粗晶结构。车轴冷切属于疲劳断裂。

(2)找出断裂起源的位置

疲劳源是疲劳破坏的起点，位于零件强度最低或应力最高的地方。当车轴承受旋转弯曲疲劳负荷时，最大应力区是在车轴的表面。车轴表面的加工刀痕或各部过渡圆弧半径太小，由于应力集中成为疲劳源；车轴由于锻造或材料中原有瑕疵、组织疏松、晶粒粗大等缺陷则可能在车轴内部产生疲劳源。疲劳源的位置可以直接观察或辅以低倍放大镜来确认，一般是在疲劳区中磨得最光亮的地方。在断口表面同时存在几个疲劳源的情况下，可按疲劳线的密度来确定疲劳源产生的次序，疲劳线的密度越大则表示起源的时间越早。

(3)观察有无冶炼及轧制的宏观缺陷

金属材料的内部缺陷，可采取宏观检验的方法进行观察、分析。宏观检验是指用眼睛或低倍放大镜(不大于 10 倍)来观察料件构造的一种方法。由于车轴材料冶炼及轧制的宏观缺陷能够在宏观检验中清晰地显露在断口上，通过对断口状态的观察和分析即可找出车轴断裂的原因。

①缩孔残余断口

缩孔残余断口在纵向断口的轴心区，呈非结晶构造的条带或疏松带，有时其上伴有非金属夹杂物或夹渣，淬火后的试样沿着条带往往有氧化色。

②疏松断口

疏松在横向口上暗色的斑点空在放大镜下观察则为多角形或月牙形的孔洞或圆柱的小针孔。

③气泡断口

气泡在纵向断口上沿热加工方向呈内壁光滑、非结晶的细长条带。一般多分布于皮下，有时也在内部出现。

④夹渣断口

夹渣在纵向断口上呈不同颜色、非结晶的细条带或块状，其分布无一规律，在整个断口上均可出现。

⑤白点缺陷

白点在断口上呈圆形或椭圆形的银白色斑点，斑点区域内的结晶一般要比基体晶粒粗。白点的尺寸变化很大，可由几毫米到 10 mm，有时达 100 mm 以上。白点缺陷一般分布于偏析区内。

⑥锻裂断口

锻裂断口的特征是有光滑的平面或裂缝，它是热加工过程中钢材内部发生滑动摩擦的结果。

复习思考题

1. 转向架承受的主要载荷有哪些？
2. 车体与转向架之间的载荷传递方式有哪几种？
3. 常接触式弹性旁承由哪些部分组成？
4. 转 K2 和转 K6 型转向架有何主要区别？

第五章 货车制动装置

第一节 制动基本概念

一、制动及制动力

人为地施加于运动物体，使其减速(含防止其加速)或停止运动；施加于静止物体，保持其静止状态，这种作用被称为制动作用。实现制动作用的力称为制动力。制动力对被制动物体来说是一种外力，列车制动力是列车制动装置产生作用，引起钢轨施加于车轮的与列车运行方向相反(与钢轨平行)的力。

二、缓 解

解除制动作用的过程称为缓解。对于运动着的铁路列车，欲使其减速或停车，就要根据需要施加于列车一定大小的与其运动方向相反的外力，以使其实现减速或停车，即施行制动作用；列车制动停车后，启动加速前或运行途中限速制动后，加速前均要解除制动作用，即施行缓解作用。

三、制动装置

制动装置即指机车或车辆上能产生制动作用的零部件所组成的一整套机构，通常包括空气制动机、基础制动装置和人力制动机。装于机车上能实现制动作用和缓解作用的装置称为机车制动装置，装于车辆上能实现制动作用和缓解作用的装置称为车辆制动装置。列车制动装置由机车制动装置与所牵引的所有的车辆制动装置组合而成。

四、制动距离

制动距离，即制动时从机车的自动制动阀置于制动位起，到列车停车，列车所走过的距离。制动距离越短，列车的安全系数就越大。

第二节 货车空气制动机

空气制动机是指车辆制动装置中利用压缩空气作为制动动力来源，以制动主管的空气压力变化来控制三通阀(分配阀或控制阀)产生动作，实现制动和缓解作用的装置。

一、120 型空气控制阀

120 型空气控制阀采用二压力机构、直接作用方式；主控机构仍采用橡胶膜板和金属滑阀结构。常用制动和紧急制动采用分部作用的方式，将 103 型分配阀中间体的容积室取消，保留紧急室和局减室。增设了加速缓解阀和半自动缓解阀，并且将 103 型分配阀的紧急阀进行了改造，加装了先导阀，保证了常用制动时的安定性。120-1 型空气控制阀基本与 120 型空气控制阀相同，在作用原理上新增了常用加速制动作用。120 及 120-1 型空气控制阀由中间体、主阀、半自动缓解阀和紧急阀四部分组成，如图 5-1 所示。

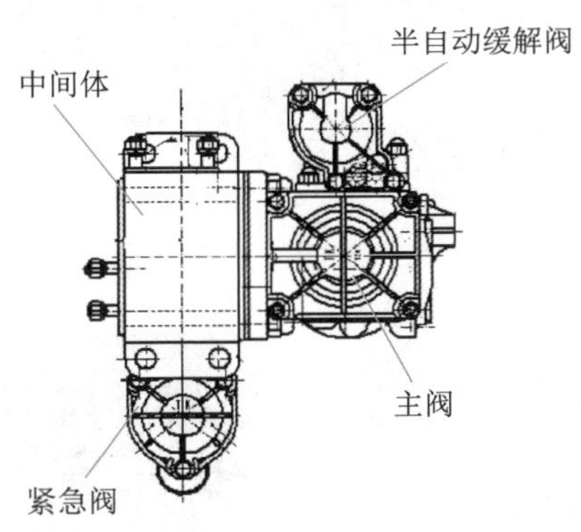

图 5-1　120 及 120-1 型空气控制阀

（一）120 型空气控制阀中间体的基本组成及作用

中间体有两个空腔：1.5 L 的紧急室、0.6 L 的局减室。中间体用 HT200 铸铁制成，具有安装作用，能够将副风缸、制动缸、加速缓解风缸、列车管与主阀、紧急阀内各对应孔路连接起来。

1. 紧急室的作用

在实行紧急制动减压时，紧急活塞下方列车管的空气压力降低紧急活塞上方的紧急室内的压力空气，推动紧急活塞下移，紧急活塞杆端面接触并推动先导阀杆下移，首先打开先导阀，消除背压，然后顶开放风阀、使列车管的压力空气经紧急阀排风口排向大气。产生紧急放风作用，提高紧急制动波速。

2. 局减室的作用

在实行制动减压时，首先主活塞带动截止阀上移(滑阀不动)使列车管内的压力空气经过主阀作用部的第一阶段局减通路进入局减室，促成作用部主活塞上、下两侧尽快形成压力差，然后主活塞带动滑阀上移，产生制动作用。利用车辆自身的功能实现列车管的局部减压作用。

（二）120 型空气控制阀主阀的基本组成及作用

120 型空气控制阀的主阀部分由二部三阀组成：作用部、减速部、局减阀、紧急二段阀、加速缓解阀。120-1 型货车空气控制阀主阀如图 5-2 所示。

1. 作用部

(1)组成：作用部由主活塞、活塞膜板、活塞杆、滑阀、滑阀座、截止阀、滑阀及截止阀弹簧、主活塞杆尾部的稳定装置组成。稳定装置由稳定杆、稳定弹簧组成，其作用是对主活塞形成一定的向下的牵制力，保持主活塞良好的稳定性；防止列车管有轻微漏泄或压力波动时，造成主活塞上移产生自然制动作用。作用部组成如图 5-3 所示。

图 5-2　120-1 型货车空气控制阀主阀

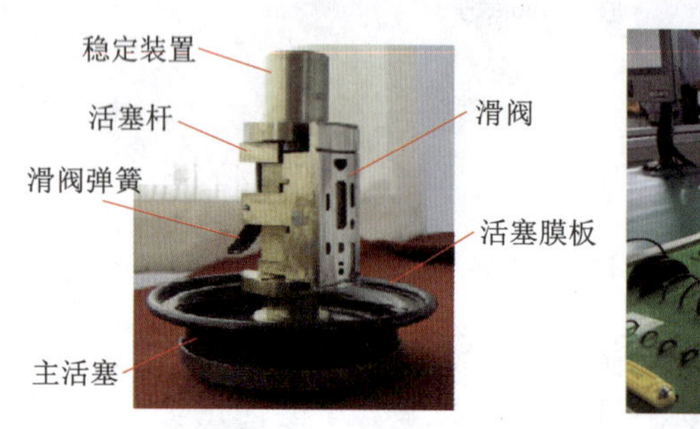

图 5-3　作用部组成

(2)作用:列车管与副风缸的压力差促使主活塞带动截止阀和滑阀上、下移动,形成充风、缓解、制动、保压等不同的作用。

2. 减速部

(1)组成:减速部由减速弹簧和减速弹簧套组成。

(2)作用:

①实行充风缓解时,重载提速列车后部车辆主管增压速度较慢,主活塞向下移动距离较短,主活塞尾部仅与减速弹簧套接触,不能压缩减速弹簧,列车管风压经稍大充风孔进入主活塞下方,形成后部车辆的充风作用。

②实行充风缓解时,长大列车前部车辆主管增压速度较快,主活塞向下移动距离较长,主活塞尾部不仅与减速弹簧套接触,而且压缩减速弹簧,列车管风压经稍小充风孔进入主活塞下方,形成前部车辆的减速充风作用。

3. 局减阀

(1)组成:局减阀从外观上看位于主阀前盖圆柱凸起内侧,主要由局减弹簧、局减活塞、活塞膜板、活塞杆及局减阀杆等组成。在局减活塞杆上有径向孔和轴向孔,局减活塞内侧通制动缸,外侧通大气(在阀盖上有一个通大气的孔 f3)。局减阀活塞结构如图 5-4 所示。

(2)作用:实行制动减压时,列车管的压力空气通过作用部经局减阀进入制动缸,使制动缸具有一个初跃升压力,形成第二阶段局减作用,用以提高制动波速。当制动缸压力达到 50～70 kPa 时,局减阀关闭,切断列车管到制动缸的通路,第二阶段局减作用结束。局减阀结构如图 5-5 所示。

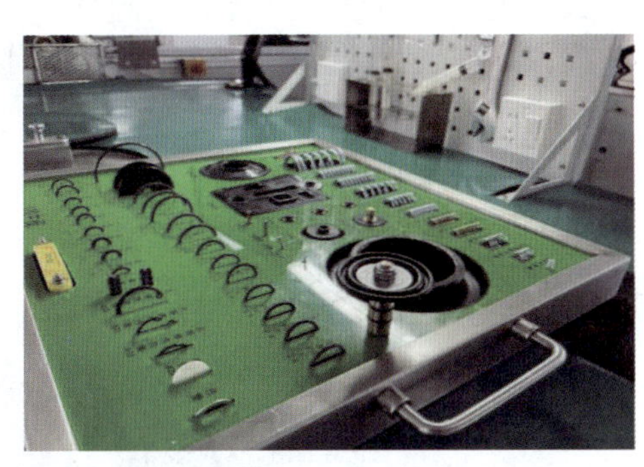

图 5-4　局减阀活塞结构

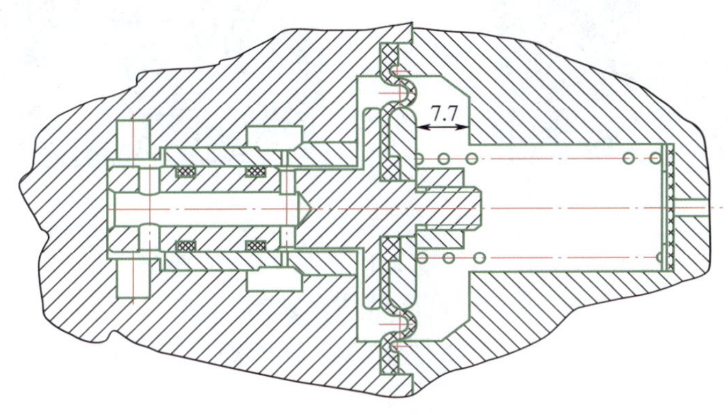

图 5-5　局减阀结构(单位:mm)

4. 紧急二段阀

(1)组成:紧急二段阀由紧急二段阀杆及弹簧组成。紧急二段阀安装在主阀体前盖内侧作用部的旁边。紧急二段阀上腔通列车管,下腔通半自动缓解阀。在实行紧急制动时,制动缸的压力先快后慢分两个阶段上升,以缓和列车紧急制动时所产生的冲动。二段阀杆结构如图 5-6 所示。

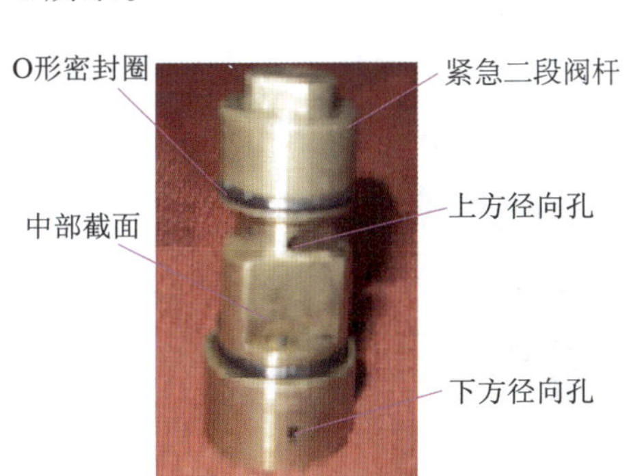

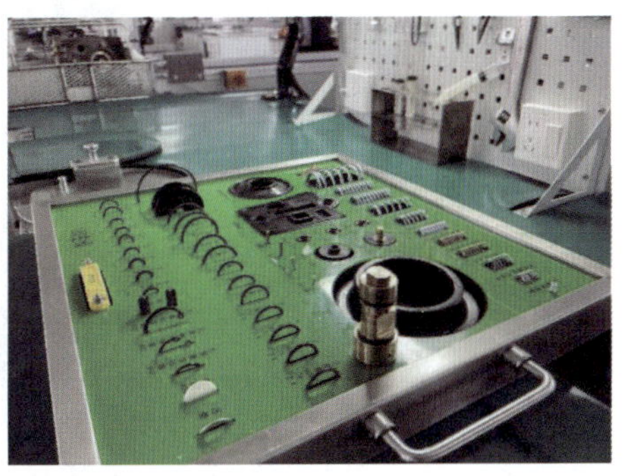

图 5-6　二段阀杆结构

(2)作用:实行紧急制动减压一开始,副风压经紧急二段阀中部宽敞的三条截面通道进入制动缸。当容积室压力达到 120～150 kPa 时,紧急二段阀上移,切断阀杆与套之间形成的截面通道。副风缸风压经二段阀杆下方径向孔→轴向孔→上方径向孔→缓慢进入制动缸。所以，制动缸的压力先快后慢分两个阶段上升。

5. 加速缓解阀

(1)组成：加速缓解阀由加速缓解活塞、活塞膜板、顶杆、夹心阀及弹簧、止回阀及弹簧、O 形橡胶密封圈等组成。加速缓解活塞外侧处在主阀排风口内侧通道上，内侧永远通大气。加速缓解阀结构如图 5-7 所示。

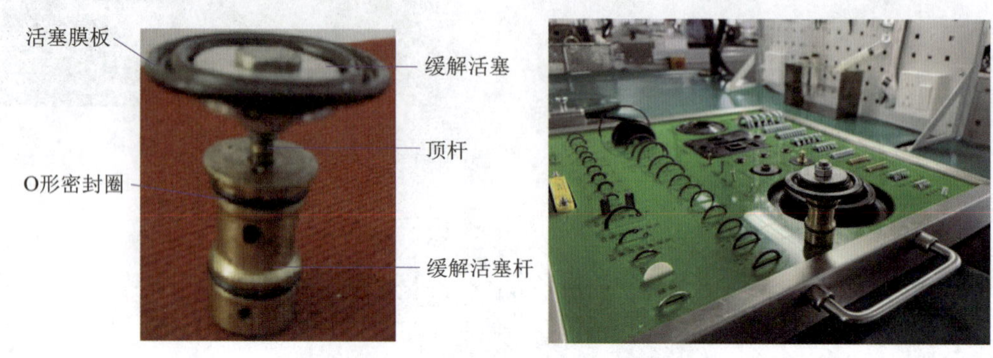

图 5-7　加速缓解阀结构

(2)作用：制动后施行充风缓解时，制动缸的风压到达加速缓解活塞外侧，一方面经主阀排风口限速缓慢排出，另一方面，推动加速缓解活塞接触顶杆向内移动，顶开夹心阀，开通加速缓解风缸到列车主管的通路，加速缓解风缸风压进入列车主管，提高缓解波速，形成充风缓解时的加速缓解作用。

（三）120 型空气控制阀紧急阀的基本组成及作用

(1)组成：紧急阀包括紧急活塞部分和放风阀部分两部分。紧急活塞部分由紧急活塞、活塞膜板、活塞杆及安定弹簧组成；放风阀部分由放风阀及座、先导阀顶杆、先导阀及弹簧等组成。紧急阀结构如图 5-8 所示。

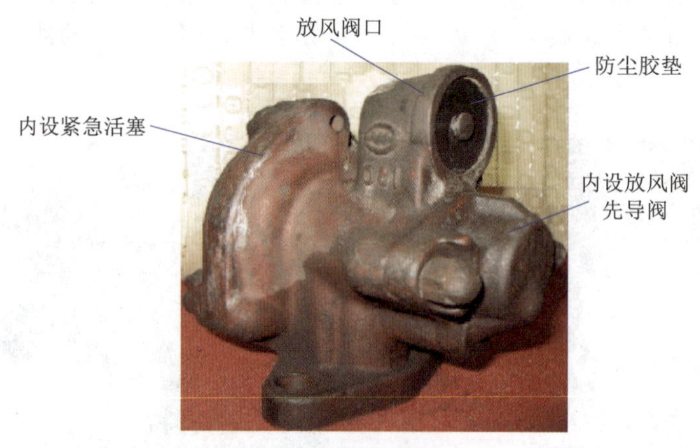

图 5-8　紧急阀结构

(2)作用：实行紧急制动减压时，紧急活塞下方的压力空气急剧降低，在紧急活塞两侧产生极大的压力差，紧急室风压推动紧急活塞迅速下移，活塞杆首先接触先导阀顶杆，推先导阀下移，消除背压，然后将放风阀顶开，使列车管压力空气经开放的紧急阀排风口排向大气，产生紧急放风作用,从而提高紧急制动波速。

(四)120 型空气控制阀半自动缓解阀的基本组成及作用

(1)组成:半自动缓解阀由手柄部和活塞部组成。

①手柄部:由手柄座、手柄套、顶杆座、顶杆、止回阀、手柄弹簧、止回阀弹簧组成。

②活塞部:由活塞及活塞杆、缓解弹簧、缓解阀套、排风阀及上下阀座组成。半自动缓解活塞结构如图 5-9 所示。

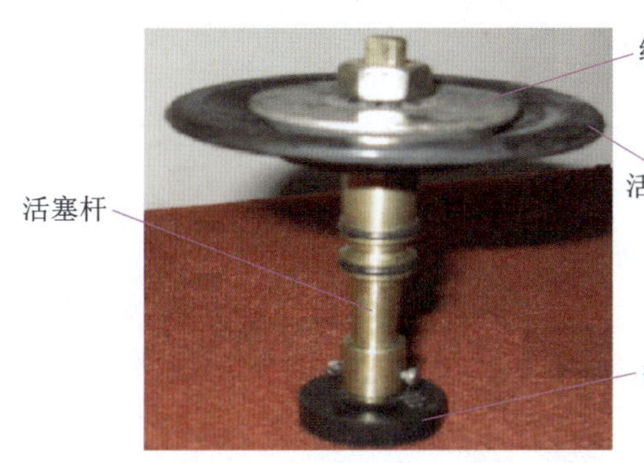

图 5-9 半自动缓解活塞结构

(2)作用:半自动缓解阀的作用是手动排出制动缸的压力空气,使制动缸缓解。拉动位于车体两侧任意一侧拉风线,只要制动缸压力空气开始排出,便可松开拉风线,制动缸空气压力就可排净;如果一直拉动拉风线,可以将整个制动系统的压力空气全部排出,所以称为半自动缓解阀。

第三节 货车基础制动装置

一、基础制动装置

车辆制动装置包括制动机(空气制动部分)、基础制动装置和人力制动机三个部分。

基础制动装置是指从制动缸活塞推杆到闸瓦之间所使用的一系列杠杆、拉杆、制动梁、吊杆等各种零部件所组成的机械装置。它的用途是把作用在制动缸活塞上的压缩空气推力增大适当倍数以后,平均地传递给各块闸瓦,使其变为压紧车轮的机械力,阻止车轮转动而产生制动作用。因此,可以把基础制动装置的用途归纳为:制动缸所产生的推力至各个闸瓦;推力增大一定的倍数;各闸瓦有较一致的闸瓦压力。

基础制动装置的形式:按设置在每个车轮上的闸瓦块数及其作用方式,可分为单侧闸瓦式、双侧闸瓦式、多闸瓦式和盘形制动装置等。按提速车辆制动梁下拉杆安装的形式,又可分为中拉杆式基础制动装置和下拉杆式基础制动装置。

制动梁下拉杆从摇枕侧壁椭圆孔穿过,将两个制动梁连接在一起的结构,称为中拉杆式基础制动装置;制动梁下拉杆从摇枕下方通过,将两个制动梁连接在一起的结构,称为下拉杆式基础制动装置。提速车辆多数采用中拉杆式基础制动装置。

(一)单侧闸瓦式基础制动装置

单侧闸瓦式基础制动装置,简称单式闸瓦,也称单侧制动。即只在车轮一侧设有闸瓦的制动方式，我国目前绝大多数货车都采用这种形式。单侧闸瓦式基础制动装置如图 5-10、图 5-11所示。

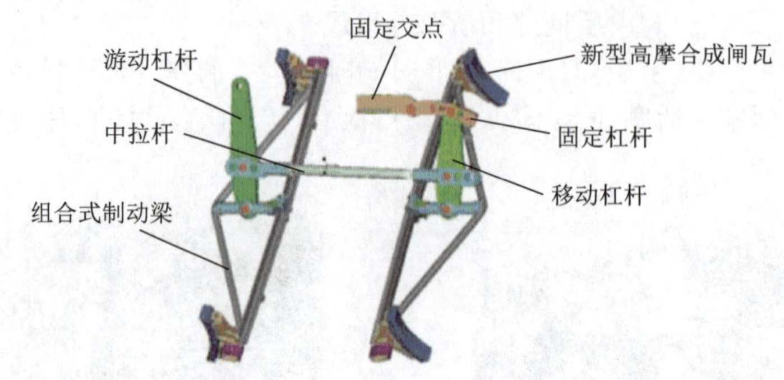

图 5-10　单侧闸瓦式基础制动装置结构

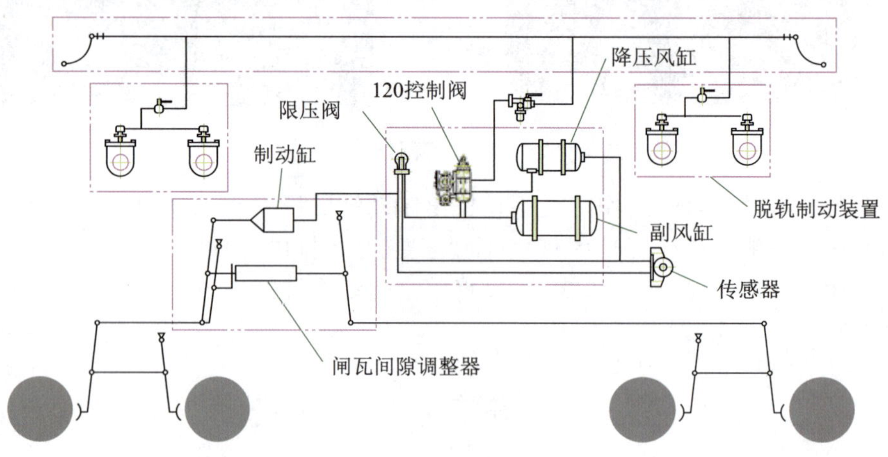

图 5-11　货车制动机结构示意

单侧闸瓦式基础制动装置由组合式制动梁、中拉杆、固定杠杆、游动杠杆、新型高摩合成闸瓦、固定支点、移动杠杆组成。

单侧闸瓦式基础制动装置结构简单，节约材料，便于检查和修理。但制动时，车轮只受一侧的闸瓦压力作用，使轴箱或滚动轴承的附属配件承载鞍偏斜，易形成偏磨，引起热轴现象的产生。此外由于制动力受闸瓦面积和闸瓦承受压力的限制，制动力的提高也受到限制。若闸瓦单位面积承受的压力过大，闸瓦摩擦系数下降，影响制动效果，不仅会加剧闸瓦的磨耗，而且还会磨耗闸瓦托，使制动力衰减，影响行车安全。

（二）双侧闸瓦式基础制动装置

双侧闸瓦式基础制动装置，简称双闸瓦式或复式闸瓦，也称双侧制动，即在车轮两侧均有闸瓦的制动方式。双侧闸瓦式基础制动装置如图 5-12 所示。

一般客车和特种货车的基础制动装置大多采用这种形式。双侧制动装置，在车轮两侧都装有闸瓦，所以闸瓦的摩擦面积比单闸瓦式增加一倍。闸瓦单位面积承受的压力较小，这不但能提高闸瓦的摩擦系数，而且散热面积大，可降低闸瓦与车轮踏面的温度，延长车轮的使用寿命，减少闸瓦的磨耗量。在相同尺寸的制动缸与相同闸瓦压力的情况下可得到较大

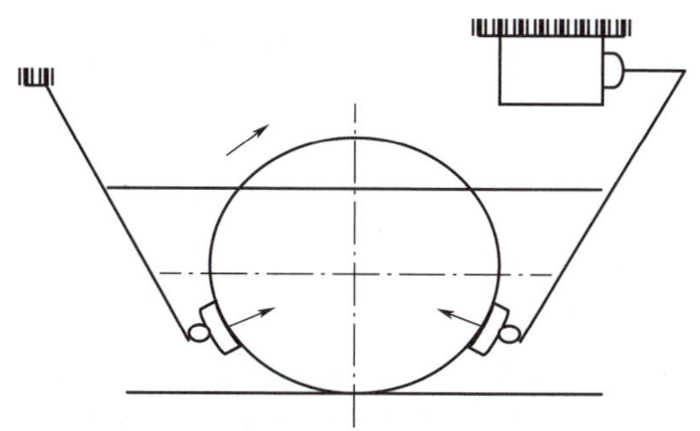

图 5-12 双侧闸瓦式基础制动装置结构示意

的制动力。同时，由于每轴的车轮两侧都有闸瓦，制动时两侧的闸瓦同时压紧车轮，可以克服单侧闸瓦式车轮一侧受力而引起的各种弊病。一般客车和特种货车(机械保温车、长大货物车)大多采用这种形式的基础制动装置。其结构比较复杂，一般侧架式货车转向架不易安装双侧闸瓦式基础制动装置。

二、提速转向架基础制动装置主要部件的特征

(一)转 K6 型转向架

转 K6 型转向架基础制动装置为中拉杆式单侧闸瓦制动装置，采用 L-A 型或 L-B 型组合式制动梁、高磨合成闸瓦、45 钢圆销、奥—贝球铁耐磨衬套、止退开口销。

(二)转 K5 型转向架

转 K5 型转向架基础制动装置为中拉杆式单侧闸瓦制动装置，采用 L-C 组合式制动梁、高磨合成闸瓦、45 钢圆销、奥—贝球铁耐磨衬套、止退开口销。固定杠杆与固定杠杆支点座之间用链蹄环连接，以利于侧架、摇枕的摆动。

(三)转 K4 型转向架

转 K4 型转向架基础制动装置为中拉杆式单侧闸瓦制动装置，采用整体锻造式制动梁、制动杠杆中孔和固定杠杆支点座孔装用球形销套，以利于侧架、摇枕的摆动。

(四)转 K2 型转向架

转 K2 型转向架基础制动装置为中拉杆式单侧闸瓦制动装置，在制动梁端部焊装带防脱板的专用闸瓦托，采用 45 钢圆销、奥—贝球铁耐磨衬套、止退开口销。

第四节 人力制动机

一、人力制动机的种类

人力制动机按结构形式及使用方法主要有五类。

1. 链式人力制动机，又分固定式和折叠式两种。大多数货车采用这种人力制动机。
2. 螺旋式人力制动机，用在一部分旧型货车上。
3. 棘轮式人力制动机，只用在少数货车上。

4. 卧式人力制动机，如 FSW、NSW 型人力制动机。

5. 脚踏式制动机。

二、构造及作用原理

（一）链式人力制动机

1. 固定轴链条式人力制动机

固定轴链条式人力制动机多使用在棚车、敞车、罐车等类车辆上，我国大部分的货车均采用这种人力制动机，由人力制动手轮、人力制动轴导架、人力制动轴、棘轮、棘子锤、棘子、棘子托、踏板、人力制动踏板托、人力制动轴托、人力制动轴链、链条滑轮、人力制动拉杆托、人力制动拉杆等零部件组成。人力制动轴的上部装有一个制动手轮，在人力制动轴中部稍下方设有人力制动踏板，上面设有为防止人力制动轴逆转的人力制动棘轮、棘子、棘子锤。人力制动轴导架能保持人力制动轴正位，使其不致倾斜摇摆。人力制动轴下方设有人力制动轴托，以支承人力制动轴。人力制动轴的下端钻有一个透孔，用螺栓和人力制动轴链结合在一起。其作用原理如下。

(1)制动时，先将棘子锤压在棘子的外端，使棘子的内端卡在棘轮上，防止逆转。然后顺时针方向转动手轮，人力制动轴随着转动，人力制动轴链便卷绕在人力制动轴上，拉动人力制动拉杆发生制动作用。

(2)缓解时，将棘子锤提起，使棘子内端离开棘轮，则人力制动轴依其反拨力逆转，恢复到缓解位置。

2. 折叠轴链条式人力制动机

折叠轴链条式人力制动机多使用在平车和长大货物车上，折叠轴链条式人力制动机的构造和作用与固定轴链条式人力制动机基本相同。不同的是，它的人力制动轴分上、下两段，用铆钉连接，使用时用轴套固定，不用时可将上段放倒，平置于人力制动轴手把托内，以免妨碍装卸货物或运送长大货物。

3. 旋转卧式链条人力制动机

旋转卧式链条人力制动机主要用于 X_{6A}、X_{1k}、NX_{17A}、D_{10} 等型车，由转动支架座、转动支架及人力制动机构等组成。使用时应注意以下几点：

(1)如人力制动机处于直立位置时，使用前应确认转动支架与转动支架座的孔内插有固定圆销。

(2)如人力制动机处于倾斜位置，须将固定圆销拔出，然后旋转人力制动机，使其直立将固定圆销固定后，才可使用制动机。

(3)装卸货物或不使用时，应将固定圆销由转动支架及支架座中拔出，将人力制动机整体沿支架座向车辆中梁方向旋转约 75°左右，使制动轴放置于轴托架上，并在转动支架及转动座孔内插入固定圆销加以固定。

(4)人力制动机不使用时，只允许向车钩方向倾斜，不得倒向侧梁方向，以免超出车辆限界，危及行车安全。

（二）棘轮式人力制动机

棘轮式人力制动机只用在极少数的旧型货车上，由棘轮、制动手把、缓解手把、棘子弹簧、棘轮对、人力制动链、盒体、盒盖等零部件组成。

制动时，上、下扳动制动手把，手把尖端拨动棘轮，棘轮对随着转动使人力制动链缠绕在棘轮对上，拉动基础制动装置产生制动作用。缓解时，扳动缓解手把使棘子离开棘轮，棘轮对依反拨力自然逆转，松开人力制动链起缓解作用。

（三）螺旋式人力制动机

使用螺旋式人力制动机的车辆较少，只在个别已淘汰的车上装用，由人力制动手轮、人力制动轴、人力制动踏板、螺母导板、人力制动螺母、人力制动连杆、曲拐、人力制动拉杆等组成。其作用原理如下：

1. 制动时，顺时针方向旋转人力制动手轮，人力制动轴即随之转动，从而带动人力制动螺母向上移动，由螺母拉动连杆，依次拉动曲拐、人力制动拉杆，带动基础制动装置产生制动作用。

2. 缓解时，反向转动手轮即可。由于这种人力制动机动作比较缓慢，所以新造车上不再采用。

（四）NSW 型人力制动机

NSW 型人力制动机适用于各种铁路货车（尤其适合安装在平车和集装箱平车上），主要由手轮、箱壳、底座、棘轮、大齿轮、小齿轮、离合器、链条等零部件组成，卷链轴上焊有大齿轮和导板。其中小齿轮、键轮采用模锻方法制作，大齿轮、棘轮等零件采用精铸方法制作。箱壳、底座以及手轮用钢板压制成型，刚度好、重量轻。NSW 型人力制动机具有制动、缓解、调力制动和锁闭的功能，并具有制动力大、结构紧凑、重量轻等特点。

手柄置于标记常用位，顺时针方向旋转手轮，带动主动轴上的键轮转动，通过离合器将转动传递到小齿轮上，小齿轮带动大齿轮转动，可以实现制动的目的。此时，逆时针方向旋转手轮约 40°，即可带动离合器轴向运动，通过离合器将主动轴至小齿轮的传动断开，从而达到缓解的目的。这种结构的手轮逆时针方向只能转动约 40°左右，缓解时不会有手轮跟转的情况发生。

手柄置于标记调力位，此时，人力制动机内部的棘舌不起作用，顺时针方向旋转手轮，带动主动轴上的键轮转动，通过离合器将转动传递到小齿轮上，小齿轮带动大齿轮转动，可以实现制动的目的。根据需要，通过手轮的逆时针转动可随意减少制动力，顺时针转动手轮可随意增加制动力，从而实现调力制动，可在调车作业中采用。只是需要注意的是，在调力的过程中，手不要离开手轮，以防手一旦离开而造成彻底缓解。当车辆停稳后，手柄拨向常用位，上紧手轮可以防溜。

（五）FSW 型人力制动机

FSW 型人力制动机由手轮、主动轴、卷链轴、手柄、底座、箱壳等零部件组成，具有制动、阶段缓解和快速缓解功能。

手轮直径为 ϕ560 mm，由 4 mm 厚的钢板压制，与轮毂焊接。底座与箱壳均由 6 mm 厚的钢板压制，二者以 4 个 ϕ12 mm 的铆钉连接。

箱壳上压有产品型号、制造厂代号、“制动”和“缓解”等永久标记。

手柄为铸钢件，铸有“快速缓解”标记，手柄焊于轴上，轴上装有扇形轮。

卷链轴上焊有大齿轮和导板，并铆直径为 ϕ20 mm 的链条。为了扩大人力制动倍率，轴上开有 2 个卷链条的凹槽，以缩小制动式链条中心至轴中心之间的距离。大齿轮有 50 个齿，属短齿齿轮。

主动轴上的六棱柱部分套有离合器，圆柱部分套有控制轮、止动轮、棘轮、摩擦片、小齿轮，端部焊有端轴；控制轮和止动轮间以圆柱销连接。控制轮上有梯形内螺纹，小齿轮上有梯形外螺纹，它们可夹紧位于这两者之间的止动轮、摩擦片和棘轮；主动轮组成与棘舌（棘子）相结合，成为一种棘轮摩擦式锥形制动器。这种制动器在棘舌不脱开的情况下，允许主动轴正转、反转和保持制动力。离合器中心有六方孔，端面有 6 个凸爪，当离合器闭合时，凸爪插入控制轮的凸窝中。在小齿轮、摩擦片、棘轮和止动轮相互的接触面上，都有圆锥角。棘轮有 15 个齿，小齿轮齿数 8 个，属短齿齿轮。主动轴组成零件中，除摩擦片材质是 QSn6.5-0.1 外，其余均为锻件。

制动：手柄置于保压位，扇形轮将离合器拨向左侧，使其与控制轮闭合，棘舌受开闭挡限制，可沿斜面往复滑动，棘轮只可沿顺时针方向转动。当手轮上沿顺时针方向施加力矩时，借助于控制轮和小齿轮之间的螺纹连接，将这两个零件之间的其余零件夹紧，并沿顺时针方向转动，小齿轮带动大齿轮，再带动卷链轴将链条提升，产生制动力。当取消力矩时，由于棘轮在保压位不能沿逆时针方向转动，借助于棘轮与摩擦片之间的摩擦作用，链条的拉力不能使小齿轮沿逆时针方向转动，能有效地起保压作用。

阶段缓解：手柄仍置于保压位，当手轮上沿逆时针方向施加力矩时（其值略小于制动力矩），控制轮沿逆时针方向转动，它与小齿轮之间的螺纹连接松开，棘轮和摩擦片之间的摩擦力减少，这时虽然棘轮不能沿逆时针方向转动，但在链条拉力作用下，小齿轮可克服摩擦力而沿逆时针方向转动，产生阶段缓解作用。实际上，小齿轮和控制轮是同步地沿逆时针方向转动，并随时夹紧棘轮等零件，所以取消力矩时，仍有保压作用。

快速缓解：手柄由保压位沿顺时针方向推向缓解位，扇形轮将离合器拨向右侧，使其与控制轮脱开，轴带动开闭挡沿顺时针方向转动，棘轮不再受开闭挡限制，可沿逆时针方向转动。小齿轮在链条拉力作用下，沿逆时针方向快速转动，实现快速缓解。

（六）脚踏式制动机

脚踏式制动机主要由杠杆传动机构、绕链机构、控制机构等三部分装配在壳体内外组成。杠杆传动机构由脚蹬、脚踏杠杆、拉杆、绕链棘爪、重锤连块组成；绕链机构由绕链轴和绕链棘轮组成；控制机构由控制杆及 2 个控制棘爪组成。脚踏式制动机适用于多种车型铁路货车，可用于铁路货车的调车作业、锁闭防溜等。它改变了人力制动的施力方式，即改手施力为脚踏施力，具有制动保压、阶段缓解、快速缓解和锁闭防溜等功能；具有安全性好、制动力大、操作简便、省力、便于瞭望等优点。

第五节　货车空重车调整装置

一、货车空重车调整装置的种类和用途

（一）种　　类

目前我国使用的空重车调整装置按作用方式主要分为两类，一是二压力机构空重车调整装置；二是无级空重车自动调整装置。

（二）用　　途

货车制动机设空重车调整装置，是因为重车运行时的动能远远大于空车。所以空、重车在实施制动时，所需要的制动力也不同。重车所需要的制动力大，空车所需要的制动力小。如果未按规定调整空、重车位，空车由于制动力过大，容易擦伤车轮；而重车制动力却不足，在规定的制动距离内有停不住车的危险。

二、二压力机构空重车调整装置

（一）构　　造

二压力机构空重车调整装置由降压风缸、安全阀、空重车转换塞门、空重车调整杆、空重车指示牌及空重车调整手把组成。为了便于人工调整，将空重车调整手把延伸到车底架两侧的空重车位指示牌上。空重车调整装置是通过控制制动缸风压的大小来调整闸瓦压力的。

（二）作用原理

1. 空重车调整手把放在空车位时，空重车转换塞门开放，使制动缸与降压风缸连通，相当于增大了制动缸容积，制动时副风缸的风压通过三通阀，一部分进入制动缸，另一部分进入降压风缸，从而降低了制动缸的风压，减小了闸瓦压力。与此同时，还通过安全阀的作用，使制动缸的风压不超过 190 kPa。当制动缸风压超过 190 kPa 时，安全阀能自动地排风。

2. 空重车调整手把放在重车位时，空重车转换塞门关闭，断了制动缸与降压风缸的通路，降压风缸和安全阀不起作用。制动时，副风缸的风压通过三通阀，只进入制动缸，不再进入降压风缸，从而提高了制动缸风压，获得了较大的闸瓦压力。

二压力机构空重车调整装置，构造简单，检修、维护都比较方便，但由于其对制动缸的压力只能起到两级控制（空车或重车），且降低了空车时制动的灵敏度，所以新型货车均未采用。

二压力机构空重车调整装置空重车位的调整与检查的分工应按《技规》规定，在装、卸车的车站，由货运员（所在铁路局集团公司另有规定除外）负责检查、调整；编入列车时，在有列检作业的车站，由列检负责检修、调整；在无列检作业的车站，由运转车长接收列车时负责检查、调整；单机挂车时，在无列检作业的车站由发车人员负责检查、调整。

三、无级空重车自动调整装置

（一）种　　类

目前我国铁路货车空重车自动调整装置主要有 KZW-4 型、KZW-4G 系列（含 KZW-4G、KZW-4GAB、KZW-4GCD 型）、KZW-6 型、TWG-1 系列（含 TWG-1AB、TWG-1CD 型）等型号。

（二）结构特点及作用原理

1. KZW-4 系列

（1）结构

KZW-4 系列空重车自动调整装置主要由横跨梁、抑制盘、C-4 型传感阀、支架、降压风缸、B-4 型比例阀、阀管座和连接法兰管路等零部件组成。

KZW-4 系列空重车自动调整装置为无级调整装置，能根据车辆载荷的变化对制动缸压力在空车位到重车位压力范围内自动调整，获得与载重相匹配的制动力，满足车辆运用的要求。

横跨梁用 5 号槽钢压制而成，安装在转向架侧架内侧制动梁上方靠近摇枕并与其平行的位置，横跨梁两端支承在转向架侧架上的横跨梁托上，其间设有磨耗垫板。磨耗垫板及横跨梁托上有长形孔而横跨梁端头上为圆形孔，定位螺栓穿过这些孔起定位作用。定位螺栓的槽形螺母并不紧固，留有一定的间隙，用开口销锁定，横跨梁支撑在侧架上可左右移动。横跨梁上设有安全吊链，横跨梁中间的触板起支承抑制盘的作用。

抑制盘上部为圆盘、中部为圆柱、下部为螺杆和带螺纹的触头。抑制盘安放在支架的圆柱形导管上，并在其导管内可上下移动。转动触头可调整其长度，并采用开口销锁定。车辆为空车时，抑制盘的圆盘坐落在阀座支架的导管顶端，作为空车时传感阀称重的基准。当车辆载重、抑制盘触头与横跨梁接触后，圆盘则与横跨梁维持不变的相对高度，又作为载重时传感阀称重的基准。

C-4 型传感阀由阀体、阀盖、活塞、触杆、夹芯阀、压力弹簧、复原弹簧、夹芯阀弹簧、弹簧座、弹簧挡圈及密封胶圈等零部件组成。传感阀安装在阀座支架、触杆向上，正对抑制盘的下盘面。车辆制动时，传感阀用来测量车辆的载重并通过进入降压风缸的压力空气去驱动 B-4 型比例阀，从而控制进入制动缸的空气压力。

支架是用精密铸钢件加工而成，安装在横跨梁上方车体中梁上，用 4 个螺栓紧固。支架用以安放抑制盘和安装 C-4 型传感阀并与连接管路的法兰连接。

降压风缸是与 120 型等直接作用式空气制动机配套的均衡风缸。

B-4 型比例阀由阀体、橡胶膜板、活塞、夹芯阀、夹芯阀弹簧、压力弹簧、阀盖、显示牌、活塞杆、显示压力簧、后盖及密封胶圈等零部件组成，安装在阀管座上。制动时，它在来自 120 型等空气制动机制动孔的压力空气和来自 C-4 型传感阀(或降压风缸)的压力空气的共同作用下控制着进入制动缸的空气压力。在规定调整范围内，当制动孔压力一定时，制动缸的空气压力随车辆载重增加而增加。B-4 型比例阀盖上的显示牌通过不同的翻转角度显示着制动缸压力所对应的车辆载重情况。

阀管座吊装在车体中部边上的底架上，用来安装 B-4 型比例阀并与管路法兰连接。

(2)作用原理

车辆载重的不同会引起枕簧的挠度发生变化，枕簧挠度的变化导致车体与侧架之间的垂向距离发生变化，KZW-4 系列空重车自动调整装置就是通过传感阀组成来测量车体与侧架之间距离的变化，确定车辆所处的状态，控制比例阀动作，获得预期的制动缸压力。

在车辆空车时，将抑制盘触头与横跨梁触板调整至规定间隙，并用开口销锁定，调整后 C-4 型传感阀触杆与抑制盘间距约为 6 mm。此时横跨梁支承在转向架侧架上，与轨面的高度不变，与载重大小无关。车辆载重后，枕簧受压变形，支架和装在上面的 C-4 型传感阀将随车体下移，当抑制盘触头与横跨梁接触之后，抑制盘的高度位置不再改变，C-4 型传感阀触杆与抑制盘的距离将随载重的增加而增加。

与 120 型制动机配套使用。当 120 型制动机处于完全缓解状态时，空重车自动调整装置和制动缸处于无压力空气状态。这时，B-4 型比例阀活塞和橡胶膜板在压力弹簧的作用下处于最上方位置，活塞内的夹芯阀离开阀口，夹芯阀处于开启状态。制动缸及与之连通的空间经开启的 B-4 型比例阀和 120 型制动机的缓解排气通道与大气相通。B-4 型比例阀阀盖上的空重位压力显示器的显示活塞在显示弹簧的作用下处于最右边位置，显示牌处于最下方位置。C-4 型传感阀的活塞和触杆在复原弹簧的作用下处于最下端位置，触杆与抑制圆盘保持一定距离，活塞内的夹芯阀在夹芯阀弹簧的作用下处于关闭状态，将传感阀体内分为上下腔，下腔经 A 孔通制动缸，上腔经 B 孔通降压风缸及 B-4 型比例阀的橡胶膜板上方，并通过 C-4 型传感阀触杆内的小孔通向大气。

当列车制动管减压制动时，120 型制动机动作，副风缸的压力空气经制动机和开启的B-4 型比例阀向制动缸及 B-4 型比例阀活塞上方充风，随着制动缸空气压力的增加，C-4 型传感阀的活塞在下腔压力空气(即制动缸压力空气)的作用下向上移动，压缩复原弹簧和调压弹簧并推动触杆一起上升，当触杆上移碰到抑制圆盘时停止不动，而活塞随制动缸空气压力的增加继续上移，这时活塞内的夹芯阀被触杆顶开，活塞下腔的压力空气立即向上腔及容积风缸等充风，当降压风缸及 B-4 型比例阀橡胶膜板上方的空气压力上升到一定时，B-4 型比例阀内的活塞下移关闭夹芯阀，使副风缸停止向制动缸充风。C-4 型传感阀活塞上下作用力达到平衡后，活塞内的夹芯阀自动重新关闭，维持制动缸和降压风缸的空气压力不变。B-4 型比例阀盖上的显示器在制动缸、降压风缸的空气压力和显示弹簧的共同作用下推动活塞杆伸出顶起显示牌翻转，全重车位制动缸压力时，显示牌翻转 90°从空车至重车制动缸压力范围内显示牌翻转是连续变化的。

当列车制动管充风缓解时，120 型制动机动作，其制动孔转换到通大气，B-4 型比例阀 A 孔端的空气压力迅速降低，其内的夹芯阀被通 B 端孔的压力空气顶开，制动缸的压力空气穿过 B-4 型比例阀和 120 阀排向大气。C-4 型传感阀活塞下腔的空气压力随制动缸的空气压力下降而降低，其活塞和触杆相应下移，当活塞下腔空气压力低于上腔空气压力一定值时，上腔空气压力顶开夹芯阀，降压风缸的压力空气将通过夹芯阀与制动缸的压力空气一起经 B-4 型比例阀和 120 阀排向大气。与此同时，在 C-4 型传感阀触杆回到最下端位置时，容积风缸的压力空气还通过传感阀触杆内的小孔直接排向大气直至排尽为止。在排气过程中，当 B-4 型比例阀橡胶膜板上方的压力空气降到一定值时，其压力弹簧又逐渐将活塞和橡胶膜板推到最上方位置，夹芯阀完全打开处于常开位置，而 C-4 型传感阀活塞内的夹芯阀在上腔压力接近下腔的空气压力时靠夹芯阀弹簧又将夹芯阀阀口关闭，降压风缸余气由触杆轴向孔排入大气，最后恢复到完全缓解的无气压状态。缓解过程中，B-4 型比例阀盖上的显示牌也随制动缸压力下降而自动落下。

(3)主要特点

①制动缸压力随车辆载重变化在一定范围内自动无级地变化，从空车至全重车任何载重下的车辆制动率均小于车辆黏着允许的制动率。

②在空车至全重车任何载重下，当列车制动管风压在 500 kPa 时，常用全制动的平衡压力均为 360 kPa，常用全制动最大有效减压量基本保持为 140 kPa。能适应现有各主要型号制动机的配套使用，尤其是 120 阀主型制动机配套使用。

③在列车制动管压力为 500 kPa 和 600 kPa 时，在空车位时，最大减压量制动缸压力分

别为 160 kPa 和 180 kPa,重车位时仍为 360 kPa 和 430 kPa。

④在空车制动时,制动缸压力初跃升为 50 kPa 以上。

⑤适应转 8AG、转 8G、转 K2、转 K3、转 K4 等型转向架及通用闸瓦或高磨合成闸瓦的制动性能要求,满足当前货车提速需要。

⑥制动系统配置由通用闸瓦改成高摩合成闸瓦时,仅对自动调整装置的内部结构做简单调整。

⑦测重系统中的传感阀只在制动时才与抑制盘接触,传感阀受车辆运动影响小,其作用稳定、可靠。

⑧管路连接全部采用法兰连接,运用中不易产生漏泄故障。

⑨设有较为明显的空重位显示标志。

2. TWG-1 系列

(1)主要型号

①TWG-1A 型,由 T-1A 型调整阀及 WG-1A 型传感阀组成。

②TWG-1B 型,由 T-1B 型调整阀及 WG-1B 型传感阀组成。

③TWG-1C 型,由 T-1C 型调整阀及 WG-1C 型传感阀组成。

④TWG-1D 型,由 T-1D 型调整阀及 WG-1D 型传感阀组成。

(2)结构

TWG-1 系列空重车自动调整装置主要配置和转换方式与 KZW-4 系列空重车自动调整装置类似,适用于新造和改造提速货车及快运货车。

(3)主要特点

①具有简单可靠的新型称重机构,传感阀在每次制动时感知枕簧挠度的变化,对车辆振动的跟随性好,触头在缓解状态时缩回,大大减小磨耗,提高寿命。

②具有很强的通用性和适应能力,采用了独创的双膜板结构,空重车压力可根据车辆的不同需要在较大范围内设定。

③能与 120 型及 GK 型等货车主型制动机相适配,使之具有无级空重车自动调整功能,原型制动机的基本性能不变。

④该装置的重车位及空车位的制动缸最高压力都可根据车辆不同吨位、速度及配用高摩合成闸瓦的摩擦性能在相当大的范围内设定。能与 356 mm×254 mm、254 mm×254 mm 制动缸相适配,适应性强。

⑤无论在任何空重车位,该装置均具有明显而稳定的制动缸压力初跃升作用。

⑥为提高可靠性、方便使用,在装置设计中采用了技术含量较高的新结构、新材料及新工艺,如防松螺母结构、高分子耐磨材料、多元气体共渗表面处理新工艺等。

3. KZW-4 系列与 TWG-1 系列主要区别

两者作用原理基本相同,主要区别有以下几项:

(1)KZW-4 系列的调整阀与风缸分开,TWG-1 系列调整阀与风缸一体化。

(2)安装方式不同。KZW-4 系列传感器触头向上,TWG-1 系列传感器触头向下。

4. KZW-4 系列与 TWG-1 系列共同点

(1)只需通过更换其内部少量零部件便可实现由 A(或 C)型向 B(或 D)型的转换,简单易行，可适应现有货车向提速货车转换的需要。

(2)对应于不同货车从全空至全重的载重，测量枕簧挠度的变化范围有 0～21 mm 和 0～28 mm 两种，能对制动缸压力连续调整并能根据车型、转向架形式的不同确定具体的枕簧挠度测量范围。

(3)能与现有 120 型、GK 型阀配套使用；具有制动缸压力初跃升性能。

(4)从空车到重车的任何载重状态施行制动时，在两种定压、自调装置为 A 型或 B 型时，其最大有效减压量均符合《铁路货车无级空重车自动调整装置技术要求(暂行)》的有关技术要求。

(5)在设计中采用了一些新结构、新材料及新工艺，具有耐磨、耐腐蚀等特点，提高了空重车自动调整装置工作可靠性及零部件使用寿命。

(三)附属部件

1. T-1 型调整阀

T-1 型调整阀由显示部、比例控制部及跃升部三部分组成。

(1)显示部由上盖组成、显示器弹簧、O 形圈、显示器等组成。

(2)比例控制部由上体组成、下体组成、上活塞、上(下)膜板、压杆、O 形圈、下活塞、止回阀、上(下)衬圈等组成。

(3)跃升部由跃升活塞、跃升弹簧、O 形圈、顶杆、下盖等组成。

2. WG-1 型传感阀

WG-1 型传感阀主要由活塞、顶杆组成、触头组成、顶杆弹簧、复原弹簧、上盖和阀体等部分组成。

3. KZW-4 系列调整阀

KZW-4 系列调整阀主要由阀体、阀盖、中间体、作用杆、橡胶膜板Ⅰ、橡胶膜板Ⅱ、活塞、夹芯阀、夹芯阀弹簧、压力弹簧、调整片、显示牌、活塞杆、显示弹簧、显示活塞、后盖及密封胶圈等零部件组成。

(四)性能试验

连接好单车试验器，检查各零部件外观状态是否良好，充风无漏泄；放置调整垫板，调整传感阀触头至规定位置，将触头锁紧在该位置，取出垫板。然后进行空车位试验、半重车位试验、重车位试验三项试验。

第六节　货车制动机的种类及应具备的条件

在列车运行时，为调整列车运行速度和在指定地点停车，保证列车正点和安全运行，在机车和车辆上设置有用以产生制动力的装置，安装在机车上的称为机车制动机，安装在车辆上的称为车辆制动机。

一、车辆制动机的主要种类

1. 按动力的来源及操作方法分为空气制动机、人力制动机、真空制动机、电空制动机、轨道电磁制动机、再生制动机和电阻制动机。

2. 按作用方式分为直通空气制动机和自动空气制动机。

3. 按作用性能分为软性制动机、硬性制动机、半硬性制动机、软硬性混合制动机。

4. 按摩擦方式分为闸瓦式制动机、盘形制动机、轨道电磁制动机。

5. 按用途及结构形式分为客车空气制动机、货车空气制动机。

二、车辆制动机应具备的条件

1. 具有足够的制动力,保证列车在规定的制动距离内实现停车。

2. 制动波速快,作用灵敏可靠,具有在长大列车中使全列车前后车辆的制动机作用一致的性能。

3. 采用的三通阀、分配阀或控制阀,能适应各种不同直径的制动缸;漏泄时有自动补风作用;制动力均匀一致;在长大下坡道运行时,制动力不会衰退。

4. 制动与缓解作用迅速而平稳,司机可以凭制动阀任意进行操纵。调节速度或停车时,前后动作一致,避免列车发生过大的纵向冲动。

5. 有紧急制动作用性能,遇有意外情况时,能发挥制动机的最大效能,在规定的制动距离内迅速停车,保证运输安全。紧急制动作用除可由机车司机操纵外,必要时还可由行车人员利用设在货物列车的守车及旅客列车的每辆客车内的紧急制动阀,进行排风操纵。

6. 列车在途中发生车钩分离事故时,全列车能自动起紧急制动作用。

7. 在不致擦伤车轮的前提下,充分利用车轮与钢轨间的黏着力实行制动。货车制动机应具有二级以上空重车调整装置;高速旅客列车制动机还应安装防滑装置,以发挥制动机的最大效能。

8. 各种制动机应能在同一列车中混编,其动作协调一致。

9. 基础制动装置各部件强度大,结构合理,各连接部灵活耐磨,阻力小,具有较高的制动效能;闸瓦耐磨耐热性能好,其摩擦系数在高速或低速时应与轮轨黏着系数相适应。

10. 构造简单、作用可靠、坚固耐用、检修方便、检修周期长;尽量采用膜板结构等新技术、新材料,减少研磨件;尽可能采用标准件、通用件。

第七节　微控列车制动机试验系统

1. 微控列车制动机试验系统是车辆检修作业中重点设备,是确保列车安全运行的关键设备。

2. 微控列车制动机试验系统由值班室装置、执行器、通信电缆、动力电缆、风管路、收管器、长风带等组成。其中值班室装置由监控计算机、打印机、通信配电箱、语音控制器、监控软件等组成;执行器由中继阀、气路块、前端控制器、充风阀(含空气滤气器、自动排水器)、排风阀、电子定压阀、压力传感器、油水分离器、气动软管、管件等组成。

3. 微控列车制动机试验系统操作规程(TKS-40 型)

(1)经考试合格并持有设备操作证者,方准进行操作。操作者必须严格遵守有关安全、交接班制度。

(2)值班员接车时，在计算机的对应股道上输入试验车次和该车次的列车辆数。

(3)试验人员将风带接到列车管上，打开试风柜的阀门。尾部检车员应将列尾压力检测器加到列车尾部风管上，打开电源，设置柜号。

(4)检车员通过对讲机申请试验，输入试验代码：AXz03。

代码说明：A—申请试验；X—作业班组代码；z—试风柜号；03—试验股道号。

(5)计算机判断总风管压力是否满足要求，如果满足要求提示“试验准备就绪”；如果不满足要求则提示“总风管压力不足”，检车员应检查原因。计算机控制前端开始充风，检车员打开列车管折角塞门，充风至 600 kPa。等待计算机提示缓解完毕，进行下一步试验。

(6)漏泄试验(代码：Bz2)。

检车员通过对讲机输入漏泄试验代码 Bz2(z 为试风柜号)，中心计算机根据现场工作人员要求开始漏泄试验，保压 1 min，中心计算机自动记录漏泄量，如果漏泄量不超过 20 kPa，保压 1 min 后系统自动充风至 600 kPa。如果漏泄量超过 20 kPa，系统则提示试验不合格，工作人员应检查列车的空气制动系统，然后再开始做漏泄试验。

(7)感度保压试验 (代码：Bz3)。

检车员通过对讲机输入感度保压试验代码 Bz3，列车制动管减压 50 kPa(编组 60 辆及以上时减压 70 kPa)，全列车必须发生制动作用，同时保压，第 1 min 内无线风压监测仪显示的列车主管压力下降不大于 20 kPa，3 min 内不得发生自然缓解。如果过程中发生紧急制动则提示感度保压试验不合格，工作人员应检查列车的空气制动系统，然后再开始做感度保压试验。

(8)缓解(代码：Bz1)。

检车员通过对讲机输入缓解代码 Bz1，计算机向前端发出充风指令，前端控制器将列车管充风至 600 kPa。如果中心计算机判断列尾压力检测器采集的压力达到规定的要求，则提示“缓解完毕”，工作人员可以进行下一步操作。

(9)安定试验 (代码：Bz4)。

检车员通过对讲机输入安定试验代码 Bz4，减压 140 kPa(列车主管压力为 600 kPa 时减压 170 kPa)，不得发生紧急制动作用，并确认感度保压试验发现异常的制动缸活塞行程是否符合规定。中心计算机自动记录漏泄量，漏泄量不得超过 20 kPa。如果漏泄量不超过 20 kPa，系统则提示试验合格。如果漏泄量超过 20 kPa，系统则提示试验不合格，工作人员应检查列车的空气制动系统，然后再开始做安定试验。

(10)缓解(代码：Bz1)。

检车员通过对讲机输入缓解代码 Bz1，计算机向前端发出充风指令，前端控制器将列车管充风至 600 kPa。如果中心计算机判断列尾压力检测器采集的压力达到规定的要求，则提示“缓解完毕”，工作人员可以进行下一步操作。

(11)总风管漏泄试验(代码：Bz5)(客车)。

工作人员通过对讲机输入代码 Bz5，列车总风管规定压力 600 kPa。确认列车总风管达到定压后，全列(静态)保压 1 min，总风管漏泄不得超过 20 kPa。

(12)排风(代码：Bz7)。

工作人员通过对讲机输入排风代码 Bz7，中心计算机根据现场工作人员要求开始排风，提示减压开始，将列车管压力排风至 0。工作人员应关闭试风柜列车管折角塞门，然后卸风管。

(13)试验结束(代码：Bz0)。

工作人员通过对讲机输入结束代码 Bz0，中心计算机关闭试验程序，提示试验完毕。

四、TKS-40 型微控列车制动机试验系统自检自修范围

1. 按照设备操作规程的规定，认真做好设备在使用前及工作后的检查及保养工作。
2. 检查管系、各阀有无漏泄。
3. 检查压力表指示是否准确。
4. 检查各紧固件有无松动或丢失，及时紧固或补齐。
5. 检查电压表、电流表指示是否正常。
6. 检查各插座、插头、插口、开关按钮、指示灯、显示屏有无异常。
7. 检查计算机系统输入、输出是否准确。
8. 检查电器装置是否安全可靠，检查或更换进线电源保险。
9. 超出自检自修范围，操作者无法修理和恢复使用时，应及时报告维修人员进行处理。

五、TKS-40 型微控列车制动机试验系统日常点检内容

1. 开机后检查主机、显示器、打印机等控制组件运行状况，应工作正常、屏幕稳定、打印清晰。
2. 执行器内部干净，无杂物，柜体密封良好；外观清洁，标识清晰。
3. 管路无堵塞、漏泄，油水分离器排污干净。
4. 开关作用正常、动作灵活。
5. 电气系统各部件工作正常，线路无老化破损，接插件无松动、氧化、断开，控制盒无异常温升。
6. 防雷无失效。
7. 检查通信柜外观清洁、标识清晰、固定牢固，内部干净、无杂物，柜体密封良好。各部件工作正常，无异常温升。线路无老化破损，接插件无松动、氧化、断开。
8. 尾部测试设备外观良好，无损坏，通信正常。

六、TKS-40 型微控列车制动机试验系统检修工艺

按照设备标准对整机性能进行检修检测，各项指标应满足要求。执行器标定达到出厂标准。

详细检修标准参照《铁路货车专用检修设备检修维护管理规则》(铁总运〔2015〕267 号)开展检修。

第八节　列车制动机试验规定

1. 列车制动机试验分为：持续一定时间全部试验和简略试验。
2. 列检作业场的列车制动机试验按以下规定进行：

始发作业:发车前施行一次持续一定时间全部试验。

中转作业:发车前施行一次持续一定时间全部试验。

3. 列检作业场对始发、中转作业的列车连挂机车后须施行简略试验;始发、中转作业的列车制动机试验后停留超过 20 min 时,发车前还须再次施行简略试验。

第九节　列车制动机试验标准

1. 持续一定时间全部试验:在列车最后一辆车尾部制动软管上安装无线风压监测仪,并确认主管压力达到规定压力。

感度保压试验:置常用制动位,减压 50 kPa(编组 60 辆及以上时减压 70 kPa),全列车须发生制动作用;同时保压,第 1 min 内无线风压监测仪显示的列车主管压力下降不大于 20 kPa,3 min 内不得发生自然缓解,并确认制动缸活塞行程无异常。然后置运转位充风缓解,全列车须在 1 min 内缓解完毕。

安定试验:置常用制动位,减压 140 kPa (列车主管压力为 600 kPa 时减压 170 kPa),不得发生紧急制动,并确认感度保压试验发现异常的制动缸活塞行程是否符合规定。

2. 列检作业的简略试验:在列车最后一辆车尾部制动软管上安装无线风压监测仪,确认列车管压力达到规定后,通知机车乘务员减压 100 kPa,尾部检车员确认最后一辆车制动缸活塞发生制动作用后,向机车乘务员显示缓解信号并确认最后一辆车制动缸活塞发生缓解作用。

第十节　列车中制动关门车规定

因装载的货物规定需停止制动作用或自动制动机临时发生故障的铁路货车,准许关闭截断塞门(以下简称关门车)。关门车在列车中的编挂规定如下:

1. 列检作业场所在车站编组始发的列车,不得有制动故障关门车。

2. 编入列车的关门车数不超过现车总辆数的 6%(尾数不足 1 辆时按四舍五入计算)时,可不计算每百吨列车重量的换算闸瓦压力,不填发制动效能证明书;超过 6%时,按《技规》规定计算换算闸瓦压力,并填发制动效能证明书交司机。

3. 关门车不得挂于机车后部 3 辆车之内;在列车中连续连挂不得超过 2 辆;列车最后一辆不得为关门车;列车最后第二、三辆不得连续关门。关门车须排净副风缸的压缩空气。

4. 组合的重载列车中每个单元列车的关门车数量和编挂位置均须符合上述规定。

第十一节　脱轨自动制动装置

一、铁路货车脱轨自动制动装置

列车若在运行中发生脱轨事故,一旦不能及时停车,将使脱轨事故扩大,造成车辆、货物、轨枕、路基及道旁设备严重损坏。为了使运行中的列车发生脱轨后能够及时产生制动作用,立即停车,在 70 t 级铁路货车以及 C_{80B} 型运煤专用车辆上均装用了脱轨自动制动装置,为重载提速列车提供运行安全保障。

（一）脱轨自动制动装置的组成

脱轨自动制动装置由安装于车轴上方的脱轨自动制动阀、连接管路、不锈钢球阀和三通组成。每根车轴上方安装一个脱轨自动制动阀，每台转向架上方的两个脱轨自动制动阀通过支管、三通和球阀等与主风管连通（4 个/辆）。脱轨自动制动装置如图 5-13所示。

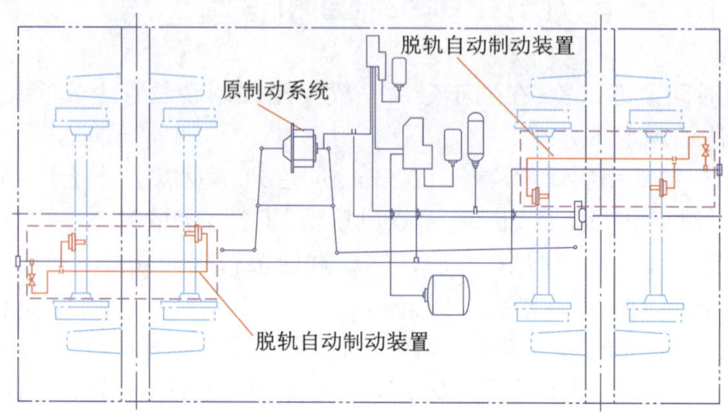

图 5-13　脱轨自动制动装置

1. 主要参数

（1）适用车型：铁道货车；主要安装于 70 t 级通用货车和 C_{80} 型铁道货车通用车辆。

（2）适用钢轨：50 kg/m 及以上级。

（3）脱轨后排气通路的通径：≥ϕ15. 7 mm。

（4）每车加装脱轨制动装置管路的容积：≤1. 5 L。

（5）车辆通过最小曲线半径：80 m。

2. 脱轨自动制动装置系统组成

脱轨自动制动装置系统由制动主管、主管三通、球阀、支管三通、脱轨自动制动阀组成。在主管上安装主管三通，用于安装球阀和支管。如果，处理脱轨自动制动阀故障或系统发生漏泄时，可将球阀关闭。

脱轨自动制动装置与车辆制动管路连接结构如图 5-14 所示。

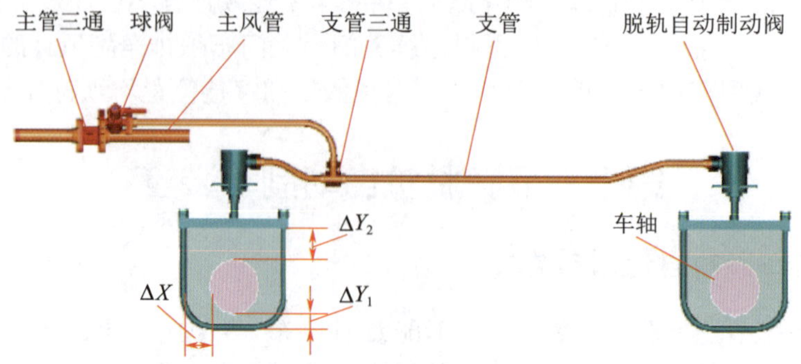

图 5-14　脱轨自动制动装置与车辆制动管路连接结构

3. 脱轨自动制动阀组成

脱轨自动制动阀由拉环、顶梁、调节杆、作用杆、锁紧螺母、弹片、制动阀杆和阀体等组成。拉环与顶梁通过抽芯铆钉连接，当调节好车轴与顶梁的间隙 ΔY_2 后将调节杆与作用杆销固定。制动阀杆端头穿入作用杆孔中，并与孔上下保持(2±0.5)mm 的间隙。作用杆、调节杆、顶梁和拉环由上下对称放置的两个弹片支撑，锁紧螺母的拧紧力矩(5±1)N·m。

脱轨自动制动阀结构如图 5-15 所示。

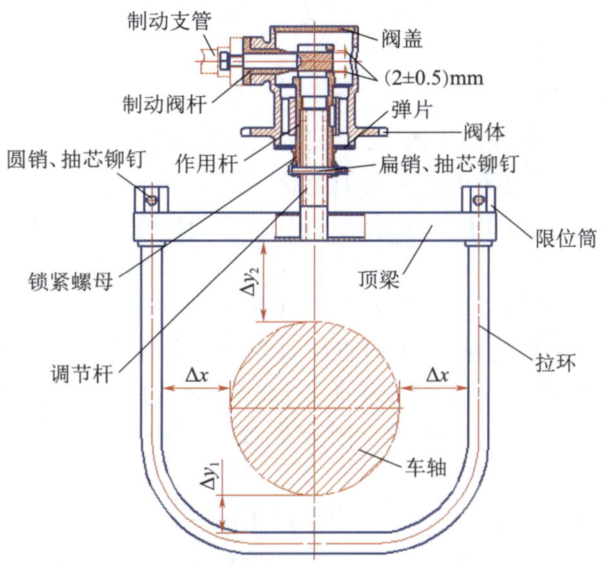

图 5-15 脱轨自动制动阀结构

脱轨自动制动阀零件结构如图 5-16 所示。

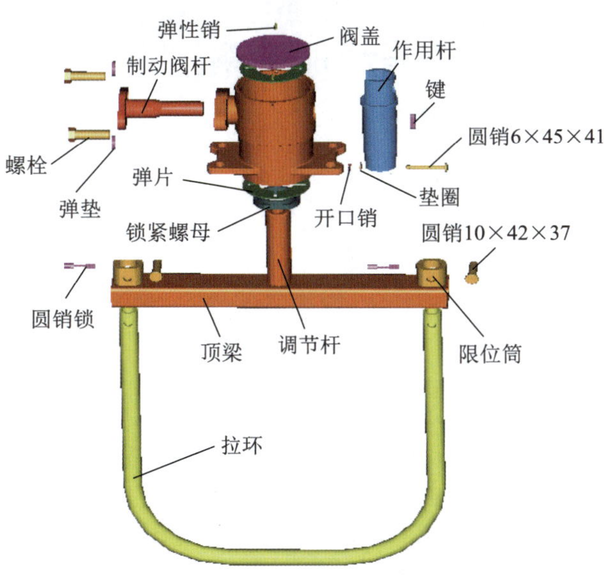

图 5-16 脱轨自动制动阀零件结构

（二）脱轨自动制动装置作用原理

1. 作用原理

脱轨自动制动装置利用脱轨时车体与轮对的相对位移，空车脱轨时，通过拉环拉断制动阀杆；重车脱轨时，通过顶梁顶断制动阀杆，沟通主风管与大气的通路，使列车发生紧急制动作用。

为保证正常运用时不会发生误动作，在车辆脱轨时能可靠地起作用，经过计算和试验验证，通用货车安装脱轨自动制动阀，拉环、顶梁与车轴的位置尺寸（空车状态）ΔX、ΔY_1、ΔY_2应符合相关要求。

2. 安装使用注意事项

(1)调整拉环、顶梁与车轴产生的间隙需在平直道上进行。

(2)重新调整旁承间隙或车钩高后必须重新调整拉环、顶梁与车轴的位置尺寸。

(3)单车试验时，须将球阀手把置于开放位（手把与支管平行），然后按 TB/T 1492 的规定进行。

(4)安装脱轨自动制动装置的车辆在起吊车体或顶车操作前应拆除拉环。若未拆除拉环就起吊车辆使拉环与车轴接触，必须检查脱轨制动阀是否正常。若弹片损坏、制动阀杆断裂或制动阀杆端头与作用杆孔上、下间隙值(2±0.5)mm 超标，应更换脱轨自动制动阀。

(5)安装脱轨自动制动阀的车辆禁止用天车抬起车辆一端来移动车辆及禁止锤击顶梁和拉环。

(6)安装脱轨自动制动阀的车辆出厂投入运用前，应将球阀手把涂白色油漆，并将其置于开放位。

(7)当车辆脱轨打断制动阀杆后，可先关闭球阀手把，再将脱轨车辆起复后拉到附近的站修所检修，这样可缩短线路恢复运行时间。

复习思考题

1. 120 型控制阀由哪些部分组成？
2. 脱轨自动制动装置的基本原理是什么？
3. 关门车编挂有何要求？
4. 如何使用微控列车制动机试验系统？

第六章　货车车钩缓冲装置

第一节　货车车钩缓冲装置的组成及作用

一、车钩缓冲装置的组成

车钩缓冲装置由车钩、缓冲器及钩尾框等附属配件组成。车钩缓冲装置的一般结构如图 6-1 所示。车钩借助钩尾销与钩尾框连成一体，在钩尾框内依次装有前从板、缓冲器和后从板(有的不需要后从板)，装于车辆两端。

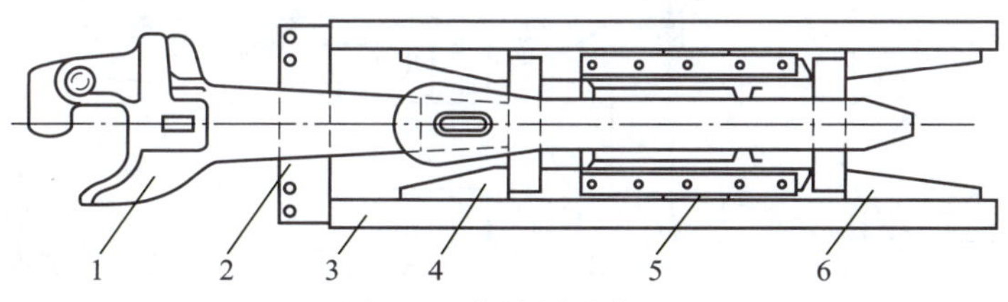

图 6-1　车钩缓冲装置

1—车钩；2—钩尾框；3—钩尾销；4—前从板；5—缓冲器；6—后从板

二、车钩缓冲装置的作用

在车钩缓冲装置中，车钩的作用是用来实现机车与车辆或车辆与车辆之间的连挂/摘解以及传递牵引力、冲击力，并使车辆之间保持一定的距离。缓冲器是用来缓和并衰减列车在牵引或冲击时的冲击力。从板和钩尾框起着传递纵向力(牵引力或冲击力)的作用。因此车钩缓冲装置具有连挂、牵引和缓冲三个基本作用，如图 6-2、图 6-3 所示。

图 6-2　车钩连挂、牵引状态

图 6-3　车钩缓冲状态

三、车钩应具备的条件

任何型式的车辆，为满足摘挂、牵引、缓冲作用，车钩必须具备以下条件：

1. 具有足够的强度、能承受列车在运行中或调车作业中的牵引力和冲击力。
2. 容易辨认是否完全连挂，并能方便地操作使车钩自动分离。
3. 钩锁销不能振动、冲击或跳动而自动脱出，在车钩连挂后不能自动脱开。
4. 不因车钩各部分的正常磨耗而失去车钩的安全作用。
5. 构造简单、拆装检修方便。

第二节　车钩缓冲装置作用力的传递

当列车牵引时，作用力的传递顺序为：车钩→钩尾销→钩尾框→后从板（无后从板者除外）→缓冲器→前从板→前从板座→牵引梁，如图 6-4 所示。

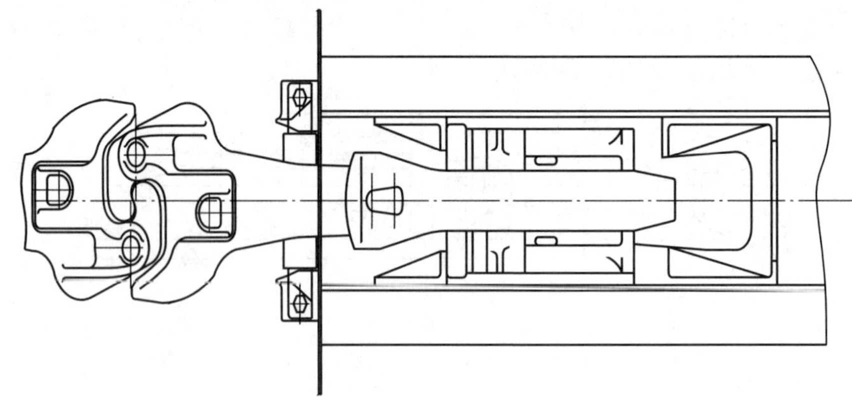

图 6-4　车钩缓冲装置牵引状态示意

当列车压缩时，车辆受冲击时，作用力的传递顺序为：车钩→钩尾销→前从板→缓冲器→后从板（无后从板者除外）→后从板座→牵引梁，如图 6-5 所示。

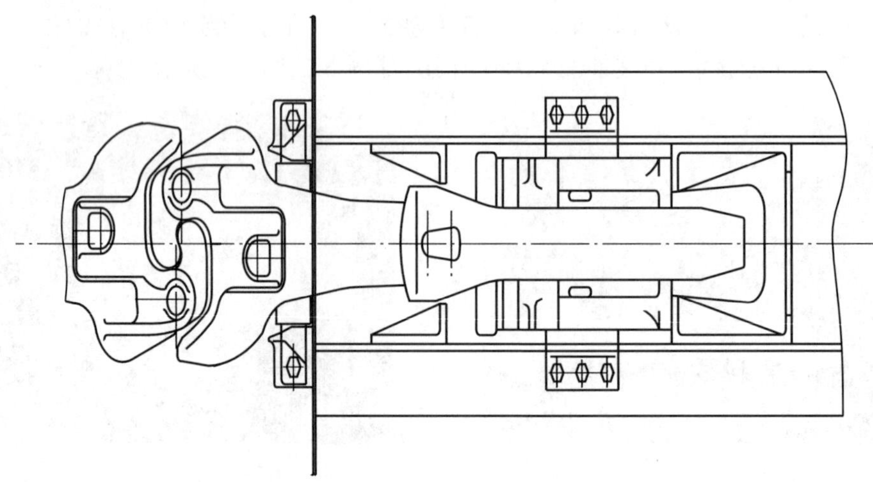

图 6-5　车钩缓冲装置压缩状态示意

第三节 货车车钩的主要形式及构造

我国货车上采用的车钩类型主要有 13 号、13A 型、13B 型、16 型、17 型车钩。随着列车运行速度的提高和牵引吨位的增加,对车钩的强度提出了更高的要求,13 号车钩已不能适应运输的要求。我国在 13 号车钩的基础上先后改进研制了 13A 型、13B 型车钩,也称为小间隙车钩,以替换 13 号车钩。为满足大秦线运煤万吨单元列车的特殊要求,我国还研制了 16 型、17 型联锁式固定和转动车钩,装于 C_{70}、C_{80}、P_{70} 型等货车上。

一、货车车钩的主要形式

(一)13 号、13A 型车钩的组成

13 号、13A 型车钩根据解钩装置不同可分为 13 号、13A 型上作用式车钩和 13 号、13A 型下作用式车钩。

13 号、13A 型上作用式车钩主要由钩体、钩舌、钩锁铁、上锁销、钩舌推铁、钩舌销和衬套等零部件组成;13 型、13A 型下作用式车钩主要由钩体、钩舌、钩锁铁、下锁销、下锁销杆、下锁销钩、钩舌推铁、钩舌销和衬套等零部件组成,如图 6-6 所示。

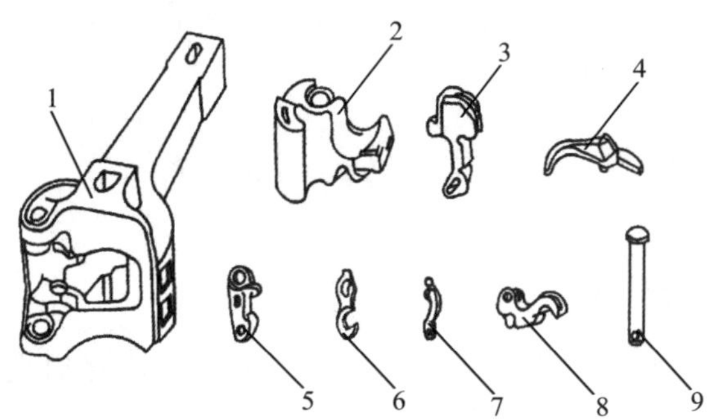

图 6-6 13 号、13A 型车钩组成

1—钩体;2—钩舌;3—钩锁铁;4—钩舌推铁;5—上锁销;6—上锁销杆;7—下锁销杆(下作用式);8—下锁销钩(下作用式);9—钩舌销

13 号车钩的缺点:

1. 列车启动、加速、制动时纵向冲击力过大,影响列车的运行平稳性。

2. 车钩的纵向移动量过大,加剧了车钩零部件的磨耗,缩短零部件的使用寿命。

针对上述不足,对 13 号车钩在结构上进行了部分改进,并且取得了良好的效果,改进后的 13 号车钩正式定型为 13A 型车钩。

(二)13A 型车钩与 13 号车钩相比的主要结构特点

13A 型车钩又称小间隙车钩,增加了钩舌、钩体的强度,提高了钩舌的耐磨性;在 13 号车钩基础上,减小了车钩连接轮廓面的间隙,采用小间隙钩舌,可有效降低列车的纵向冲动,改善列车的纵向动力学性能,延长车辆及其零部件的使用寿命。13A 型车钩可与现有的 13 号车钩互换,并且能够与 13 号、16 型、17 型车钩连挂。

二、车钩的构造

钩头部分:车钩钩头部分的主要作用是实现车钩的连挂,主要由以下几部分组成。

(1)钩腕。车钩连挂时,相互包含钩舌。

(2)钩肩。车钩连挂冲击时,钩肩可接触冲击座,限制车钩内移过大,避免冲击器破损。

(3)钩口。内部装有钩锁铁及钩舌推铁。

(4)钩耳。分上钩耳及下钩耳,在上下钩耳间装有钩舌,用钩舌销穿上。

(5)上锁销孔。在钩肩上方。

(6)下锁销孔。下作用式车钩安装下锁销处。

(7)钩舌。装在上下钩耳间,用钩舌销与钩耳连接,是直接承受列车牵引力的部件。

(8)钩舌销。连接钩舌与钩耳,使钩舌便于起回转作用。

(9)钩舌推铁。提钩时,其下部可踢开钩舌,使钩舌处于全开位置。

(10)钩锁铁。与钩舌尾部配合使用,保证车钩开锁、闭锁、全开三态作用准确。

(11)上、下锁销。闭锁时起防跳作用,提起锁销能使车钩开锁。

钩身部分:主要作用是传递列车水平牵引和冲击力,是钩头和钩尾之间的部分。

钩尾部分:主要作用是实现车钩与缓冲部分的连接,同时传递列车水平牵引力和冲击力。钩尾部分带有圆孔或扁孔,用螺栓或车钩扁销及扁销螺栓组装连接车钩钩尾框。

第四节　缓　冲　器

一、缓冲器的作用及分类

缓冲器用来缓和列车在运行中由于机车牵引力的变化或在启动、制动及调车作业时车辆相互碰撞而引起的纵向冲击和振动。缓冲器有耗散车辆之间冲击和振动的功能,从而减轻对车体结构和装载货物的破坏。

根据缓冲器的结构特征和工作原理,一般缓冲器可分为摩擦式缓冲器、橡胶式缓冲器和液压缓冲器等。

二、缓冲器主要性能参数

缓冲器主要有下列6种性能参数。

1. 行程:缓冲器受力后的最大变形量。

2. 最大阻抗力:缓冲器达到最大行程后的反弹作用力。

3. 容量:缓冲器在全压缩过程中,作用力在其行程上所做的功的总和。它是衡量缓冲器能力大小的主要指标。

4. 能力吸收率:缓冲器在压缩过程中,有一部分能力被阻尼所消耗,所消耗部分的能量与容量之比称为能力吸收率。它表明缓冲器吸收能量的能力,吸收率越大,反冲力越小。

5. 初压力:与车体牵引梁的前、后从板座间缓冲器安装槽长度相关的缓冲器作用力。

其值的大小将影响列车启动加速度。

6. 最大冲击速度：缓冲器达到最大阻抗力或行程时的车辆冲击速度。

三、铁路货车装用的缓冲器型号

我国铁路货车装用的缓冲器有：2 号、ST 型、MT-2 型、MT-3 型、HM-1 型、HN-1 型等。

（一）2 号缓冲器

2 号缓冲器是一种摩擦式环簧缓冲器。它主要利用内外环弹簧两滑动斜面间的摩擦力来消耗冲击动能，起到吸收能量的作用，其结构如图 6-7 所示。

2 号缓冲器由弹簧盒盖、弹簧盒、8 个大外环弹簧、4 个小外环弹簧、9 个内环弹簧、2 个开口内环弹簧、2 个半环弹簧、底板、角铁、螺栓组成。

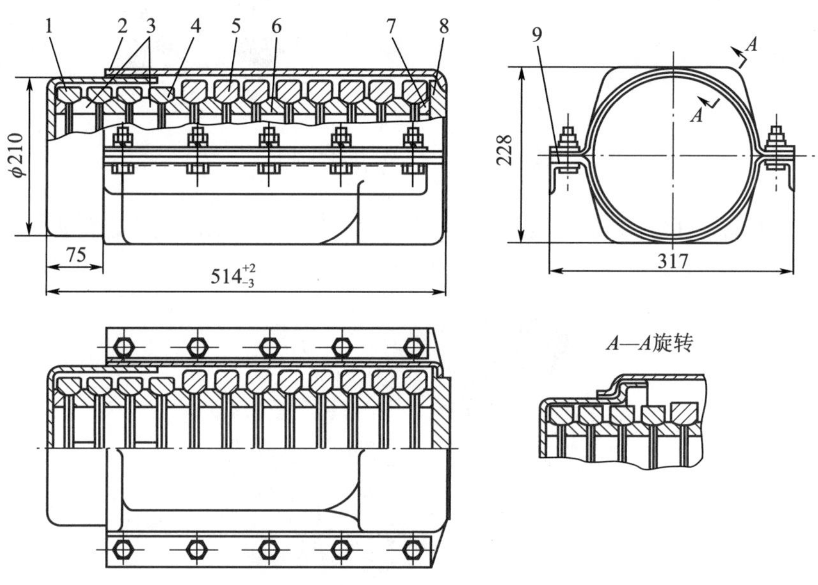

图 6-7 2 号缓冲器结构(单位：mm)

1—盒盖；2—弹簧盒；3—开口内环弹簧；4—小外环弹簧；5—大外环弹簧；6—内环弹簧；7—半环弹簧；8—底板；9—角铁、螺栓

（二）ST 型缓冲器

ST 型缓冲器主要由箱体、推力锥、摩擦楔块、限位垫圈、弹簧、螺栓、螺母等零部件组成，如图 6-8 所示。

ST 型缓冲器为全钢干摩擦式弹簧缓冲器，箱口内部、摩擦楔块、推力锥和限位垫圈组成摩擦机构，箱体口内部的六角锥面为主摩擦面，弹性元件为内外 2 个圆柱形螺旋弹簧，由螺栓、螺母将缓冲器各零件连接成一整体。ST 型缓冲器结构简单、零部件少、重量轻，适用于总重为 84 t 的主型通用货车及货运机车。

（三）MT-2、MT-3 型缓冲器

1. 组成

MT-2、MT-3 型缓冲器主要由 1 个箱体、2 个角弹簧座、4 个角弹簧、1 个外圆弹簧、1 个

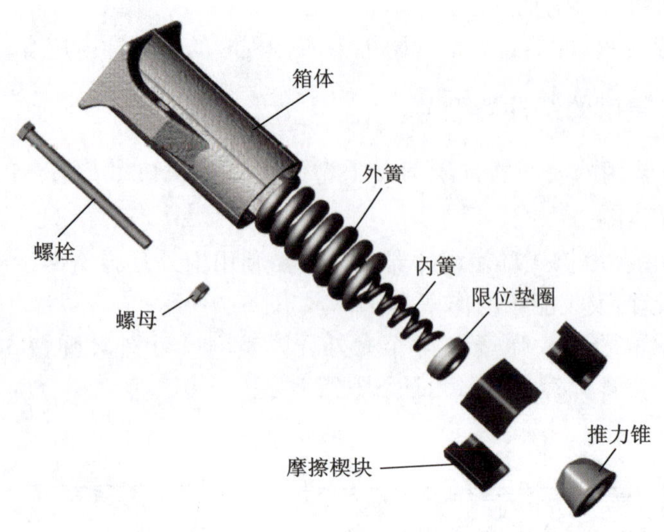

图 6-8　ST 型缓冲器结构

内圆弹簧、1 个弹簧座、1 个复原弹簧、2 个动板、2 个外固定板、2 个固定斜板、2 个楔块、1 个中心楔块、2 个铜条组成，结构如图 6-9 所示。

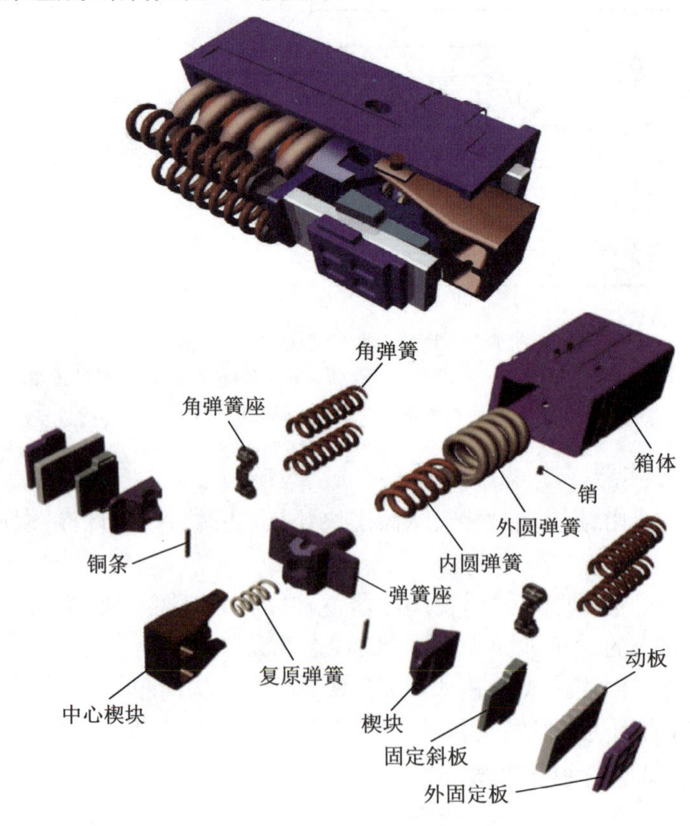

图 6-9　MT-2、MT-3 型缓冲器结构

2. 用途及性能

MT-2 型缓冲器是为适应我国铁路在大秦线开行 6 000～10 000 t 重载列车、在主要干线开行 5 000 t 级重载列车而研制的，具有性能稳定、阻抗低、容量大、使用寿命长、检修方便等特点，是大容量通用货车缓冲器，适用于 C_{63} 型、C_{76} 型、C_{80} 系列及 70 t 级等重载货车。MT-3 型缓冲器主要应用于 21 t 轴重、载重 60 t 级各种通用货车。

MT-2 型缓冲器主要由箱体、摩擦机构和弹性元件等组成，两楔块带动板的摩擦机构和圆柱形螺旋弹簧组成减振系统，箱体不直接承受摩擦作用。

3. 零部件通用性及识别标志

零部件通用化说明：箱体、外圆弹簧、内圆弹簧为专用件；其他零部件为 MT-2、MT-3 型缓冲器通用件。

识别标志：MT-2 型缓冲器箱体铸有“MT-2”字样，箱体涂墨绿色漆；MT-3 型缓冲器箱体铸有“MT-3”字样，箱体涂深棕色漆。

第五节 车钩缓冲装置的其他配件

铁路货车车钩缓冲装置是车辆间连接、缓和冲动、传递载荷的核心部件，也是铁路货车的关键技术之一，直接关系到车辆间连接的可靠性和运行的安全性。

车钩缓冲装置主要由车钩、缓冲器、钩尾框、从板、钩尾销等零部件组成。它借助钩尾销将车钩和钩尾框连成一体，并在钩尾框内安装前从板、缓冲器和后从板。车钩缓冲装置使车辆具有连接、牵引和缓冲三种作用，如图 6-10 所示。

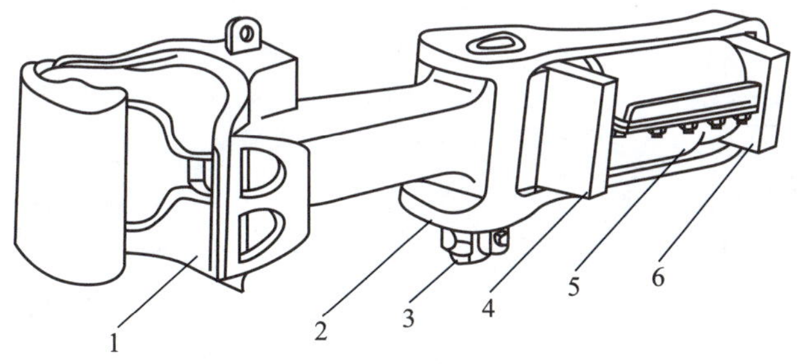

图 6-10 MT-2、MT-3 型缓冲器

1—车钩；2—钩尾框；3—钩尾销；4—前从板；5—缓冲器；6—后从板

一、钩尾扁销螺栓

(一) 作　用

钩尾扁销起着连接车钩与钩尾框的关键作用。钩尾扁销螺栓有托住钩尾扁销的用途，一旦丢失或折损，钩尾扁销借自重落下，会造成列车分离。

(二) 技术状态要求

1. 螺栓直径 ϕ20 mm，直径磨耗不得大于 2 mm。

2. 钩尾扁销螺栓须进行电磁探伤，有裂纹时更换。

3. 钩尾扁销螺栓须为方头，外方须装有弹簧垫圈和开口销，开口销应卷起。

二、防跳插销

（一）作　用

为进一步提高17型车钩的防分离可靠性，保证铁路运输安全，17型车钩加装了β形防跳插销，为17型车钩增加一个防分离的安全可靠措施。

（二）安装使用要求

安装时，对装有制动软管吊链的车辆，防跳插销可安装在制动软管吊链的第一个链环中，与制动软管吊链一同安装在车钩上；对没有安装制动软管吊链的车辆，可直接安装在车钩下部的吊耳上。使用时将防跳插销插入17型车钩的闭锁指示孔中，可在车钩的两侧进行。分解车钩前，在摘解制动软管时将插销从闭锁指示孔中拔出；车钩连挂后，在连接制动软管时将插销插入闭锁指示孔中。

三、钩尾框与钩尾销

（一）作　用

钩尾框用钩尾销与钩尾连接，钩尾框内装有缓冲器和前、后从板，是传递牵引力和冲击力的配件。

（二）使用要求

钩尾框用铸钢制成，钩尾销穿插在钩尾框和钩尾的钩尾销孔内，其下部于钩尾框耳处横穿钩尾销螺栓托住，钩尾销螺栓在螺母外侧必须安装开口销，以免钩尾销螺栓丢失造成列车分离事故。

四、从板及从板座

（一）从　板

从板安装在钩尾框内，缓冲器的前后各一块，前面的为前从板，承受牵引力；后面的为后从板，承受冲击力（MT-2、MT-3型缓冲器使用1块前从板，后从板由箱体代替），借助从板及从板座接触使缓冲器实现缓和冲击、传递牵引力的作用。

（二）从 板 座

从板座分为前从板座和后从板座，用铆钉分别铆装于中梁（牵引梁）两端的内侧面上。在前、后从板座之间卡装从板和缓冲器。前、后从板座的作用是承受和传递冲击力和牵引力。由于中梁在牵引部分横向联系较差，而后从板座又较短，当受到较大冲击力作用时易产生外胀变形，因此，新造车辆为了增加中梁牵引部分的刚度，将两个后从板座铸为整体式，铆装在中梁牵引部分的内侧面上。

五、冲击座及钩体托梁

冲击座及钩体托梁位于底架端梁的中部，在冲击座下部装有钩体托梁，除具有保证车钩缓冲装置正常作用外，当受到较大的冲击力时，钩肩与冲击座接触，由于有冲击座，可将部分冲击力直接传递给底架，可避免缓冲器破损。

第六节 车钩缓冲装置的检修标记

一、13 号车钩钩体标记

13 号车钩钩体标记如图 6-11 所示。

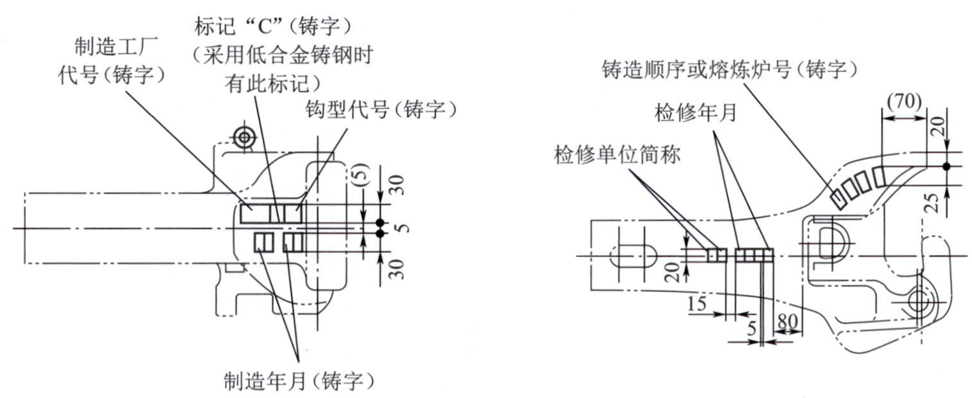

图 6-11　13 号车钩钩体标记（单位：mm）

二、13 号车钩钩舌标记

13 号车钩钩舌标记如图 6-12 所示。

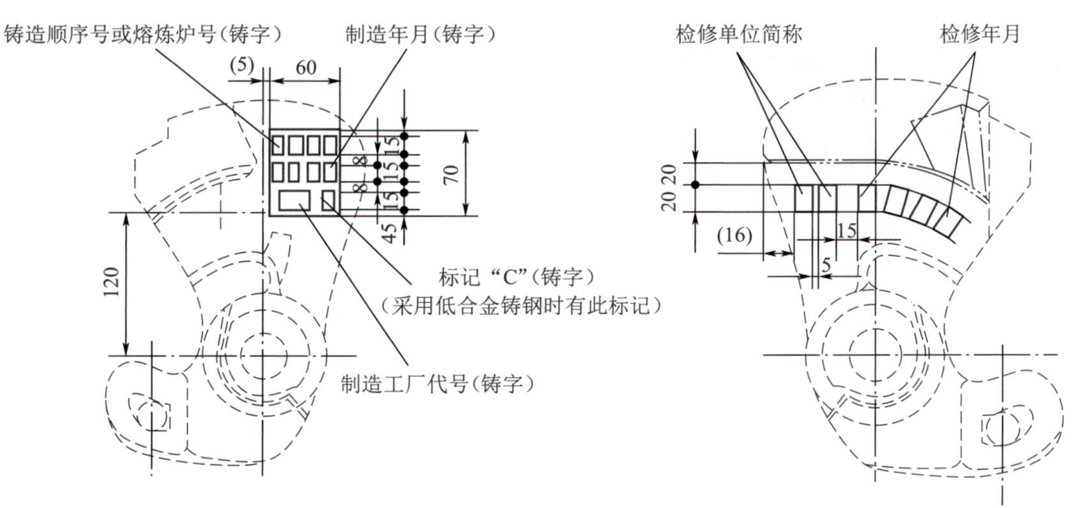

图 6-12　13 号车钩钩舌标记（单位：mm）

三、13 号车钩钩尾框标记

13 号车钩钩尾框标记如图 6-13 所示。

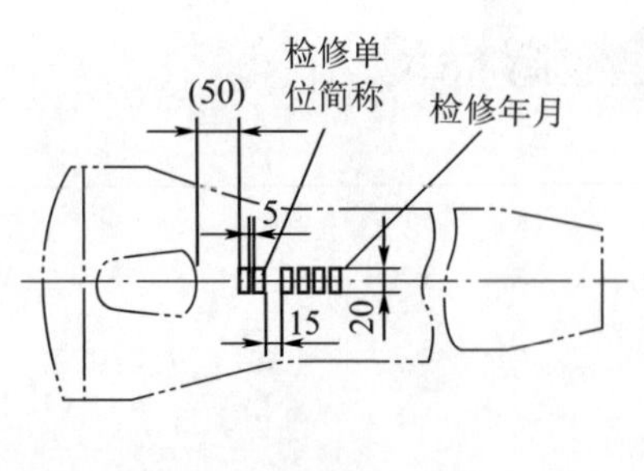

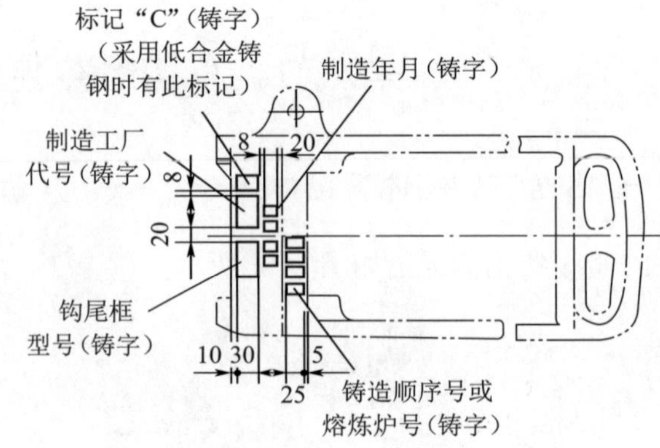

图 6-13　13 号车钩钩尾框标记

第七节　车钩缓冲装置的故障及检查方法

一、车钩缓冲装置部分常见故障及产生原因

（一）运用中车钩三态作用不良

1. 闭锁位置不良

钩锁不能充分落下，是由于钩舌与钩锁接触面磨耗后焊修时堆焊过多，造成作用不灵活。

2. 自动开锁

(1)车钩防跳不良，未能卡住。

(2)钩锁销反装，造成防跳失效。

(3)钩提链松余量过短。

(4)下作用式提钩杆的扁平部未入槽。

(5)人力制动机链反装于提钩杆下方。

3. 开锁位置不良

(1)止锁座磨耗。

(2)锁脚弯曲。

(3)钩头内部底壁有台阶形磨耗。

4. 全开位置不良

(1)钩锁销链过长，提钩力不足。

(2)钩舌推铁两端磨耗过度或弯曲变形。

车钩部分的故障还有车钩裂纹折损，钩头、钩舌、钩身、钩尾等部位及钩舌销弯曲或折损，车钩各部磨耗过度，钩身弯曲等。

（二）钩尾框裂纹

钩尾框裂纹易发生在：

1. 铆钉孔及弯角处，锻制钩尾框后堵孔处较多。

2. 钩尾扁销孔处。

3. 铸钢钩尾框前挡处。

(三)钩体故障

1. 钩体裂纹

钩体裂纹一般多发生在钩头上下牵引凸缘根部、钩耳、钩身棱角、钩尾销孔、钩头与钩身连接处前后等部位。

2. 钩体变形

钩体的变形主要表现为钩身弯曲、钩耳变形和钩腕外胀,其原因多是由于运行及调车作业中过大的冲击造成的,钩身弯曲过大时容易造成钩舌及钩耳裂纹,钩腕外胀严重时,将导致车钩的自动分离。

3. 钩体磨耗

钩体磨耗是钩体与相配合零件相对摩擦的结果,磨耗部位多发生在钩耳孔及钩身下方,钩尾侧面、端面、钩锁腔侧壁及钩锁腔内防跳台处也是容易发生磨耗的位置,车钩磨耗不仅削弱了强度,而且会影响车钩的作用。

(四)钩舌故障

钩舌的主要故障有裂纹和磨耗两种。裂纹多发生在钩舌内侧面的上下弯角处、钩舌销孔、牵引凸缘及冲击凸肩等处;磨耗的主要部位是钩舌的内侧面,其次是钩舌尾部侧面(与钩锁接触面)及钩舌销孔。

(五)钩锁腔内部零件故障

钩锁的主要故障是磨耗,磨耗的部位大多数在钩锁与钩舌尾部的接触处;钩舌推铁的主要故障是变形和磨耗,变形的原因是本身的刚度较小;钩锁销的主要故障是防跳台处的磨耗,磨耗严重时,会使车钩失去防跳作用。

二、车钩缓冲装置故障检修方法

(一)钩尾框裂纹检查方法

从外观象征上钩肩与冲击座之间有磨耗亮道者或车钩偏倚现象,应注意检查弯角处是否有锈线痕迹,仔细确认是否有裂纹存在。

(二)车钩裂纹检查方法

检查下钩耳时,光线需由上方斜照到钩耳圆弧台面上,强光缓缓移动,并根据需要调节光线的强弱和角度。如有自然光干扰时应遮住,这样有裂纹便可发现。用同样的方法检查钩耳上弯角。发现两车钩连接游间过大时,应注意钩舌弯角处,光线应从钩舌水平方向照射两车钩的接触处,强光沿着钩舌外部弯角照射到内部。当发现裂纹时,应将光线移至车钩上方(检查上弯角)或下方(检查下弯角),顺钩舌与钩耳的间隙垂直照入,注意裂纹是否向内延伸。检查车钩钩身时,光线需与钩耳平面成45°角,与裂纹方向成交叉形,特别注意棱角处。

(三)16、17 型车钩的检查

1. 外观检查

外观检查与维护时,有下列情形之一者,需更换相应的零件。

(1)钩身磨耗板磨耗深度大于板厚的一半(3 mm)或丢失者。

(2)具有过度锈蚀、磨耗影响车钩作用性能者。

(3)焊补修理不当者。

(4)目视可见的扭曲或弯曲者。

(5)破损或零件丢失者。

(6)钩头、钩舌有裂纹者。

(7)开口销丢失者。

2. 三态作用性能检查

(1)开锁

当车钩提钩杆手柄提到上部位置时,钩舌不能自动打开,仍处在闭锁位置,钩锁已离开闭锁位置,当放松提杆落下锁铁时,锁铁应该停留在钩舌推铁的座锁面上。此时用手扳动钩舌鼻部,钩舌能转动到全开位置。

(2)全开

17 型车钩在开锁位的基础上,继续转动车钩提钩杆手柄,钩舌应能自动的转动到全开位。在此位置钩腕与钩舌鼻部之间的最小距离(车钩全开)为 219 mm。

(3)闭锁

当钩舌转动到闭锁位时,钩锁铁须能自由地落到钩舌尾部的座锁台上。观察位于钩头下方的下锁销杆上的显示孔,整个显示孔均可见时,表明车钩已经被锁闭,显示孔不可见或不完全可见则表明车钩未锁住。

3. 轮廓检查

(1)钩舌鼻部到钩头正面尺寸检查

闭锁位置钩舌内侧面与钩体正面距离须不大于 95 mm。检测方法为:使钩舌处于牵引位置,用与钩头正面贴靠,如图 6-14 所示,样板在图 6-14 位置沿垂直方向能通过该车钩轮廓时为超限。

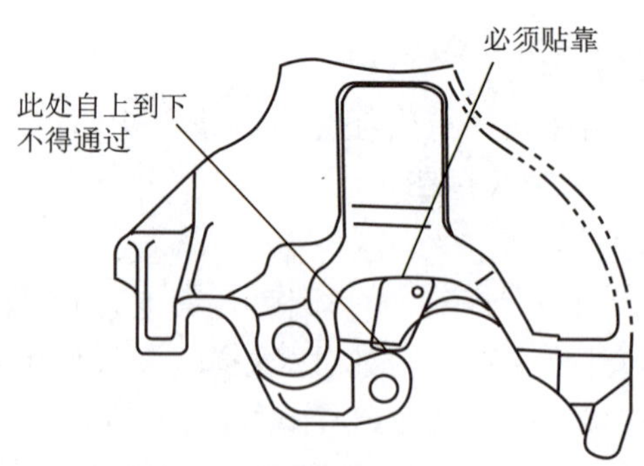

图 6-14　钩舌鼻部到钩头正面尺寸检查

(2)为了修正上述状态,可更换钩舌或锁铁,或者两个零件同时更换。更换零件后的车钩,应用 16、17 型车钩轮廓检查样板重新复测并在图 6-14 位置不能沿垂直方向通过该车钩轮廓时,则该轮廓判为合格。

(3)如果更换新钩舌、锁铁或钩舌销的各种组合均不能使车钩轮廓符合要求时,必须更换钩体。

4. 防跳性能检查

(1)下锁销防跳检查

从钩头下部在锁腿与锁铁孔前壁之间用扁棒用力向后撬锁铁腿，同时从钩头正面用撬棍或凿子向上撬起锁铁，测量下锁销和钩舌落锁台的搭接量(防跳保护值)，如图 6-15所示，其值在 6.5～14.5 mm 范围内，如果搭接量小于 6.5 mm 时，需更换下锁销或下锁销组成。但在某些情况下，还需换上新的钩锁或钩舌或者两者都更换，如果将这些零件换上新的后，仍不能解决问题，则可能是钩头下面提锁孔的后部上面已经磨耗过量，此时必须更换钩体。

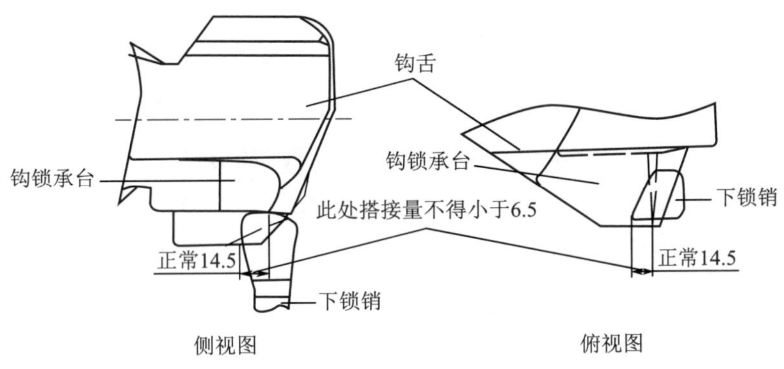

图 6-15　下锁销防跳检查(单位：mm)

(2)下锁销杆防跳性能检查

用右手将下锁销杆向上托起，使下锁销杆防跳台与钩体的防跳面贴靠，同时左手使其向车钩解锁方向加力，下锁销杆不得转动，锁铁不得上升。如此时锁铁上升或下锁销杆使车钩解锁，则需更换下锁销组成或更换钩体。

5. 17 型车钩低头检查

在日常检查和维护时，要对车钩低头进行检查。分别测量 A 点与 B 点至轨面的距离 h_1、h_2，车钩低头量(h_1-h_2)不得超过 14 mm(图 6-16)。如车钩低头超过 14 mm，应对下述零件进行检修或更换。

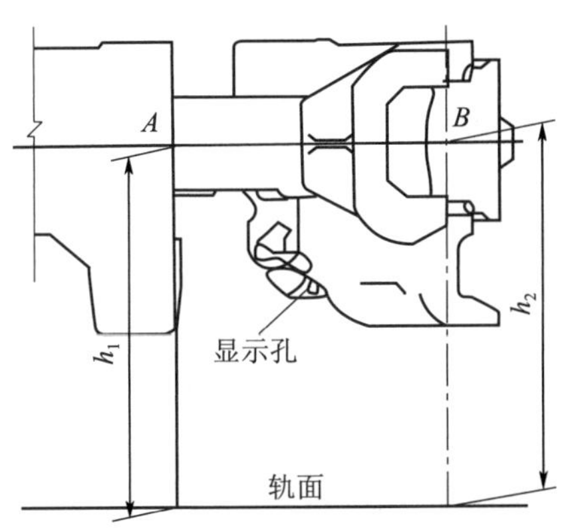

图 6-16　17 型车钩低头检查

(1)钩体磨耗板。

(2)冲击座、弹性支承装置(及其磨耗板)。

(3)冲击座弹性支承装置支撑弹簧。

(4)与钩尾框前端上部相接触中梁上的磨耗板。

（四）2号、13号、13A型车钩落锁和防跳作用的判断

车钩落锁时，钩舌尾部全部进入钩头内部，钩锁全部落下，锁脚下部露出钩头底部孔。钩锁销滑入钩锁背部的斜沟内，防跳装置起防跳作用。往上托起钩锁时对其移动量：2号车钩不得大于15 mm，13号、13A型上作用式车钩不得大于11 mm，13号、13A型下作用式车钩不得大于22 mm，且均不小于3 mm。

（五）车辆连挂后车钩确认事项

1. 须确认车钩是否处于完全连挂状态。

2. 客货车连挂时，货车上作用式车钩，其锁销的马蹄环须解开，防止车钩分离。

3. 跨装货物时，确认完全连挂后，提钩杆绑在杆托上，防止列车分离。

4. 车辆连挂后，须确认互钩高差不得超过75 mm。其测量方法为上钩差加下钩差之和。

第八节　车钩高度

一、列车中相互连挂车钩中心水平线高度差的规定

《技规》规定，两车钩连接后的高度差不大于75 mm。这是根据空车车钩中心线距轨面最高不大于890 mm、重车最低不小于815 mm的两者之差而决定的。

二、影响车钩高度的因素

1. 车轮直径的大小。

2. 车轮踏面磨耗。

3. 上、下心盘的磨耗及心盘垫板的厚度。

4. 枕弹簧的衰弱，重车时枕簧的压缩。

5. 钩颈下面及钩体托梁的磨耗等。

三、车钩高度的调整方法

调整车钩高度时，可从以下几个方面进行：

1. 对于车轮踏面磨耗严重者，可更换大直径车轮。

2. 下心盘磨耗严重及其垫板变形过薄时，可更换上下心盘或加心盘垫板。

3. 如弹簧高度不够，可更换弹簧或加弹簧垫板。

4. 钩身或钩托板磨耗、下垂时，可加垫板。

5. 车钩上翘、下垂、变形严重时，可加修车钩，使其恢复原样或更换车钩。

6. 在轴箱上部加轴箱垫板，调整车辆一端的车钩，也要考虑同车另一端车钩的高度变化。

用计算方法来调整车钩高度，心盘加垫板调整车钩高度的计算前必须确定以下几点：

1. 现车的两端车钩高度。
2. 需要调整达到的两端车钩高度，即计划钩高。
3. 该车车钩与心盘及两心盘间的距离比。

计算程序可分两步：

第一步，先将两端车钩调平。

第二步，调至要求高度。

当一端符合要求，只需要调整另一端时，一步就可以完成。

计算时，可利用相似三角形的原理来进行。

复习思考题

1. 车钩缓冲装置由哪些部分组成？
2. 缓冲器的型式有哪几种？
3. 车钩缓冲装置的哪些零部件易发生故障？
4. 如何调整车钩高度？

第七章 货车车体

第一节 货车车体的组成及分类

一、车体的概念

车辆供乘坐旅客或装载货物及整备品的部分称为车体，一般由底架、侧墙、端墙、车顶及门、窗组成。货车车体既要保证货运质量，又要考虑到装、卸货物方便，所以结构形式较多。

二、车体的组成

车体是由若干纵向、横向梁和立柱组成钢骨架(钢结构)，再装上内、外墙板，地板，顶板及根据需要安装的隔热材料(如客车、保温车)、门窗等组成。

三、车体的分类

货车车体种类繁多，用途也较广泛，一般车体按以下几个方面进行分类。

1. 车体结构按照外观形式可分为平车、敞车、棚车、罐车以及特种用途车等各种形式。

2. 按制造用的材质可分为钢木混合结构、全钢结构和钢铝合金结构。全钢结构有普碳钢和耐候钢两种。钢结构在制造工艺上又分为铆接结构和焊接结构，目前车辆大部分采用钢焊接结构。钢铝合金结构，目前只有 C_{80} 型运煤专用敞车使用，采用拉铆钉结构。

3. 按照车体结构的承载特点分为底架承载结构、底架侧壁共同承载结构、整体承载结构三种承载形式。

第二节 车体承受的载荷及承载方式

一、车体承受的载荷

1. 车体本身的重量和装载在车体内的货物重量或旅客重量；由于车辆是载重之后在轨道上运行的，因此，除了静力作用外，还有上述载荷引起的动力作用。

2. 机车与车辆间或车辆之间连挂、调车、运用中产生的冲击力或牵引力。

3. 当车辆通过曲线时，车辆的各部分将产生向外甩的作用力，即离心力。

4. 当车辆在不平坦线路上运行时或车体被不均匀地顶起时，将会引起车体承受扭转载荷。
5. 车体底架上承受各种局部附加载荷。

二、车体承载方式

（一）底架承载

全部载荷均由底架来承担的车体结构称为底架承载结构，如平车、集装箱平车、长大货物车等均属于底架承载结构。构造上只要求作用在地板面上的载荷完全由底架的各梁来承担，而不需要车体的其他部分承担。

（二）底架侧壁共同承载

载荷由底架、侧壁、端板共同承担的车体结构称为底架侧壁共同承载结构。底架侧壁共同承载结构又分为桁架式结构和板梁式结构两种。

（三）整体承载

如果在板梁式底架侧壁共同承载结构的车体顶部还有由金属板、梁组焊而成的车顶，使车体的底架、侧壁、端壁、车顶牢固地组成一体，成为开口或闭口箱形结构，此时车体各部分均承受垂向载荷及纵向载荷，称为整体承载结构。如棚车、冰冷车、罐车均属于此种结构，特点是具有很大的强度和刚度，可以是无中梁底架结构或无底架结构。

第三节　车体各部分的结构及作用

铁路货车车体的主要功能是承载货物。因装载的货物和实现的功能不一样，其结构形式也多种多样。随着铁路货车发展，出现了许多车体结构形式，如敞车的浴盆结构、漏斗车的圆弧侧壁等。下面以 C_{70}、C_{80} 系列车辆的车体结构为例介绍。

一、C_{70}（C_{70E}）型通用敞车

1. 用途

C_{70}（C_{70E}）型通用敞车主要用于装运煤炭、矿石、建材、机械设备、钢材及木材等货物，除能满足人工装卸外，还能适应翻车机等机械化卸车作业，能适应解冻库的要求。C_{70}（C_{70E}）型通用敞车如图 7-1～图 7-3 所示。

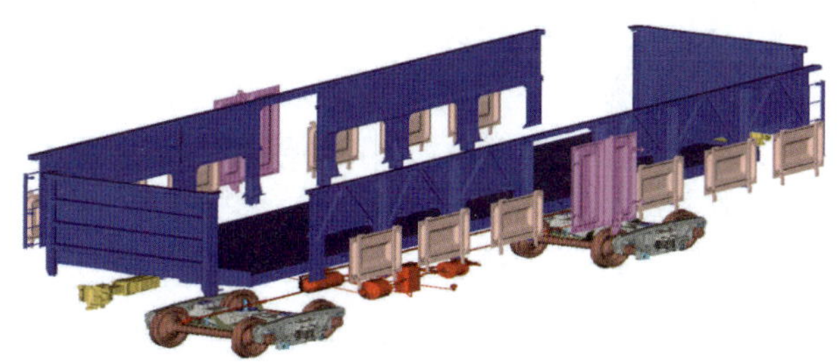

图 7-1　C_{70}（C_{70E}）型通用敞车结构

图 7-2 C_{70} 型敞车

图 7-3 C_{70E} 型敞车

2. 特点

(1)采用屈服极限为 450 MPa 的高强度钢和新型中梁，载重大、自重轻；优化了底架结构，提高了纵向承载能力，适应万吨重载列车的运输要求。

(2)车体内长 13 m，满足较长货物的运输要求；对底架结构进行了优化，车辆中部集载能力达到 39 t，较 C_{64} 型敞车提高了 70%，可运输的集载货物范围更广。

(3)采用新型中立门结构，提高了车门的可靠性，可解决现有 C_{64} 型敞车最大的惯性质量问题。

(4)采用 E 级钢 17 型高强度车钩和大容量缓冲器，提高了车钩缓冲装置的使用可靠性。

(5)采用转 K6 型或转 K5 型转向架，确保车辆运营速度达 120 km/h，满足提速要求；改善了车辆运行品质，降低了轮轨间作用力，减轻了轮轨磨耗。

(6)侧柱采用双曲面冷弯型钢，提高了强度和刚度，更适应翻车机作业。

(7)满足现有敞车的互换性要求，主要零部件与现有敞车通用互换，方便维护和检修。

3. 车体结构

车体为全钢焊接结构，由底架、侧墙、端墙、车门等部件组成，如图 7-4 所示。

(1)底架由中梁、侧梁、枕梁、大横梁、端梁、纵向梁、小横梁及钢地板组焊而成。

(2)侧墙为板柱式结构，由上侧梁、侧柱、侧板、连铁、斜撑、侧柱补强板及侧柱内补强座等组焊而成。

(3)端墙由上端梁、角柱、横带及端板等组焊而成。

(4)在车体两侧的侧墙上各安装一对侧开式侧开门及 6 扇上翻式下侧门。

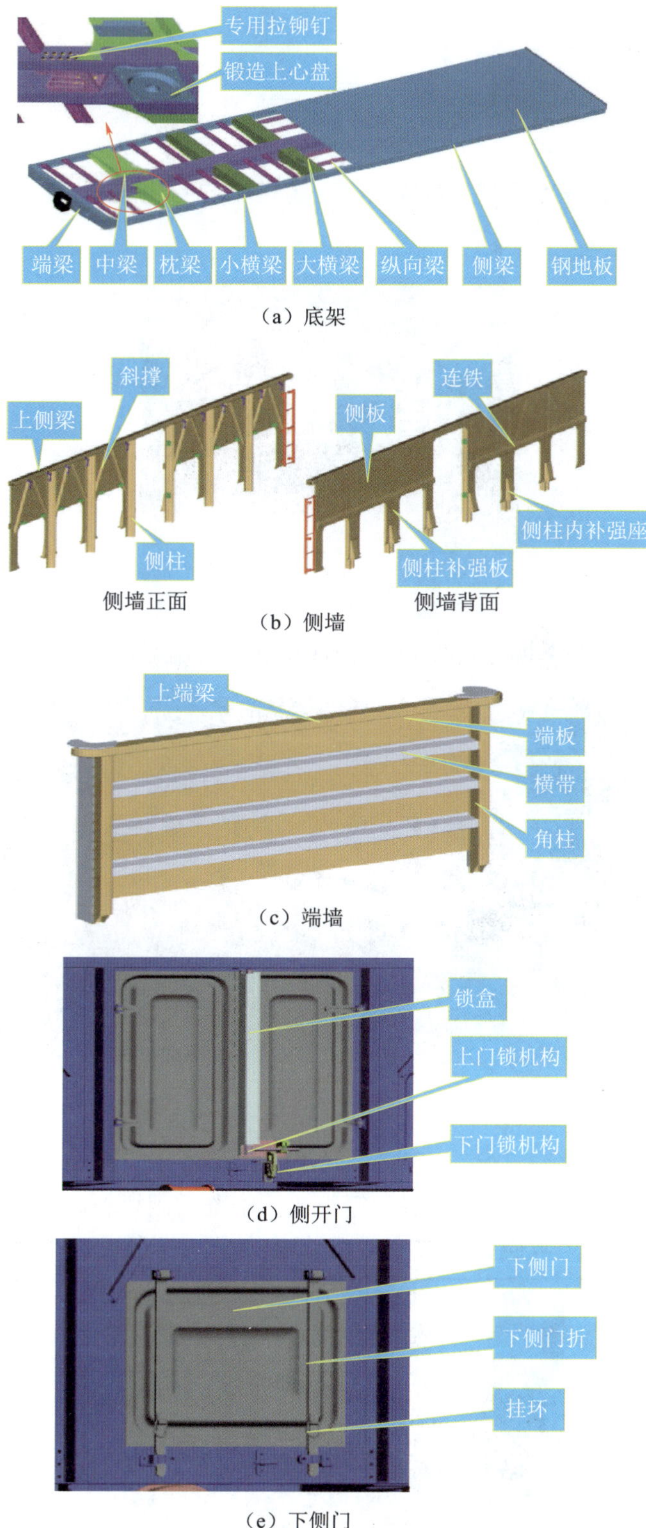

图 7-4　C70（C70E）型通用敞车车体结构

二、C80 系列铁路货车

（一）C80 型铝合金运煤敞车

1. 用途

C80 型铝合金运煤敞车是万吨重载列车、运输煤炭的专用敞车，能实现不摘钩连续翻卸作业，如图 7-5 所示。

图 7-5　C80 型铝合金运煤敞车

2. 车体结构

车体为双浴盆式、铝合金铆接结构，主要由底架、侧墙、端墙和撑杆等组成，如图 7-6 所示。

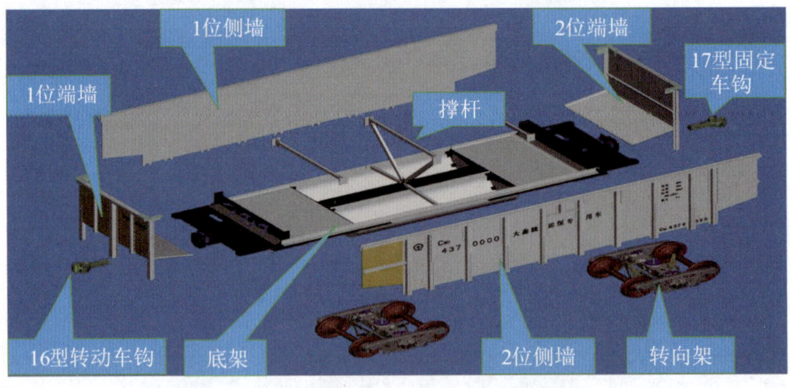

图 7-6　C80 型铝合金运煤敞车车体

（1）底架

底架由中梁、枕梁、端梁、钢地板、浴盆等组成。中梁采用材料屈服极限为 450 MPa 的乙字型钢或冷弯中梁；枕梁为双腹板箱形变截面结构，如图 7-7 所示。

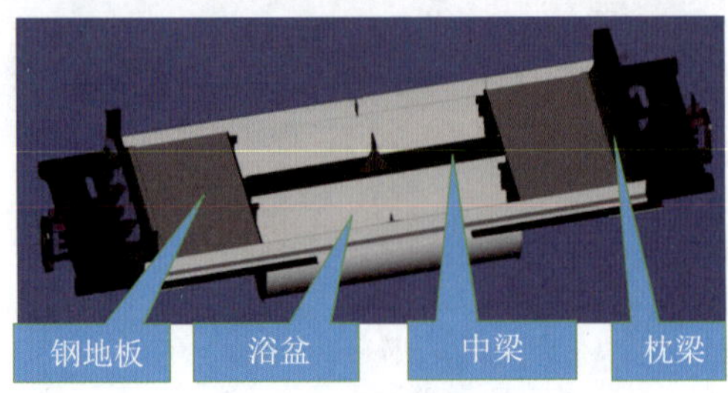

图 7-7　C80 型敞车底架

(2)侧墙

侧墙由上侧梁、下侧梁、侧柱和侧板等组成。上侧梁、下侧梁、侧柱采用专用挤压铝型材,侧板为铝合金板。侧板与侧柱之间及侧柱与上、下侧梁之间采用闭锁式拉铆钉连接,如图 7-8 所示。

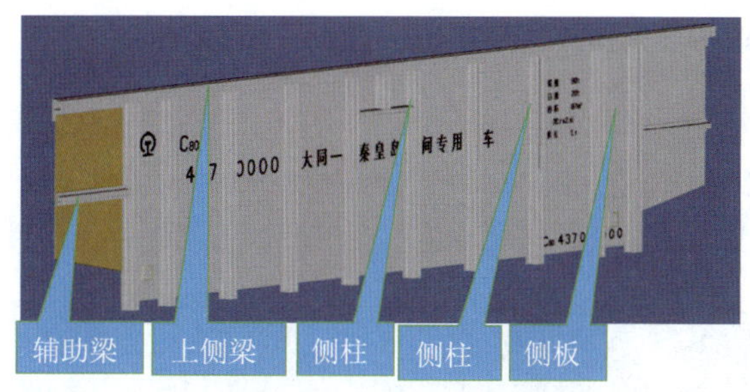

图 7-8 C80 型敞车侧墙

(3)端墙

端墙由上端梁、端柱、侧端柱、角柱、角部连铁、辅助梁和端板等组成,如图 7-9 所示。

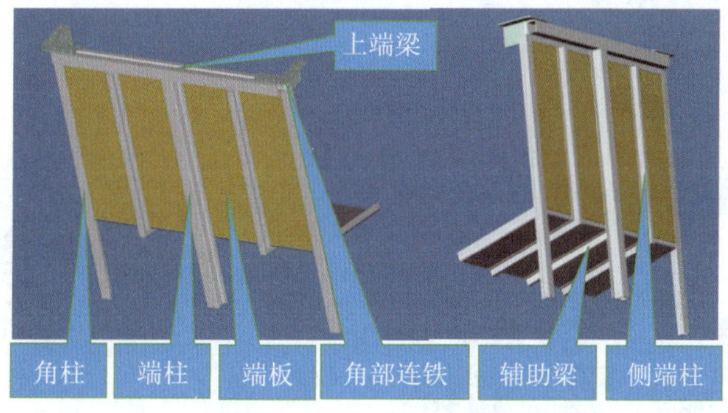

图 7-9 C80 型敞车端墙

(4)撑杆

为增强两侧墙及侧墙与底架之间的连接刚度,车内设有撑杆,其材质为挤压铝型材,如图 7-10 所示。

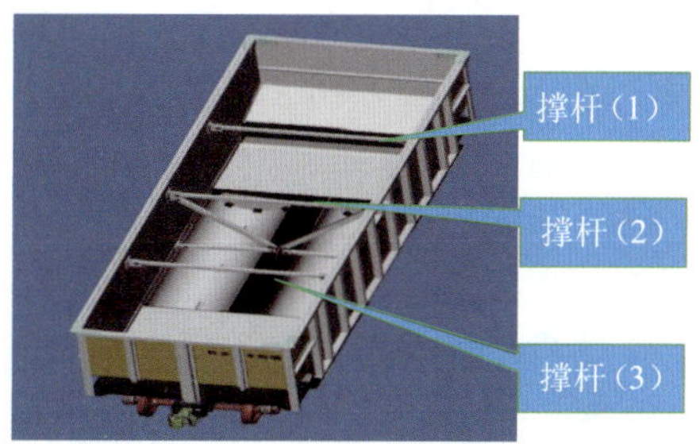

图 7-10 C80 型敞车撑杆

(二)C80B、C80A 型运煤敞车

1. 用途

C80B 型不锈钢运煤敞车、C80A 型运煤敞车是为开行万吨重载煤炭运输专列而研制的专

用车辆，可实现不摘钩连续翻卸作业；C_{80A} 型敞车与 C_{80B} 型敞车的结构基本相同，主要区别是 C_{80B} 型敞车的车体主要采用 TCS 不锈钢材料，耐腐蚀性更强；C_{80A} 型敞车的车体主要采用耐候钢材料。

2. 车体结构

车体为有中梁、平地板全钢焊接结构，主要由底架、侧墙、端墙、撑杆和车门等组成。

(1)底架

底架由中梁、枕梁、大横梁、小横梁、纵向梁、地板等组成，如图 7-11 所示。

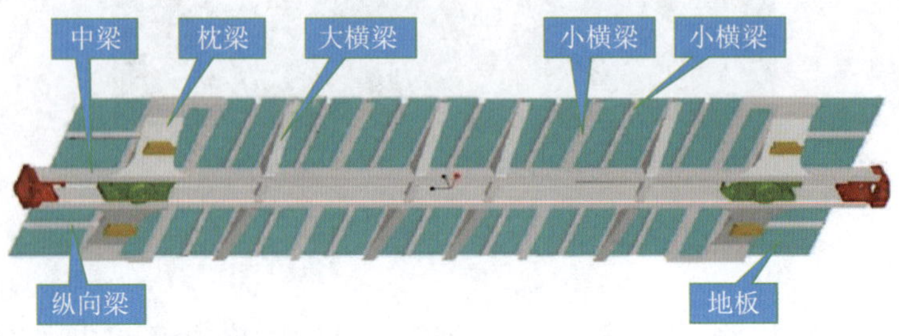

图 7-11　C_{80B} 型敞车底架

(2)侧墙

侧墙由上侧梁、侧柱、侧横带、上门框和侧板等组成，如图 7-12 所示。

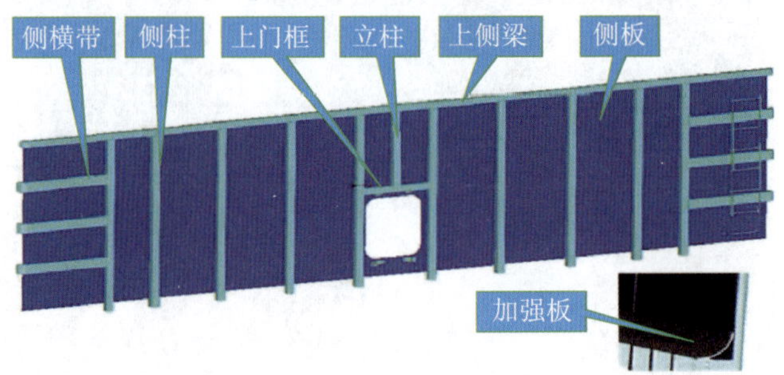

图 7-12　C_{80B} 型敞车侧墙

(3)端墙

端墙由上端梁、支撑、横带等组成，如图 7-13 所示。

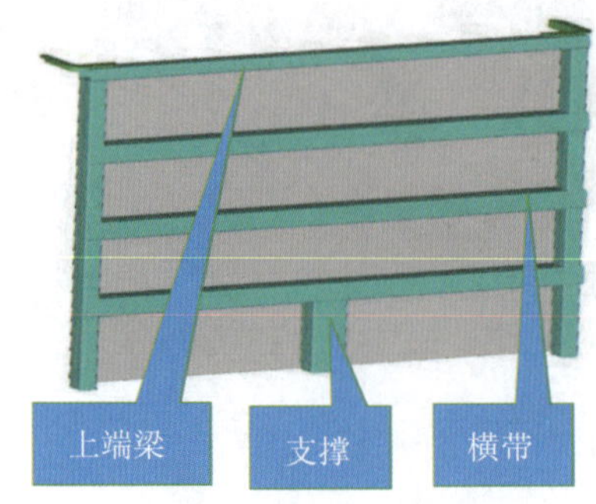

图 7-13　C_{80B} 型敞车端墙

(4)撑杆

为增强两侧墙之间的连接刚度、防止侧墙外胀,车内设有三组水平撑杆,如图 7-14 所示。

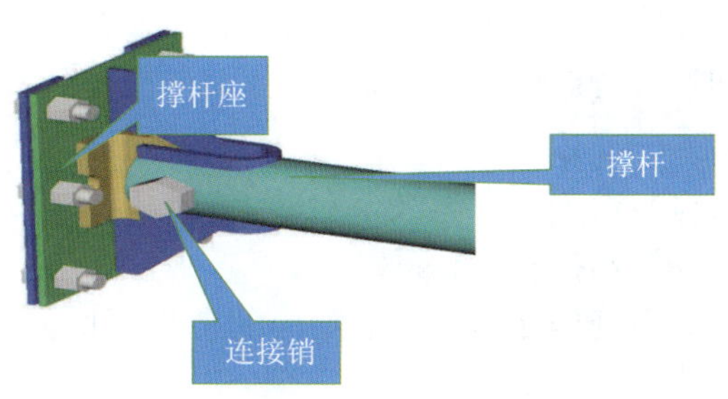

图 7-14　C80B 型敞车撑杆

(5)下侧门

为方便清扫车体内的积煤,在每个侧墙中部设置了一个下侧门,如图 7-15 所示。

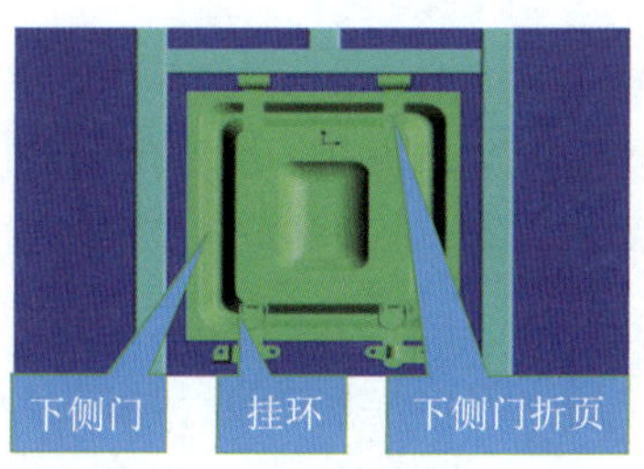

图 7-15　C80B 型敞车下侧门

第四节　车体故障的分类及测量方法

一、货车底架故障及危害

(一)裂　纹

1. 部位

发生在严重腐蚀处,各孔处(铆钉孔、通过制动管的椭圆孔)、焊缝以及弯角处。

2. 危害

易造成中梁、侧梁下垂和各梁折损,严重影响行车安全。

(二)弯曲变形(又称永久变形)

1. 部位

发生在中梁、侧梁在枕梁间的下垂;中梁、侧梁左右弯曲,牵引梁或枕梁外侧的侧梁上挠或下垂;牵引梁甩头,钢地板凹凸不平。

2. 危害

可能引起整个构架松弛,甚至折损,车体过分倾斜,易造成车辆脱线、颠覆或货物倒塌。

3. 测量方法

中梁、侧梁弯曲测量方法：以两个枕梁间平直线的延长线为基准。两轴车应找出原底架的水平线，然后延长测量。

端梁弯曲测量方法：以两端引出平行线为基准，垂直测量。

每根梁如多处弯曲时，按弯曲最大的一处算，上下左右不相加。

4. 计算各梁弯曲破损的规定

(1)客车端梁包括通过台端梁。守车端梁弯曲、破损，以外端梁计算。

(2)非贯通式侧梁、端梁，不按侧梁、端梁算。

(3)货车端梁在角部向内延伸 200 mm 范围内的破损不按大、中破损计算，超过200 mm 范围时，破损限度合并计算。

(4)机械冷藏车(包括机械车、乘务车、冷藏车)、发电车各梁大、中破损程度按客车计算。

(5)0.8 m以下低边车底架以上无论破损程度如何，均按小破计算(火灾或爆炸除外)。

(6)货车改造的简易客车破损时按货车办理。

(7)淘汰及旧杂型车辆破损程度按降一级计算。

(8)计算破损程度时，原有裂纹破损旧痕的尺寸不计算在内。

(9)蒸汽机车、煤水车车体破损按罐车办理；内燃、电力机车车体破损按冷藏车办理。

(10)动车组中的动力车和拖车破损，分别按机车、车辆破损范围办理。

(三)腐　蚀

腐蚀发生在油漆质量不好或油漆保护层脱落处、容易存水的焊缝处、两层及以上板材叠加处、受盐液或其他化学成分侵蚀处。据统计，货车底架部分如中梁、侧梁、端梁、枕梁的腐蚀速度每年达 0.02～0.45 mm。这样，使各梁和盖板的断面缩小，降低了强度和刚度，会引起裂纹和变形。

(四)磨　耗

1. 部位

底架磨耗的地方不多，仅发生于上心盘、上旁承、从板座以及牵引梁内侧面与缓冲器的接触处。牵引梁内侧面的磨耗是由于缓冲器在中梁间位置偏斜时产生的，属于不正常磨耗，所以大部分新型车辆在中梁内立面(与缓冲器接触处)都焊有 10 mm 厚的磨耗板，修理时只要更换磨耗板即可。

2. 危害

磨耗严重会降低各梁的强度，产生裂纹甚至折断故障。

在上述四种故障中，最为严重的是裂纹，需要及时修理，防止裂纹继续扩大甚至延及整个梁件断裂，影响行车安全和造成重大事故。

二、车体倾斜

(一)原　因

车体倾斜一般是由于车体结构松弛或变形，枕弹簧弹性衰减、挠度不足和装载偏重等原因造成的。

（二）危　　害

1. 装载货物及车辆的重心容易发生变化，使货物发生位移倒塌，影响车辆的运行性能。

2. 易造成车辆偏载。可能使某些车辆配件受力过大而造成破损，严重时将破坏转向架的动力学性能，造成燃轴事故或导致车辆脱轨。

3. 车辆通过曲线时产生偏移，再加上车体的倾斜，就可能超出车辆限界，与线路建筑物发生抵触，危及行车安全。

（三）测量方法

测量车体倾斜时，将车辆推放到平直线路上，可用两个吊线重锤，一个放到倾斜侧墙板的上缘，一个放到倾斜侧梁的下缘，待吊锤垂直时，测得两线间的水平距离，即为该车倾斜的尺寸。

三、车体外胀

（一）原　　因

货车车体外胀是由于车体不断在运行中发生动摇和振动，从而使车体失去原有强度，各金属构架及车体立柱等发生松弛现象；或由于车辆橡胶支柱等发生弯曲，因此在货物装车后，受压迫使车体即行胀出。

（二）危　　害

1. 敞车易丢失货物。

2. 两侧均超限，有超出车辆限界的危险。

3. 将引起车体的金属构架、立柱、门框等发生松弛。

复习思考题

1. 车体的承载方式有哪几种？

2. 车体有哪些常见的故障？

3. C_{70} 型敞车车体主要由哪些部分组成？

第八章 货车运用与管理

第一节 铁路货车运用维修主要工作

一、货车运用的主要工作

1. 负责货物列车的技术检查、货物列车自动制动机性能试验(以下简称列车制动机试验)、铁路货车故障处置和修理(以下简称铁路货车故障处理)等。

2. 负责定检到(过)期车、技术状态不良车(含沿途发生故障的铁路货车)及事故车的扣修和回送工作。

3. 负责铁路货车运行安全监控系统的运用管理。

4. 负责翻车机翻前卸后、散装货物解冻库(以下简称解冻库)解冻后的铁路货车的技术交接检查和故障处理。

5. 负责进出厂矿、港口、地方铁路、合资铁路、专用铁路、企业专用线和工程临管线等单位的铁路货车的技术交接检查和故障处理。

6. 负责国际联运货物列车的技术交接。

7. 负责往返循环开行的快速货物班列、局管内固定编组开行的货物快运列车等整备作业。

8. 负责铁路货车运用技术质量的分析、评价和管理,组织开展货物列车技术质量监控;负责铁路货车设计、新造、检修和主要配件的质量监督与反馈。

9. 负责爱护铁路货车(以下简称爱车)工作,组织爱车宣传并指导、监督和检查铁路货车的使用,制止损坏铁路货车的行为,负责损坏铁路货车的索赔和管理。

10. 按规定负责重点物资运输及超限货物列车和机械冷藏车的技术作业及车辆乘务等工作。

11. 按规定协助进行铁路货车新车型、新技术、新型配件运用考核的相关工作。

12. 参加相关铁路交通事故的调查和事故救援,协助铁路货车交通事故的处理和管理,负责铁路货车行车设备故障的调查、处理和管理。

13. 国铁集团规定的其他有关工作。

二、铁路货车维修、管理、使用的特点

1. 铁路货车原则上实行无固定配属管理,全国运行。货车运用工作由国铁集团统一领导,统一技术标准要求,并执行国家有关技术规范和技术政策。在造修源头质量保证基础上,货车运用安全实行区段负责制,并实施质量追溯。国铁集团所属企业必须树立全局观念,严格落实有关技术标准和要求。

2. 货车运用工作坚持“安全第一、预防为主、综合治理”的方针，应用先进的检查、检测、修理技术，及时发现和处理铁路货车故障；应适应运输组织需要，不断优化列检布局，推进作业方式变革，采用科学管理手段，加强安全基础建设，提高作业人员素质，实现布局合理、防范有力、技术先进、管理规范、素质过硬、安全稳定的货车运用工作目标。

3. 货车运用工作应充分发挥铁路货车运行安全监控系统作用，科学合理界定作业范围。优化到达作业，为始发作业打好列车技术质量基础；强化始发作业，确保始发列车达到货物列车运用质量标准；加强中转作业，保证列车安全和运输畅通。

4. 货车运用工作实行国铁集团、铁路局集团公司、车辆段三级管理。按照领导负责、分工负责、专业负责、岗位负责的要求，实施严格的管理和考核机制，不断提升货车运用管理水平。

第二节　列检作业场与检修作业计划

一、列检作业场的分类和设置

1. 货车运用作业场包括：列检作业场、动态检查作业场、技术交接作业场、国境站技术交接作业场、整备作业场等。货车运用工作由货车运用作业场和站修作业场承担，站修作业场的技术管理按《铁路货车站修规程》执行。

2. 列检作业场以人工检查或人机分工检查方式为主，列检作业场的布局须满足铁路运输安全和畅通的需要，在编组站的车场及相应的车站，根据列车运行图中编制的到达解体列车（以下简称到达列车）、编组始发列车（以下简称始发列车）、中转列车的数量，同时按照运输组织、机车交路、运行工况、列检作业安全保证距离等合理设置。

3. 列检作业场等级分为特级、一级，并按以下规定设置：

特级列检作业场设置在日均解体作业 3 000 辆及以上的编组站的车场。一级列检作业场设置在列车编组作业量较大或大量装卸货物的其他编组站、区段站的车场，以及停车技术作业中转列车较多的区段站、中间站。

二、检修计划的主要内容

（一）定检车的扣修

1. 非配属的货车定检到期或过期时，一律由发现的列检作业场进行扣留。扣留时，检车员除在扣留车上填插规定的色票外，还须通知列检值班员办理扣车手续。

2. 须按现车检修周期标记扣修定检车，厂修、段修车以月为准，不得提前；辅修、轴检车以月、日为准，辅修可错后 10 天，轴检可提前、错后 5 天。

3. 当段修、辅修、轴检在 1 个月内同时到期时须做高级修程。如确因事故等特殊情况需提前扣修时，须经国铁集团批准。

4. 装载过放射性物质的车辆，须经有关部门鉴定、处理，并符合国家有关规定。

5. 装载过易燃、易爆物品的罐车，须经清洗并有洗罐合格证。

6. 毒品车须经消毒并有消毒合格证。

（二）临修故障车扣修

1. 空车临修日期距辅修到期日期在 15 日以内时可转做辅修；距轴检到期日期在 5 日以内时可转做轴检，并在货车检修记录单（车统—22D）中注明。施修的辅修车、轴检车，其辅修和轴检的检修周期和质量保证期应顺延至上次辅修、轴检日期，并涂打相应的辅修和轴检检修标记。

2. 装载易燃、易爆、有毒、放射性物品的车辆，发生临修故障需要更换轮对、焊修或在重车状态下无法施修时，须倒装后入站修作业场施修。

三、列检技检时间

1. 列检作业场人机分工检查和人工检查的列车技术作业时间（以下简称技检时间），以列车技术作业脱轨器装置上轨时分为开始时分，下轨时分为结束时分，采取锁闭道岔方式防护的列车以插设停车信号时间为开始时间，以撤除停车信号时间为结束时间，计算技检时间不包括摘、挂机车时间。规定如下：

（1）到达作业与始发作业技检时间原则上合计为 60 min，始发作业为 25 min，到达作业为 35 min。

（2）无调中转作业技检时间为 35 min，有调中转作业技检时间为 40 min。

（3）经整备作业的快速货物班列无调中转作业技检时间为 25 min，有调中转作业技检时间为 35 min。其他快速货物班列无调中转作业技检时间为 35 min，有调中转作业技检时间为 40 min。

（4）关口列检作业场对进入高原铁路的列车始发作业，技检时间为 60 min；高原铁路列检作业场（如拉萨西列检作业场）的到达作业、始发作业，技检时间均为 60 min。

（5）寒冷、长大下坡道区段及重载、计长超过 88.0、编组 60 辆及以上的列车，由铁路局集团公司根据运输组织实际，相应增加技检时间。

2. 其他技检时间规定。

（1）TFDS 动态检查时间原则上按 10 min（50 辆/列）的标准掌握。

（2）关口列检作业场对进入高原铁路的列车进行整备时，整备作业时间不少于 2 h；其他整备作业时间不少于 4 h。

（3）技术交接的技检时间由铁路局集团公司根据实际制定，但人工检查作业的原则上不低于 40 min。

（4）国境站技术交接作业场的技检时间由铁路局集团公司按国际联运有关规定组织制定。

第三节 常用台账

一、色票及常用表报的使用

（一）色　　票

色票是记录铁路货车技术状态、倒装要求、送往去向等信息，标识该车去向的票据。各样色票的描设应由列整作业场办理。扣车的检修车应在车辆 2、3 位侧墙车种车型车号下的票备内插设有关色票。

1. 铁路车辆送往修理专用线(车统—16)。铁路货车因辅修到(过)期及符合临修、临时整修要求等扣车时,扣车后应立即插该色票。标示插有该色票的铁路货车送往本站区站修作业场或临时整修专用线路。

2. 铁路车辆送往车辆段检修车间(车统—17)。铁路货车因段修到(过)期、入段厂修及其他原因等扣车时,扣车后应立即插该色票。标示插有该色票的铁路货车送往本站区车辆段检修车间。

3. 铁路车辆送往修理工厂(车统—18)。铁路货车因厂修到(过)期及其他原因等扣车时,扣车后应立即插该色票。标示插有该色票的铁路货车送往本站区车辆工厂。

4. 倒装(车统—19)。铁路货车在重车状态下因技术状态原因需倒装货物后扣车时,扣车后应立即插该色票。标示插有该色票的铁路货车送往货物倒装线路。

需要回送的检修车,应在回送前的检查和整修时,撤除色票。回送到站后的检修车由本站列检作业场根据车辆检修通知单插设有关色票。临时整修修竣的铁路货车色票的撤除由列检作业场负责;厂、段、辅、临修修竣的铁路货车色票的撤除由车辆工厂、车辆段检修车间、站修作业场指定专人负责;须倒装的检修车,倒装后应由倒装单位撤除倒装色票,同时列检作业场插设相应的色票。色票的插设和撤除应做好记录和管理。

(二)常用车统表报

1. 列车技术检查记录簿(车统—14A、车统—14B)是列检作业场在列车技术作业中,实时记录车站通知时间、作业开始时间、作业结束时间等信息的台账,是与车站办理列车技术作业技检时间等信息签认的依据。

铁路局集团公司应根据其他货车运用作业场记录检查、交接、整备作业信息和与车站办理有关信息签认手续的需要,比照列车技术检查记录簿制定车辆装卸技术检查、技术交接及整备技术作业等的技术作业记录簿,并组织实施。

2. 检车员工作记录手册(车统—15A)是检车员记录列车技术作业、发现和处理故障明细、铁路货车安全防范系统报警确认及临时工作等信息的手册,是货车运用技术管理的基础信息源。检车员工作记录手册应由检车员实时录入,信息系统生成。

3. 车辆检修通知单(车统—23)是铁路货车因定期检修、临修和故障整修及其他原因等需要扣车时,与车站办理扣车手续,记录车辆停留地点、车种车型车号、定检标记和单位、主要损坏部位、倒装要求等信息的单据。列检值班员根据检车人员所报告的车辆技术状态不良或定检到期扣修车及回送到达的故障车辆等需要摘车施修时,确定符合规定,应按此通知单格式要求正确填写,一式三份交车站值班员确认签字后,一份交车站值班员转统计员,据此将该车从运用车转为检修车,一份交车辆段检修调度员,据此安排修车计划和计算检修时间,另一份自存备查。

4. 车辆破损技术记录(车统—25)是铁路货车发生损坏时,与车站及造成车辆破损的责任单位办理相关手续,记录破损发生时间、地点、车种车型车号、定检标记和单位、主要损坏部位、损坏原因、责任单位及修复成本等信息的单据。

5. 检修车回送单(车统—26)是铁路货车检修车回送时,与车站办理回送手续,记录车种车型车号、定检标记和单位、回送和到达车站、主要损坏部位、挂运要求等信息的单据。

6. 检修车辆竣工验收移交记录(车统—33 并车统—36)是铁路货车检修车修竣验收合格后，与车站办理检修车修竣的手续，记录铁路货车修程、车辆验收单位、车种车型车号等信息的单据。

7. 制动效能证明书(车统—45)是发出列车运行前方途经长大下坡道区间或编入列车的关门车数超过现车总辆数的 6%时，提供给机车乘务员的列车车辆制动机状态的证明，记录列车中制动关门车数量、自动制动机型号和数量、制动保压情况及每百吨列车重量的换算闸瓦压力等信息的单据。由列检作业场填发，一式两份，一份交机车乘务员，一份自存。

8. 车辆行车设备故障登记簿(辆货统—017)是列检作业场记录调查的铁路货车行车设备故障类别、概况、原因及责任单位等信息的管理台账。信息来源主要由车辆行车设备故障概况表及参加调查人员的检车员工作记录手册等提供，信息系统生成。

9. 列检作业场班组交接班记录簿(辆货统—008)是列检作业场记录班组间交接工作情况、操作使用的设备状态情况及其他移交工作事项等信息的管理台账。信息来源主要由工长的检车员工作记录手册和列检值班员等提供，信息系统生成。

10. 发现处理铁路货车故障记录簿(车统—81A)是列检作业场在列车技术作业中记录发现、处理、跟踪铁路货车故障的管理台账。信息来源主要由检车员工作记录手册等提供，信息系统生成。

根据发现处理铁路货车故障记录簿，信息系统还应分类汇总出铁路货车运用大件修、小件修、定检到(过)期车、制动故障关门车、车轮踏面损伤车、临时整修、出境铁路货车故障等相关记录簿。

11. 车辆故障记录单(车统—113)是发生铁路交通事故、行车设备故障、调车作业或装卸作业等原因损坏铁路货车后，记录损坏的铁路货车故障概况、原因分析等信息的单据。由车辆段组织运用车间或运用作业场负责记录，手工填写并录入信息系统管理。外转行车设备故障时应附本记录单。

12. 检查铁路货车标签读出情况记录簿(辆货统—004)是列检作业场列车技术作业中，根据 AEI 复示终端发现铁路货车车号自动识别标签无车号信息，使用便携式标签读出器现场检查复读后，记录车次、车种车型车号、标签读出确认等情况的管理台账。信息来源主要由 AEI 复示终端和检车员工作记录手册等提供，信息系统生成。

13. 超偏载一级铁路货车预报及处理情况统计簿(辆货统—010)是铁路局集团公司车辆运行安全中心监测站记录、TPDS 预报的一级超偏载报警铁路货车及现场检查确认等信息的管理台账。信息来源主要由铁路货车安全防范系统及检车员工作记录手册等提供，信息系统生成。

14. TADS 滚动轴承预报跟踪反馈记录簿(辆货统—011)是列检作业场记录 TADS 预报、跟踪的铁路货车滚动轴承故障和现场检查确认及轴承退卸等信息的管理台账。信息来源主要由铁路货车安全防范系统、检车员工作记录手册及检修车间的轴承退卸和分析资料等提供，信息系统生成。

15. THDS 铁路货车热轴故障信息记录簿(辆货统—012)是列检作业场记录 THDS 预报铁路货车热轴故障和现场检查确认及轴承退卸等信息的管理台账。信息来源主要由铁路货车安全防范系统、检车员工作记录手册及检修车间的轴承退卸和分析资料等提供，信息系统生成。

16. TADS甩车粘贴标志(辆货统—025)是列检作业场根据TADS报警,检查发现滚动轴承故障时,记录扣车日期、车次、车种车型车号、故障轴位等信息的单据;标示粘贴有该标志的滚动轴承应送往检修车间进行退卸检查。信息来源主要由铁路货车安全防范系统及检车员工作记录手册等提供,信息系统生成。

第四节　车辆标签运用规定

1. 设有标签地面识别设备复示终端的列检作业场,要对每列车的标签读出情况进行检查,凡未显示标签信息的要立即通知作业人员使用标签读出器检查,读不出信息的按标签失效处理;标签技术状态良好的,要做好记录。在确认后要将结果及时填入货车车号自动识别标签读出情况通知书(第一联黑色印刷,第二联红色印刷),第一联送交车号自动识别系统地面设备(AEI)维护部门,由其检查、处理地面设备,第二联列检作业场保存。

2. 凡在列检作业场、装卸检修所和国内及国境站的货车技术交接所处理故障标签时,要按处理车辆故障的有关要求认真做好记录、统计、上报工作,对违章作业等损坏标签的,要按损坏车辆办理。

3. 经国铁集团批准报废的车辆,其标签必须拆下、回收。拆卸标签时不得使用火焰切割,不得损伤标签。拆下的标签集中送国铁集团核对、清空后,返还原单位作为检修补充备品管理、使用。

第五节　货车的备用与解备

备用铁路货车是为了保证完成临时紧急任务需要所储备的技术状态良好的国铁集团属铁路货车空车。

铁路局集团公司应明确备用铁路货车的备用地点。车辆段应在备用基地设基地检车员,负责备用铁路货车的备用和解除前的铁路货车技术检查,保证备用铁路货车配件齐全。具体人数由铁路局集团公司根据备用铁路货车数量查定。

1. 车辆段在备用车基地应储备必要的铁路货车配件,对发现的铁路货车故障进行修理,并设备用铁路货车登记簿,每次按备用和解除命令号、日期、车种车型车号等项内容进行登记。

2. 铁路货车备用时,车站应通知备用车基地检车员按国铁集团、铁路局集团公司当日调度命令对备用铁路货车进行技术检查,并将检查情况记录于检车员工作记录手册中。经检查和修理符合备用铁路货车条件后,在备用铁路货车登记簿上登记;检查发现无法修复的铁路货车故障时,通知车站取消该备用铁路货车的备用,按规定送检修地点修理。

3. 铁路货车解除备用时,车站应通知备用车基地检车员。检车员接到通知后,根据国铁集团、铁路局集团公司当日调度命令,经检查符合运用车技术状态,在备用铁路货车登记簿上登记,车站填写的运用车转变记录(运统—6)上签字。检车员将检查情况记录于检车员工作手册。

备用铁路货车须在铁路局集团公司指定的备用基地内备用，需在不同基地间转移时，须按规定备用后重新办理备用手续。

备用铁路货车的备用或解除时间须根据国铁集团、铁路局集团公司当日调度命令，经备用基地检查合格后，在运用车转变记录（运统—6）上签字的时刻起开始计算。

第六节　车辆主要运用指标

一、检修车辆现有数

（一）定　义

检修车辆现有数指每日18时全路、一个铁路局集团公司、一个车辆修理厂或车辆段的管辖范围内所具有的全部已扣修的在修和待修车辆数，也称不良车数、残车数、检修车数。

（二）范　围

1. 国铁集团所属车辆（包括企业租用车）中因定检到期或临修而扣修的车辆。
2. 事故破损和待报废及回送中的检修车辆。
3. 在铁路营业线运用中，因临时发生故障而摘车临修的外国车及企业自备车。

（三）计算公式

检修车辆现有数＝日初残存检修车数＋本日扣修车数－本日修竣车数

（四）起算时间

1. 扣修的车辆，自车站在车辆检修通知书上签字时起算。
2. 对需要卸空后修理的重车，自卸车完毕、车站通知车辆段的时分起算。
3. 无列检的车站，检修车都从车站通知车辆段或列检作业场的时分起算。

二、货车检修率

货车检修率是以相对数字反映车辆状态的指标。货车检修率是全路货车数与支配货车数之比。车辆检修率越低，表示不良车辆数越少，可以参加运用的车辆数越多。

检修率与检修车辆数成正比，与支配货车数及配属客车数成反比。所以在一定程度上反映了全路车辆的修理质量。

三、车辆检修停留时间（简称休车时间）

休车时间指自车站在车辆检修通知书上签字时起，至送入检修线时止的时间，是指在一定时期内，全路或一个铁路局集团公司、一个修理厂、一个车辆段，平均检修一辆车的全部停留时间。

休车时间是表示修车工作进度的重要指标。在保证修车质量的前提下，休车时间越短，表明修车效率越高。对于修车、检修车间，应不断改进劳动组织，提高修理人员水平，并采用先进技术设备，提高修车效率、压缩修车时间。

四、货车保有量

国铁集团在每月编制运输计划时，分配给各铁路局集团公司一定的运用货车保有量。正确掌握铁路局集团公司的运用货车保有量，是保证完成规定运输任务的重要环节。

运用货车保有量＝工作量×周转时间

第七节　定检车质量监督

列检作业场发现新造、定检的铁路货车在质量保证期内，因制造、修理原因造成摇枕、侧架、一体式构架、各梁、车钩、钩尾框、制动装置、交叉杆、轴承等故障时，要及时上报车辆段。由车辆段组织在故障发生之时起 24 h 内复核，向责任单位发出通知书，并确认责任单位的收报人及收报时间，同时抄报国铁集团。电报或电传内容包括时间、地点、车次、编组辆数、编挂位置、车种车型车号、前次定检单位及时间、铁路货车故障方位、部位、名称及尺寸、新旧痕百分比、故障配件的制造、检修标记等，并附故障部位的数码相片。按规定进行赔偿或由责任单位提供配件。责任单位收到通知书 10 日内到现场确认，经确认无误后须在 5 个工作日内进行赔付。使用的新配件或由车辆段代购新配件的费用，由责任单位提供，故障损品交责任单位，查明具体原因和责任。发现新造、定检的铁路货车因设计、制造、检修原因，产生严重裂纹、破损、变形及严重的非正常磨耗时，如确需返回责任工厂或责任车辆段修理（简称责任返厂修或责任返段）逐级上报，并根据车辆调度命令在确保运行安全的前提下回送责任工厂或责任车辆段。

路企交接的车站或车场设置相应等级的列检作业场。

第八节　铁路货车技术管理信息系统（HMIS）

一、HMIS 系统

HMIS 是铁路货车技术管理信息系统的简称，是在铁路信息化建设规划下，利用计算机网络、通信技术实现铁路货车的生产组织、质量控制、技术管理的信息系统；是为铁路货车技术管理提供宏观决策信息和生产组织、质量控制及信息服务的，各种资源设备统一规划的，应用计算机、网络、通信技术并引进科学的管理方法和系统化的开发方法的人—机系统。

由国铁集团级、铁路局集团公司级、段（厂）级和工位级应用系统组成。按功能划分，HMIS 系统又分为运用、检修和综合三大模块。

二、HMIS 系统的信息共享流程

HMIS 系统是铁路货车车辆信息管理的基础系统，涵盖了货车车辆从新造、运用、检修到报废的整个生命周期。同时与 5T 安全监控、质量管理、生产组织等多个信息系统存在数据共享。

HMIS 系统不仅在内部各子系统间共享车辆的技术履历信息，子系统内生产流水线信

息在各生产节点共享，同时，HMIS系统还和车辆信息化管理的其他系统横向进行频繁的信息交互。这种内外部信息共享为生产管理方式变革、质量安全监控、成本控制和提升效益奠定了基础。

三、HMIS运用子系统

（一）HMIS运用子系统主要功能

1. 货物列车技术检查和维修的辅助生产组织及指挥功能。
2. 列车技术检查信息的管理，技术检查工作量的录入、汇总及分析。
3. 列车技术维修信息的管理，如典型故障、大件修、小件修、制动故障关门车、定检车、车轮踏面擦伤车等信息的录入、汇总及分析。
4. 检修扣留车、回送车、破损车、事故车（车统—23、车统—26、车统—25、车统—56）的管理。
5. 预留红外线、安全、爱车等信息管理功能。
6. 数据审核，典型故障信息发现、确认、修理的闭环控制。
7. 数据统计分析，货车列检工作报表日、月、年报。
8. 数据查询，根据需要查询各种原始技术数据和统计分析数据。
9. 列检作业场、车辆段、铁路局集团公司的逐级确认及上报功能。

（二）运用子系统与HMIS其他子系统的关系

运用子系统与HMIS其他子系统的关系如图8-1所示。

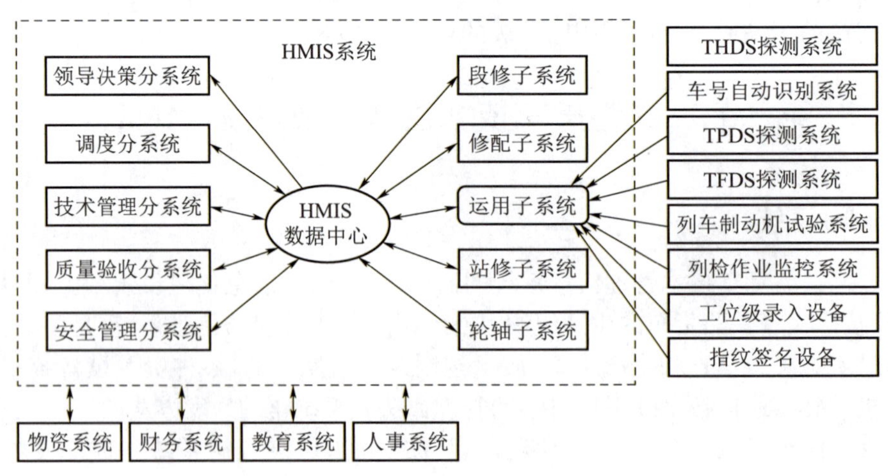

图8-1　运用子系统与HMIS其他子系统的关系

（三）HMIS运用子系统构架及功能描述

1. 数据录入功能可录入以下数据：

（1）现场交接班记录。

（2）列车技术检查记录簿（车统—14），作业人员位置及作业辆数。

（3）检车员工作手册（车统—15），如典型故障、大件修、小件修、制动故障关门车、定检车、车轮踏面擦伤车。

(4)铁路货车破损技术记录(车统—25)。

(5)车辆检修回送单(车统—26)。

(6)车辆检修通知书(车统—23)。

(7)安全管理。

(8)材料管理。

2. 数据查询功能可查询以下数据:

(1)交接班,按日期或日期段的条件查询。

(2)车统—14,按日期或日期段及车次、班次、班组、列车性质的条件查询。

(3)车统—15,按日期或日期段及车次、班次、班组、车号、典型故障、大件修、小件修、制动故障关门车、定检车、车轮踏面擦伤车的条件查询。

(4)车统—23,按扣车日期或日期段及车次、班次、班组、车号、修程的条件查询

(5)车统—25,按扣车日期或日期段及车次、班次、班组、车号、修程的条件查询。

(6)回送车请令,按扣车日期或日期段及车次、回送种别(修程)的条件查询。

(7)发出回送车,按扣车日期或日期及车号、回送种别(修程)、命令号码的条件查询。

(8)接入回送车,按扣车日期及日期段及车号、回送种别(修程)、命令号码、扣车单位的条件查询。

(9)车统—81A,按扣车日期或日期段及修竣日期或日期段、车次、车号、班组、施修种别(修程)、修车单位的条件查询。

(10)车统—81B,按扣车日期或日期段及修竣日期或日期段、车次、车号、班组、施修种别(修程)、修车单位的条件查询。

(11)典型故障登记簿,按扣车日期或日期段及修竣日期或日期段、车次、车号、班组、施修种别(修程)、修车单位的条件查询。

(12)定检过期车登记簿,按扣车日期或日期段及修竣日期或日期段、车次、车号、班组、施修种别(修程)、修车单位的条件查询。

(13)关门车登记簿,按扣车日期或日期段及修竣日期或日期段、车次、车号、班组、施修种别(修程)、修车单位的条件查询。

(14)车轮踏面擦伤车登记簿,按扣车日期或日期段及修竣日期或日期段、车次、车号、班组、施修种别(修程)、修车单位的条件查询。

(15)车统—31,按扣车日期或日期段及修日期或日期段、车次、车号、班组、施修种别(修程)、修车单位的条件查询。

(16)剩余检修车统计分析表,按日期或日期段的条件查询。

(17)货车列检工作报表(日、月、季、年报),按日期或日期段的条件查询。

(18)检修剩余车号统计表。

(19)国铁集团颁《数据编码》。

3. 数据输出(打印)功能可输出(打印)以下数据:

(1)列车技术检查记录簿(车统—14)。

(2)车辆维修记录簿(车统—81A)。

(3)车辆维修记录簿(车统—81B)。
(4)定检过期车登记簿。
(5)关门车登记簿。
(6)车轮踏面擦伤车登记簿。
(7)典型故障明细表。
(8)车辆检修通知书(车统—23)。
(9)不良货车号码制登记簿(车统—31)。
(10)检修回送车登记表。
(11)检修车回送单(车统—26)。
(12)货车列检工作报表(表一至表十)。
(13)检修剩余车号统计表。

4. 数据统计功能可统计以下数据：

(1)货车列检工作报表(表一)日、月、季、年报。
(2)货车列检工作报表(表二)日、月、季、年报。
(3)货车列检工作报表(表三)日、月、季、年报。
(4)货车列检工作报表(表四)(表四-1)(表四-2)(表四-3)(表四-4)日、月、季、年报。
(5)货车列检工作报表(表五)日、月、季、年报。
(6)货车列检工作报表(表六)日、月、季、年报。
(7)货车列检工作报表(表七)日、月、季、年报。
(8)货车列检工作报表(表八)日、月、季、年报。
(9)货车列检工作报表(表九)日、月、季、年报。
(10)货车列检工作报表(表十)日、月、季、年报。
(11)剩余检修车统计分析表。
(12)车辆维修记录簿(车统—81A)。
(13)车辆维修记录簿(车统—81B)。
(14)定检过期车登记簿。
(15)关门车登记簿。
(16)车轮踏面擦伤车登记簿。
(17)典型故障明细表。
(18)不良货车号码制登记簿(车统—31)。

5. 数据上报：

数据传送应具有信息回执，证实所传送的数据已完整的到达目的地。

6. 出口数据：

(1)典型故障上报。
(2)“三车”信息(制动故障关门车、定检车、车轮踏面擦伤车)。
(3)货车列检工作报表(表一至表十)。
(4)列检作业场概况表(每年上报一次，于年末最后一天与当日日报一同上报)。
(5)轴承故障发生率汇总表(每季度上报，于季度末最后一天与当日日报一同上报)。

(6)轴承故障汇总表(每季度上报,于季度末最后一天与当日日报一同上报)。

7. 上报到段服务器:

(1)车统—14。

(2)车统—15(典型故障、大件修、小件修、制动故障关门车、定检车、车轮踏面擦伤车)。

(3)车统—23。

(4)检修回送车登记。

(5)货车破损技术记录。

(6)货车列检工作报表(表一至表十)。

(7)列检作业场概况表。

8. 数据下载:

(1)国铁集团颁《数据编码》下载、更新、升级:单位编码、车种车型车号编码、货车构造及主要零部件编码、货车零部件故障编码、故障施修方法编码及货车属性、修程等编码。

(2)修竣车信息车统—36下载。

四、手持机应用

货车列检作业手持机系统(简称列检作业手持机)是适应货车列检作业场"人机分工"的作业要求,利用室外无线计算机网络和工业级PDA,结合AEI、HMIS运用子系统、5T系统、网络扣车系统、运行质量跟踪系统的数据资源,为现场检车员提供规范、完整、准确的现场作业预报信息下发和反馈服务,提前将检车员负责的作业区段划分信息以及相关的车次、车号、车辆前次定检信息、故障信息、疑似不良车信息发送给检车员接收和阅读,使相关人员及时准备好列车故障处理所需要的材料和配件,作业过程中,检车员也可以方便、快速地对接收到的作业预报信息进行结果确认和反馈。

(一)系统组成

手持机系统由系统应用软件、列检值班室集控设施、无线传输设施和手持机四部分组成。

1. 系统应用软件

系统应用软件部署在列检值班室集控设施上,主要功能以嵌入式方式集成在HMIS运用子系统中(原HMIS子系统需做相应的升级)。系统应用软件包括上位机管理软件、手持机操控软件和共享数据接口三部分功能模块,它们是列检手持机系统功能实现的核心组成部分。

2. 列检值班室集控设施

集控设施部署在列检作业场值班室机房内,由一台PC Server服务器构成,接入列检作业PT口的手持机在线应用提供集中控制服务。

3. 无线传输设施

要在列检作业场作业区域实现列检作业场所有作业区域的无线网络覆盖。无线传输设施安装在值班室、待检室建筑物屋顶或作业场内照明塔桥设备上,为检车员、值班员提供作业场的无线通信数据服务。

无线传输设施由无线传输(接收、转发)设备、电源适配器、供电模块、通信电缆、防雷套件、天线套件、防水套装、安装结构件等组成。

4. 手持机

手持机配备给现场检车员，通过无线传输设施，实时访问手持机操控软件。实现与室内值班员、动态检车员的作业通信，与上位机管理软件实现数据交互。

（二）列检作业手持机日常应用要求

1. 值班员需定期定时查看“上位机管理软件—关键设备监控”功能，及时发现列检作业现场的无线网络工作状态的异常情况，5T 数据、定检到过期车的信息通道情况。监控当班的检车员手持机的登录情况和工作状态。

2. 及时在 HMIS 中录入车统—14 信息，并进行分组派工的操作，以便使现场的检车员手持机能够在最短的时间内接收到由值班室手持机上位机管理软件发出的区段作业预报信息，进入作业准备状态。

3. 列检作业手持机的单列作业预报信息发布 5 min 以后，值班员需利用手持机上位机管理软件查看发出的手持机预报信息是否被检车员全部阅读。如出现个别检车员信息未读的现象，需及时用对讲机通知阅读。

4. 对于在技检作业过程中未能及时将预报信息进行反馈的检车员，值班员在接收到上位机管理软件发出的报警提示后，应利用对讲机直接以语音方式通知对方及时反馈现场确认信息。

5. 本班作业完成以后，值班员需要利用上位机管理软件，对本班的手持机使用技术情况进行统计和保存，以备日后的管理和分析。

（三）手持机操作内容

1. 检车员查看 HMIS 系统下发到手持机中的到发列车基本信息，包括车次、股道、作业顺位、列车辆数、列车性质、作业时间信息和个人派工的所有作业车号信息。

2. 检车员确认、反馈 HMIS 系统自动发布到手持机中信息，包括 5T 预报信息反馈和定检到过期车预报信息反馈。

3. 检车员确认、录入和上传车统—15，具体包括定检信息确认、基础信息录入和上传、故障信息录入和上传(关门、轮对擦伤、典型故障、大件修、小件修)。

（四）数字键盘介绍

检车员作业手持机提供了待机界面、登录、车号明细、单车信息确认、车统—15 录入这五个主要的操作界面。手持机用“C”、“OK”、“R”、“确认”、开关机键等五个键来定义。在录入数字时，按“确认”键系统自动打开数字键盘。

第九节　铁路货车运行安全监控系统

一、铁路货车运行安全监控系统原理

铁路货车运行安全监控系统是指在铁路线路轨旁安装的设备，利用科技手段检测、探测铁路货车运行状态的系统总称。现有的铁路货车运行安全监控系统主要包括车辆轴温智能探测系统(THDS)、货车故障轨旁图像检测系统(TFDS)、铁道车辆运行品质轨旁动态监测系统(TPDS)、铁道车辆滚动轴承故障轨旁声学诊断系统(TADS)、货车轮对尺寸动态检测系统(TWDS)。铁路货车运行安全监控系统的广泛应用,为提高铁路货车运行保障能力、改革货车运用作业方式、提高货车运用效率、优化货车运用作业布局和资源配置发挥了重要作用。

二、铁路货车运行安全监控系统的运用标准

THDS 预报标准按不同程度的热轴故障,由低到高分为微热、强热、激热三个等级。THDS 热判标准应按照安全可靠的原则,由铁路局集团公司根据铁路货车轴承运转热的变化规律,结合铁路货车技术结构和各探测站的列车运行状况、线路情况、环境气候、地理位置等因素组织制定。

TFDS 动态检查作业应按照“直通优先、先开优先”的原则安排检查顺序,每列车的动态检查作业须由 1 个动态检车组完成。动态检查作业发现“通过作业 TFDS 动态检查范围和质量标准”范围内的故障和其他危及行车安全的故障,按照“先报告后提交”的原则,向铁路局集团公司红外线调度员进行预报拦停,办理拦停手续。

TFDS 发生丢图、窜图、曝光等故障及停机、停电、设备检修等无法正常进行动态检查时,实行人机分工检查方式的列车,应安排人工补充检查;实行动态检查方式的列车,只对能正常探测的部位进行动态检查。TPDS 预警信息由车轮踏面损伤预警、运行品质预警和超偏载预警组成。车轮踏面损伤预警根据车轮踏面损伤程度由重到轻顺序分为一级、二级、三级,超偏载预警根据超载吨数、偏载尺寸、偏重吨数由重到轻顺序分为一级、二级。

采取人机分工检查或人工检查方式进行列检作业的到达、中转列车,TPDS 动态检车员须查看该列车车轮踏面损伤及运行品质预警信息,将预警信息报文内容通知列检值班员,由列检值班员通知检车员进行处理。对到达列车中踏面损伤一级预警或运行品质预警铁路货车,须立即扣车;对其他踏面损伤预警铁路货车车轮进行检查,车轮踏面擦伤、剥离、局部凹下、缺损超限或车轮辐板/轮辋裂损、车轮踏面碾堆的,须扣车处理。检车员将检查处理情况报列检值班员,列检值班员核对后通知 TPDS 动态检车员将预警铁路货车的检查和处理结果录入 TPDS。

铁路局集团公司红外线调度员对 TPDS 预报超偏载一级预警的铁路货车,在排除设备误报的情况后,须立即将车次、编组辆数、预警时间、TPDS 探测站、辆序、车种车型车号、预报类别等内容使用语音记录装置良好的电话通知列车调度员,并填写超偏载铁路货车通知卡送列车调度员,双方签字。列车调度员接到红外线调度员的电话通知后,按要求立即安排列车在运行前方站停车,并通知有关车站或货运部门,具体单位由铁路局集团公司自定;被通知单位对预报的铁路货车按规定程序确认和处理;被通知单位要将处理情况(是否换装整理)电话通知列车调度员,列车调度员将处理情况反馈红外线调度员;红外线调度员要将车次、辆序、车种车型车号、预报类别、预报时间、是否甩车换装等内容录入 TPDS。

TADS 预警信息包括单次预警信息和联网预警信息。单次预警等级根据轴承故障的严重程度由重到轻顺序分为一级、二级、三级。对采取人机分工或人工检查方式进行列检作业的到达、中转列车,TADS 动态检车员须查看该列车 TADS 预警信息,将一级预警或联网预警信息报文内容通知列检值班员,由列检值班员通知检车员进行处理。对到达列车中一级

预警或联网预警铁路货车须立即扣车；对其他列车中一级预警或联网预警铁路货车的预警轴承进行转动检查，确认有故障时应扣车处理。检车员将检查处理情况报列检值班员，列检值班员核对后通知 TADS 动态检车员将预警铁路货车的检查和处理结果录入 TADS。

故障铁路货车送站修作业场更换轮轴后，须及时将故障轮轴送至车辆段对故障轴承进行退卸、鉴定分析，形成《TADS 预警轴承故障诊断分析报告》，并妥善保存轴承故障损品。有关退卸和分析结果、故障数码照片自系统预警之日起 10 日内录入 TADS。《TADS 预警轴承故障诊断分析报告》格式、内容由铁路局集团公司制定。

TWDS 预警信息包括轮缘垂直磨耗预警、踏面圆周磨耗预警、轮缘厚度预警、轮辋厚度预警等。TWDS 动态检车员对采取人机分工检查或人工检查方式进行列检作业的到达、中转列车，须查看每列车 TWDS 预警信息，将预警信息报文内容通知列检值班员，由列检值班员通知检车员进行处理。对预警铁路货车车轮进行检查，车轮轮缘垂直磨耗、踏面圆周磨耗深度、轮缘厚度、轮辋厚度超限的，应扣车处理。检车员将检查处理情况报列检值班员，列检值班员核对后通知 TWDS 动态检车员将预警铁路货车的检查和处理结果录入 TWDS。

采取人机分工检查或人工检查方式进行列检作业的到达列车，列检值班员须将每列车的铁路货车运行安全监控系统综合预警信息通知检车员进行扣车处理。检车员将检查处理情况报列检值班员录入系统。

三、热轴预报与处置

按照“微热跟踪，强热前方车站停车，激热立即停车”的原则，微热由系统自动跟踪。铁路局集团公司红外线调度员负责强热、激热铁路货车的预报，THDS 动态检车员负责本站人机分工、人工检查作业列车的微热预报。

对强热、激热报警信息，铁路局集团公司红外线调度员须立即进行分析和确认，经确认的强热、激热信息使用语音记录装置良好的电话按标准用语通知列车调度员，明确处置要求，同时列车调度员应在行调复示终端上点击确认，并按处置要求及时进行相应的行车调度指挥。

红外线调度员电话通知列车调度员后，须填写铁路货车运行安全监控系统拦停通知卡，由列车调度员签字确认。同时，还应及时将热轴报警后的处置情况通知铁路局集团公司车辆调度员。铁路局集团公司车辆调度员及时安排车辆段按规定处理热轴铁路货车。

报警信息中列车车次和铁路货车车号不清的，由铁路局集团公司红外线调度员联系列车调度员确认车次和车号等信息。

对铁路局集团公司红外线调度员预报的激热报警的列车，列车调度员应立即安排就地停车；机车乘务员接到就地停车的口头通知后，立即停车。

1. 列车在区间停车时，由车辆乘务员负责检查、判断和处置，无车辆乘务员的由机车乘务员判断处置。车辆乘务员或机车乘务员按照激热报警信息确定激热铁路货车编组位置和激热的轴位，并对轴承进行外观检查。当检查确认轴承外观无异状，可以继续运行时，应及时报告车站值班员并转报列车调度员，由列车调度员发布调度命令，限速不超过 25 km/h 就近运行到前方车站，或司机按照规定以限速不超过 15 km/h 退行至后方车站。当检查发现轴承变色（变蓝或变红）、冒烟、外圈破损或变形、前盖丢失或变形、外圈存在新圆周磨痕、密封罩脱出等异状时，及时报告车站值班员并转报列车调度员，启动区间激热拦停应急处理预案。区间拦停应急处理预案由铁路局集团公司制定。

2. 列车在站内停车时，停车车站有列检作业场的，由列检人员检查、处理；无列检作业场的，由车站安排将该车从列车中摘下，按规定通知车辆部门派员前往检查处理。

对铁路局集团公司红外线调度员预报的强热报警的列车，列车调度员要立即安排列车在前方站停车并通知机车乘务员；机车乘务员根据通知在前方站停车。列车到达前方站后，停车车站有列检作业场的，由列检人员检查、处理；无列检作业场的，由车站安排将该车从列车中摘下，按规定通知车辆部门派员前往检查处理。

对采取人工检查或人机分工检查方式进行列检作业的到达、中转列车，THDS 动态检车员要将微热报警信息通知列检值班员，由列检值班员通知检车员，检车员对微热报警的轴承进行轴温测量和起轴转动检查，对温升超过规定或转动检查有问题的铁路货车须扣修，并将检查处理结果报告列检值班员。

当 THDS 探测站预报微热、下一个 THDS 探测站遇有以下情况时，须按强热预报处理。对采取人工检查或人机分工检查方式进行列检作业的到达、中转列车，列检作业场 THDS 探测站遇有以下情况时，须安排检车员对未正常探测的铁路货车进行人工轴温检查。

(1)THDS 发生临时故障。

(2)THDS 受到干扰出现异常。

(3)列车在 THDS 探测站调速或停车影响探测。

(4)因停电、维修、线路施工及其他因素等造成 THDS 无法探测。

列检作业场对采取人工检查或人机分工检查作业方式进行列检作业的到达、中转列车中有轴箱滚动轴承和因铁路货车结构轴承底部有遮挡的无轴箱滚动轴承铁路货车须进行人工轴温检查。

人工轴温检查须使用具备数据存储功能的便携式红外线测温仪。检查部位为：无轴箱滚动轴承为轴承外圈底部、前后排滚子所处外圈相应部位的运行方向后侧；有轴箱滚动轴承为轴箱前盖里侧轴箱体上部。发现轴温异常或外观异状，须转动检查。

对无列检作业场的车站摘下的热轴铁路货车，列检人员应及时到达甩车车站进行热轴故障检查和图像采集，并将检查结果报车辆段调度员，车辆段调度员分别向铁路局集团公司红外线调度员、车辆调度员报告；铁路局集团公司红外线调度员须在发生时刻起 24 h 内将检查处理结果录入 THDS。

对有列检作业场的车站摘下的热轴铁路货车，列检作业场应及时进行热轴故障检查和图像采集，并将检查结果报告车辆段调度员，车辆段调度员分别向铁路局集团公司红外线调度员、车辆调度员报告。铁路局集团公司红外线调度员须在发生时刻起 6 h 内将检查结果录入 THDS。

对车站摘下的 THDS 预报热轴铁路货车，须更换轮轴处理；对不具备更换轮轴条件的车站，车辆段须在确保安全的前提下制定铁路货车限速运行方案，运行到就近地点进行更换。

热轴铁路货车更换轮轴后，须在规定的时间内将热轴轮轴送车辆段检修车间进行轴承退卸、分解。形成《THDS 热轴轴承故障诊断分析报告》，并妥善保存轴承故障损品。有关退卸和分析结果、故障数码照片自系统预警之日起 10 日内录入 THDS。《THDS 热轴轴承故障诊断分析报告》格式、内容由铁路局集团公司制定。

第十节 特种货物运输

一、特种货物运输的特点

专用铁路货车是指一般只运送一种或很少几种货物，用途比较单一，同一种车辆要求装载的货物质量或外形尺寸比较统一。常见的有机械冷藏车组、铁路长大货物车、预制梁运输车组、矿石车和其他指定的专用铁路货车。专用铁路货车由配属单位负责日常管理，按规定涂打固定配属管理的单位名称标记，并根据需要配备车辆乘务人员。专用铁路货车的配属调整由国铁集团专业管理部门批准。

二、特种货物运输车辆

机械冷藏车组、铁路长大货物车、预制梁运输车组、矿石车和其他指定的专用铁路货车，实施配属管理，由配属单位负责日常管理，应按规定涂打固定配属管理的单位名称标记，并根据需要配备车辆乘务人员。每年年底前配属单位向国铁集团机辆部上报次年专用铁路货车的检修计划；专用铁路货车报废时须告知使用部门；配属调整须经国铁集团专业管理部门批准。

机械冷藏车组运用管理工作还应执行《铁路机械冷藏车运用维修规程》。

铁路长大货物车配属管理单位应向货车运用部门和运输部门提供使用说明书，说明书加盖车辆制造单位印章，内容应包括铁路长大货物车的技术参数、运行条件及检查、修理、维护、闸瓦压力计算依据等方面的技术要求。

标记载重 260 t 及以上的落下孔车、标记载重 300 t 及以上的凹底平车、钳夹车等铁路长大货物车还应执行以下规定。

1. 根据运输需要，运用时应配备必要的工具及配件，应有满足车辆乘务人员生产、生活的空间，以及具备装载救援及故障处理所需工装配件等物资的储备空间。运用时须安排车辆乘务人员，负责装车前、装车时及装车后铁路长大货物车技术状况的检查，随车监视铁路长大货物车运行状况。

2. 车辆乘务人员须是国铁集团所属企业的车辆检修、运用从业人员，须具备专列运输途中液压、机械、电气设备维护、车辆技术检查及故障处理等能力。

3. 除危及本列行车安全外，在重车状态运行中不得施行紧急制动。

4. 重车状态运行中遇有障碍物需作侧移通过时，应在通过前于平直线路上停车，做好铁路长大货物车侧移操作处理后，按规定通过障碍物；通过后在平直线路上停车，恢复通过障碍物前的侧移，方可继续运行。

5. 运行中因发生行车、机械事故或遇自然灾害不能运行时，车辆乘务人员应立即汇报当地车站、铁路局集团公司，并听从当地铁路局集团公司的指挥。

6. 车辆乘务人员的车辆技术检查及故障处理须与列检人工或人机分工作业同步进行，并在技检时间内完成，其检查范围和质量标准由配属管理单位组织制定；处理故障超过技检时间时，须联系列检作业场。列检作业场对车辆乘务员预报的故障应积极配合处理，对需扣车的故障应及时通知车辆乘务人员，并上报铁路局集团公司，由车辆段和车辆乘务人员共同确定施修方案。

铁路长大货物车的固定配属管理单位应建立铁路长大货物车管理台账，实时掌握铁路长大货物车定检动态，确保各级修程按时施修。

(1)固定配属管理单位应保证铁路长大货物车技术状态良好，满足使用要求。

(2)固定配属管理单位须根据不同车型的铁路长大货物车结构特点，制定铁路长大货物车故障应急处理预案。

预制梁运输车组装车前，车站应通知就近车辆段派员进行技术检查。当发现支撑装置、转向盘和专用车钩缓冲停止器配件破损、丢失故障时，应通知预制梁运输车组使用单位按有关规定进行处理。

预制梁运输车组在使用过程中应严格遵守使用说明书及相关规定。

预制梁运输车组卸车后，相关设备配件的复位状况由卸车单位负责。卸车单位须在卸空后将桥梁支撑杆平放于两侧的锁闭装置上并锁闭；将专用车钩缓冲停止器平放于一侧的锁闭装置上，处于非工作位并锁闭；将游车的所有通用车钩缓冲停止器拆除。

三、特种货物转载加固技术条件

1. 装车单位须严格按照铁路货车车种、车型、用途和标记载重或容许载重量装车。装运超限、超长、集重货物时，应严格按《铁路货物装载加固规则》和国铁集团其他有关规定办理，禁止超载、偏载、偏重和集重。

2. 装卸货物时，严禁拆卸车门、车窗、端板、渡板、侧板和人力制动机等铁路货车配件；装载的货物需要加温卸车时，严禁采用明火烘烤和爆破等方式卸车；罐车装载货物时，不得将货物流溢在罐体外部，以防止火灾和爆炸事故发生。

3. 使用装卸机械设备作业时，不得损坏铁路货车和威胁行车安全。卸煤机、斗式提升机跨越铁路货车时，要保持一定高度，不得碰撞铁路货车端板和人力制动机导轮，卸车完毕立即恢复到定位高度，不得与机车车辆碰撞；门吊进行抓斗作业时，要稳起稳落，不得砸、撞地板和端侧墙；吊装集装箱时，应注意保护集装箱锁头。

4. 货物装卸后，分别由装车或卸车单位负责将车门、车窗、端板、侧板、罐车人孔盖、阀盖等关闭良好，并正确调整制动机空重车位置。

5. 各种装卸机械设备的设计、制造与安装使用应适应铁路货车的技术标准和性能要求。

第十一节　货车运用相关规章要求

一、车辆相关规定

(一)车辆的分类

车辆按用途分为客车、货车及特种用途车(如试验车、发电车、轨道检查车、检衡车等)。

（二）车辆应有识别的标记

路徽、车型、车号、制造厂名及日期、定期修理的日期及处所、自重、载重、容积、换长等；车辆应有车号自动识别标签；客车及固定配属的货车上应有所属局段的简称；客车还应有车种、定员、最高运行速度标记；罐车还应有容量计表标记；电气化区段运行的客车、机械冷藏车等应有“电化区段严禁攀登”的标识。

（三）车辆轮对内侧距离规定

车辆轮对的内侧距离为 1 353 mm，其允许偏差为±3 mm，120 km/h$<v\leqslant$160 km/h 客车其允许偏差为±2 mm。车辆轮辋宽度小于 135 mm 的，按国铁集团车辆检修规程执行。

二、列车中车辆的编挂

（一）机车与车辆连挂

列车机车与第一辆车的连挂，由机车乘务员负责。单班单司机值乘的由列检人员负责；无列检作业的列车，由车辆乘务员负责；无车辆乘务员的列车，由车站人员负责。

（二）客车编入货物列车的有关规定

客车编入货物列车回送时，客车编挂辆数不得超过 20 辆，应挂于列车中部或后部。装有密接式车钩的客车原则上应附挂旅客列车回送。需附挂货物列车回送时，不得超过 10 辆，其后编挂的其他车辆不得超过 1 辆。

客车与平车、平集共用车以外的货车连挂时，不得与货车有人力制动机端连挂；客车与平车、平车—集装箱共用车人力制动机端连挂时，平车、平车—集装箱共用车的人力制动机不得使用，处于非工作状态。

机械冷藏车组应尽量挂于货物列车中部或后部。

军用及其他对编挂位置有特殊要求的客车按有关规定办理。

（三）单机挂车

单机挂车的辆数，线路坡度不超过 12‰的区段，以 10 辆为限；超过 12‰的区段，由铁路局集团公司规定。

单机挂车时，应遵守下列规定：

1. 所挂车辆的自动制动机作用必须良好，发车前列检（无列检时由车站发车人员）按规定进行制动试验。

2. 连挂前按规定彻底检查货物装载状态，并将编组顺序表和货运单据交与司机。

3. 在区间被迫停车后的防护工作由机车乘务组负责，开车前应确认附挂辆数和制动主管贯通状态是否良好。

4. 列车调度员应严格掌握，不得影响机车固定交路和乘务员劳动时间。

5. 不准挂装载爆炸品、超限货物的车辆。

单机挂车时，可不挂列尾装置。

三、关 门 车

列车中的机车和车辆的自动制动机，均应加入全列车的制动系统。

1. 货物列车中因装载的货物规定需停止制动作用的车辆，自动制动机临时发生故障的车辆，准许关闭截断塞门(简称关门车)，但列检作业场所在站编组始发的列车中，不得有制动故障关门车。编入列车的关门车数不超过现车总辆数的6%(尾数不足一辆按四舍五入计算)时，可不计算每百吨列车重量的换算闸瓦压力，不填发制动效能证明书；超过6%时，按规定计算闸瓦压力，并填发制动效能证明书交与司机。

2. 关门车不得挂于机车后部三辆车之内；在列车中连续连挂不得超过两辆；列车最后一辆不得为关门车；列车最后第二、三辆不得连续关门。

对于不适于连挂在列车中部但走行部良好的车辆，经列车调度员准许，可挂于列车尾部，以一辆为限，如该车辆的自动制动机不起作用时，须由车辆人员采取安全措施，保证不致脱钩。

3. 旅客列车、特快货物班列不准编挂关门车。在运行途中(包括在站折返)如遇自动制动机临时故障，在停车时间内不能修复时，准许关闭一辆，但列车最后一辆不得为关门车，120 km/h速度等级及编组小于8辆的140 km/h、160 km/h速度等级列车应按规定计算闸瓦压力。

四、事故分类、事故调查与责任划分

(一)事故分类

依据《铁路交通事故应急救援和调查处理条例》规定，事故分为特别重大事故、重大事故、较大事故和一般事故四个等级。

1. 有下列情形之一的，为特别重大事故：

(1)造成30人以上死亡。

(2)造成100人以上重伤(包括急性工业中毒，下同)。

(3)造成1亿元以上直接经济损失。

(4)繁忙干线客运列车脱轨18辆以上并中断铁路行车48小时以上。

(5)繁忙干线货运列车脱轨60辆以上并中断铁路行车48小时以上。

2. 有下列情形之一的，为重大事故：

(1)造成10人以上30人以下死亡。

(2)造成50人以上100人以下重伤。

(3)造成5 000万元以上1亿元以下直接经济损失。

(4)客运列车脱轨18辆以上。

(5)货运列车脱轨60辆以上。

(6)客运列车脱轨2辆以上18辆以下，并中断繁忙干线铁路行车24小时以上或者中断其他线路铁路行车48小时以上。

(7)货运列车脱轨6辆以上60辆以下，并中断繁忙干线铁路行车24小时以上或者中断其他线路铁路行车48小时以上。

3. 有下列情形之一的，为较大事故：

(1)造成3人以上10人以下死亡。

(2)造成10人以上50人以下重伤。

(3)造成 1 000 万元以上 5 000 万元以下直接经济损失。

(4)客运列车脱轨 2 辆以上 18 辆以下。

(5)货运列车脱轨 6 辆以上 60 辆以下。

(6)中断繁忙干线铁路行车 6 小时以上。

(7)中断其他线路铁路行车 10 小时以上。

4. 一般事故分为:一般 A 类事故、一般 B 类事故、一般 C 类事故、一般 D 类事故。

有下列情形之一,未构成较大以上事故的,为一般 A 类事故:

A1. 造成 2 人死亡。

A2. 造成 5 人以上 10 人以下重伤。

A3. 造成 500 万元以上 1 000 万元以下直接经济损失。

A4. 列车及调车作业中发生冲突、脱轨、火灾、爆炸、相撞,造成下列后果之一的:

A4.1　繁忙干线双线之一线或单线行车中断 3 小时以上 6 小时以下,双线行车中断 2 小时以上 6 小时以下。

A4.2　其他线路双线之一线或单线行车中断 6 小时以上 10 小时以下,双线行车中断 3 小时以上 10 小时以下。

A4.3　客运列车耽误本列 4 小时以上。

A4.4　客运列车脱轨 1 辆。

A4.5　客运列车中途摘车 2 辆以上。

A4.6　客车报废 1 辆或大破 2 辆以上。

A4.7　机车大破 1 台以上。

A4.8　动车组中破 1 辆以上。

A4.9　货运列车脱轨 4 辆以上 6 辆以下。

有下列情形之一,未构成一般 A 类以上事故的,为一般 B 类事故:

B1. 造成 1 人死亡。

B2. 造成 5 人以下重伤。

B3. 造成 100 万元以上 500 万元以下直接经济损失。

B4. 列车及调车作业中发生冲突、脱轨、火灾、爆炸、相撞,造成下列后果之一的:

B4.1　繁忙干线行车中断 1 小时以上。

B4.2　其他线路行车中断 2 小时以上。

B4.3　客运列车耽误本列 1 小时以上。

B4.4　客运列车中途摘车 1 辆。

B4.5　客车大破 1 辆。

B4.6　机车中破 1 台。

B4.7　货运列车脱轨 2 辆以上 4 辆以下。

有下列情形之一,未构成一般 B 类以上事故的,为一般 C 类事故:

C1. 列车冲突。

C2. 货运列车脱轨。

C3. 列车火灾。

C4. 列车爆炸。

C5. 列车相撞。

C6. 向占用区间发出列车。

C7. 向占用线接入列车。

C8. 未准备好进路接、发列车。

C9. 未办或错办闭塞发出列车。

C10. 列车冒进信号或越过警冲标。

C11. 机车车辆溜入区间或站内。

C12. 列车中机车车辆断轴,车轮崩裂,制动梁、下拉杆、交叉杆等部件脱落。

C13. 列车运行中碰撞轻型车辆、小车、施工机械、机具、防护栅栏等设备设施或路料、坍体、落石。

C14. 接触网接触线断线、倒杆或塌网。

C15. 关闭折角塞门发出列车或运行中关闭折角塞门。

C16. 列车运行中刮坏行车设备设施。

C17. 列车运行中设备设施、装载货物(包括行包、邮件)、装载加固材料(或装置)超限(含按超限货物办理超过电报批准尺寸的)或坠落。

C18. 装载超限货物的车辆按装载普通货物的车辆编入列车。

C19. 电力机车、动车组带电进入停电区。

C20. 错误向停电区段的接触网供电。

C21. 电化区段攀爬车顶耽误列车。

C22. 客运列车分离。

C23. 发生冲突、脱轨的机车车辆未按规定检查鉴定编入列车。

C24. 无调度命令施工,超范围施工,超范围维修作业。

C25. 漏发、错发、漏传、错传调度命令导致列车超速运行。

有下列情形之一,未构成一般C类以上事故的,为一般D类事故:

D1. 调车冲突。

D2. 调车脱轨。

D3. 挤道岔。

D4. 调车相撞。

D5. 错办或未及时办理信号致使列车停车。

D6. 错办行车凭证发车或耽误列车。

D7. 调车作业碰轧脱轨器、防护信号,或未撤防护信号动车。

D8. 货运列车分离。

D9. 施工、检修、清扫设备耽误列车。

D10. 作业人员违反劳动纪律、作业纪律耽误列车。

D11. 滥用紧急制动阀耽误列车。

D12. 擅自发车、开车、停车、错办通过或在区间乘降所错误通过。

D13. 列车拉铁鞋开车。

D14. 漏发、错发、漏传、错传调度命令耽误列车。

D15. 错误操纵、使用行车设备耽误列车。

D16. 使用轻型车辆、小车及施工机械耽误列车。

D17. 应安装列尾装置而未安装发出列车。

D18. 行包、邮件装卸作业耽误列车。

D19. 电力机车、动车组错误进入无接触网线路。

D20. 列车上工作人员往外抛掷物体造成人员伤害或设备损坏。

D21. 行车设备故障耽误本列客运列车 1 小时以上，或耽误本列货运列车 2 小时以上；固定设备故障延时影响正常行车 2 小时以上(仅指正线)。

国铁集团可对影响行车安全的其他情形，列入一般事故。

因事故死亡、重伤人数 7 日内发生变化，导致事故等级变化的，相应改变事故等级。

（二）事故调查与责任划分

1. 事故报告的主要内容：

(1)事故发生的时间、地点、区间(线名、公里、米)、线路条件、事故相关单位和人员。

(2)发生事故的列车种类、车次、机车型号、部位、牵引辆数、吨数、计长及运行速度。

(3)旅客人数，伤亡人数、性别、年龄以及救助情况，是否涉及境外人员伤亡。

(4)货物品名、装载情况，易燃、易爆等危险货物情况。

(5)机车车辆脱轨辆数、线路设备损坏程度等情况。

(6)对铁路行车的影响情况。

(7)事故原因的初步判断，事故发生后采取的措施及事故控制情况。

(8)应当立即报告的其他情况。

2.《铁路交通事故调查报告》应包括下列内容：

(1)事故概况。

(2)事故造成的人员伤亡和直接经济损失。

(3)事故发生的原因和事故性质。

(4)事故责任的认定以及对事故责任者的处理建议。

(5)事故防范和整改措施建议。

(6)与事故有关的证明材料。

3. 事故调查组应在下列期限内向组织事故调查组的机关提交《铁路交通事故调查报告》：

(1)特别重大事故的调查期限为 60 日。

(2)重大事故的调查期限为 30 日。

(3)较大事故的调查期限为 20 日。

(4)一般事故的调查期限为 10 日。

事故调查期限自事故发生之日起计算。

4. 事故分为责任事故和非责任事故。

事故责任分为全部责任、主要责任、重要责任、次要责任和同等责任。

5. 铁路机车车辆与行人、机动车、非机动车、牲畜及其他障碍物相撞造成事故，按以下规定判定责任。

(1)事故当事人违章通过平交道口或者人行过道,或者在铁路线路上行走、坐卧造成人身伤亡,定事故当事人责任。

(2)事故当事人逃逸或者有证据证明当事人故意破坏、伪造现场、毁坏证据,定事故当事人责任。

(3)事故当事人违反国家法律法规,有明显过失的,按过错的严重程度,分别承担责任。

五、《行车组织规则》相关要求

(一)货物列车中编挂车辆的补充规定

除下列两种情况外,客车不得与装用17型(16型)车钩的货车直接连挂。

(1)拆除连挂端橡胶风挡或铁风挡及渡板、缓冲杆,将折棚风挡可靠收起后,翻起或拆除渡板的客车。车站连挂作业前须经车辆配属部门进行确认。

(2)车端带有"㊙许"标记的自备铁路客车(配属标记为产权单位名称的客车)。

(二)列尾装置的摘挂及运用补充规定

1. 货物列车列尾装置使用的补充规定

(1)货物列车列尾装置使用的要求

①万吨列车、百辆空车列车须挂列尾装置。

②救援列车救援出动时,可不挂列尾装置。

(2)货物列车以吊起尾部车辆软管代替尾部标志时的规定

不安装列尾装置的货物列车(路用列车),以吊起尾部车辆软管代替尾部标志时,须使用12号铁丝(直径ϕ2.7 mm),捆绑缠绕不得少于5圈。吊起后铁丝不得弯折在钩腔内部及钩肩部位,软管接头上部距离车钩底平面垂直距离不得大于200 mm。

2. 补机摘挂、软管摘结的作业分工

后部补机车钩的摘挂由机车乘务员负责。摘结软管,有列检作业的列车由列检人员负责;无列检作业的列车由机车乘务员负责。

(三)单机挂车的补充规定

单机挂车的辆数,区间线路坡度超过12‰时以5辆为限;超过20‰时以3辆为限(《技规(普速铁路部分)》第258条规定:单机挂车的辆数,线路坡度不超过12‰的区段,以10辆为限)。

(四)列车制动主管压力和制动限速的补充规定

列车自动制动机主管压力的补充规定:

管内除国际旅客列车、二连站宽轨调车机的自动制动机主管压力为500 kPa外,其他列车、调车机车自动制动机主管压力均为600 kPa。有特殊要求时,按其办理。

(五)列车中编挂关门车的补充规定

中途变更运行方向的货物列车,列车尾部3辆之内禁止编挂关门车。

车站应按《技规(普速铁路部分)》第262条规定的关门车编挂限制编组列车;在列检作业场所在站编组始发的货物列车中,不得有制动故障关门车。其他货车运用作业场,对编组的始发货物列车如发现关门车编挂辆数不符合规定时，也应及时处理；对不能处理的关门车超过6%时，由列检计算闸瓦压力，并填发制动效能证明书交司机。

闸瓦压力计算方法：

每100 t列车重量的实际闸瓦压力=[全列车总闸瓦压力/列车总重（自重+载重）]×100

全列车总闸瓦压力单位为kN；列车总重单位为t。

运行在超过20‰坡道的列车，总重包括机车的重量，列车总闸瓦压力包括机车制动机的闸瓦压力。

排（装）往包石线红峰岭至石拐、包白线营盘湾至白云鄂博、平沟专用线的车辆，禁止编挂关门车。

（六）列车中车辆连挂的补充规定

连结软管时，应先确认车辆的连挂状态。

装有下作用式车钩的货车，有列检作业的列车，由列检人员负责车钩防跳插销的插设；无列检作业的列车，由车站负责连挂车辆车钩防跳插销的插设。与机车连挂的车辆车钩防跳插销的插设，有列检作业的列车由列检人员负责；无列检作业的列车由机车乘务员负责。

车辆防跳插销丢失或失效时，有列检作业的列车由列检人员采取安全措施，保证不致脱钩；无列检作业的列车，作业人员要确认连挂车辆车钩落锁（闭锁指示孔全部露出）。

（七）长期不经列检技术作业的固定编组、循环使用车组技术作业规定

对不经过列检作业场固定循环运用的车辆编成列车时，由铁路局集团公司发布调度命令，将编组车次、辆数、固定区间、使用期、用途等通知车辆段对上述车辆进行技术检查。

（八）列车自动制动机试验的补充规定

1. 临时使用本务机车进行试验的组织办法及分工

未设地面试风装置时，利用本务机车进行试验，由试验人员通知司机。在有地面试风装置进行自动制动机全部试验的车站，有计划停用地面试风装置时，按停用计划明确的时间安排，机务段提前安排机车出库，利用本务机车进行试验；地面试风装置故障或临时停用时，列检人员应通知车站值班员，由车站值班员通知机务段提前安排机车出库，并报告列车调度员。

2. 列车制动机简略试验的补充规定

车站试验人员通知司机，司机常用制动减压100 kPa并保压1 min，尾部人员确认最后一辆车制动后，通知司机缓解，确认最后一辆车缓解后，通知司机试验完毕。

3. 持续一定时间的全部试验的补充规定

货物列车自动制动机试验的补充规定：

始发或中转作业已填发制动效能证明书的列车，在运行途中，遇机车乘务组换乘、机车换挂，仍使用原制动效能证明书继续运行。制动效能证明书的交接工作，机车乘务组换乘时由司机互相交接，更换机车时，司机与车站进行交接。站车交接办法由机务、车务段（直属站）共同商定，纳入《站细》。

在有列检作业场车站至长大下坡道区间间的各站始发或进行摘挂作业的列车，不进行持续一定时间的全部试验，不填发制动效能证明书。

（九）车辆上翻车机前和翻卸后及进入解冻库前和解冻后技术检查地点的规定

1. 车辆段须对上翻车机车辆在翻前、卸后和进入解冻库前、解冻后进行技术检查和整

修，具体技术检查作业地点在与企业签订的铁路货车检修与技术交接协议中明确。未经车辆段技术检查的车辆，不得进入铁路营业线运行。

2. 经解冻库解冻后卸空的车辆，按规定进行制动机性能试验，具体试验方法和地点在《铁路货车检修与技术交接协议》中明确。

（十）调整货车自动制动机截断塞门及空重位置的补充规定

因装载的货物需停止车辆制动作用时，由装车站货运人员书面通知列检人员关闭该车辆的截断塞门。关闭人员须按规定在截断塞门处使用铅封，在货车表示牌上记明“停止制动”字样；卸车后，由卸车站货运人员负责通知车辆段派员开启截断塞门。关闭或开启截断塞门后，由列检人员通知车站。

（十一）编组列车距警冲标距离的规定

列车应编组于警冲标内方；在有列检作业的车站，车列前端距警冲标不得少于 55 m（电气化区段的车站不得少于 70 m），双机牵引时不得少于 75 m（电气化区段的车站不得少于 100 m），尾部距警冲标不得少于 20 m；遇前端不足规定距离，本务机不能进入该线警冲标内方，或尾部不足 20 m 时，车站值班员或扳道员根据列检人员的通知，将道岔锁闭在不能通往该线的位置。

在一条线路上编组两个列车时，前后除保证上述距离外，两列车之间的距离不得少于 40 m。不足 40 m 时车站通知列检人员，列检技检作业时应在两列车间进行防护。列车尾部停有车辆发车时，发车人员应通知司机不准后退。

超长列车，在一条线路上容纳不下时，对始发的列车，可编在两条线路上，列检分别进行技术检查和自动制动机试验，发车前转线连挂后，再进行简略试验；如超长列车的一端超出警冲标，妨碍其他进路时，由车站制定安全措施纳入《站细》。

（十二）防止车辆溜逸的补充规定

无列检作业的车站，所有停留车辆一律由车站负责防溜；有列检作业的车站，按照“谁作业谁负责”的原则，到达列车自列车停妥时起至列检作业完毕时止，出发列车自列检作业开始时起至列检作业完毕（本务机已到达车站为机车连挂妥当）时止，车列的防溜及撤除由车辆段负责。其余时间由车站负责。具体联系、交接办法在安全协议中明确，并纳入《站细》。

（十三）防止车辆溜逸的补充规定

1. 编组站、区段站到发线、调车线停留车辆防溜的规定

（1）编组站、区段站到发线上停留车辆，线路坡度不超过 2.5‰时，应拧紧两端车辆的人力制动机或以铁鞋（止轮器、防溜枕木等）牢靠固定（采用到发线防溜装置防溜时除外）；线路坡度超过 2.5‰时，应拧紧两端车辆的人力制动机，并在下坡方向最外方的车辆使用铁鞋（止轮器、防溜枕木等）牢靠固定。

（2）编组站、区段站调车线停留车辆的防溜措施由车站根据调车设备、线路纵断面等情况在《站细》中规定。

2. 其他规定

（1）在坡度超过 2.5‰的线路上停留车辆时，除按《技规》及《行车组织规则》规定采取防溜措施外，有关单位应根据线路坡度、停留车辆数等实际情况制定补强措施，纳入《站（段）细》。

（2）人力制动机故障的车辆或车组不能按规定采取防溜措施时，应与人力制动机作用良

好的车辆连挂在一起，禁止单独停留。执行“双防溜”措施时，遇停留车组最外方人力制动机故障时，除顺延使用下一车辆人力制动机防溜外，仍须在人力制动机故障车辆最外方以铁鞋（止轮器）牢靠固定。

(3)遇有暴风雨雪等不良天气时，车站应根据气候情况，对停留车采取增加拧紧人力制动机数量或其他防溜措施进行补强。

(4)尽头式车站正线停留车辆的防溜按到发线停留车辆防溜办法执行。

(5)工程线、专用线、专用铁路等线路停留车辆时，应参照《技规》及本规则规定采取好防溜措施。

(6)无列检作业的车站，所有停留车辆一律由车站负责防溜；有列检作业的车站，按照“谁作业谁负责”的原则，到达列车自列车停妥时起至列检作业完毕时止，出发列车自列检作业开始时起至列检作业完毕（本务机已到达车站为机车连挂妥当）时止，车列的防溜及撤除由车辆段负责。其余时间由车站负责。具体联系、交接办法在安全协议中明确，并纳入《站细》。

（十四）车站接发车人员接送列车的补充规定

1. 检车人员应于列车到达前 5 min，携带工具及安全防护用品整队出场抵达指定接车位置。当列车头部进入警冲标时，作业人员应面向列车立岗目迎，待机车越过立岗位置后，转身蹲下开始检查作业。发车时，检车人员按分工位置蹲式送车，目送列车越过本人位置后立起，待列车尾部越过出站（进路）信号机（警冲标）后，分组整队离开。

2. 万吨列车行车组织办法。

百辆空车列车原则上统一车型，遇不统一时，运行速度不得超过 70 km/h。

（十五）货车故障轨旁图像检测系统（TFDS）运用规定

1. 预报程序

TFDS 动态检车员发现符合拦停标准的故障时，立即口头报告动态检车组长，由动态检车组长快速判断确认后，立即使用直通电话将需要拦停的车次、故障铁路货车编挂位置和车种车型车号、故障等情况通知铁路局集团公司监测站的红外线调度员，监测站的红外线调度员立即使用直通电话通知列车调度员安排立即停车。监测站红外线调度员须同时填写货车安全防范系统拦停甩车通知卡，送列车调度员签字确认，并及时通知车辆调度员，由车辆调度员通知车辆段调度员立即派员前往拦停地点按规定进行确认、处理。

2. 处置要求

车站值班员（列车调度员）接到拦停列车的信息后，立即将停车原因通知司机，安排列车停车；机车乘务员接到停车的通知后，采用常用制动停车。

(1)列车在区间停车时，由车辆乘务员负责确认，无车辆乘务员的由机车乘务员负责确认，按照拦停信息准确确定故障车辆编组位置，并确认列车运行条件。具备运行条件的，及时报告车站并转报列车调度员，由列车调度员安排列车运行至前方站或退行至后方站；不具备运行条件的，报告列车调度员，列车调度员通知相关部门进行处置。

(2)列车在有列检作业场的车站停车时，由车辆段调度员通知列检人员确认、处理；无列检作业场的，车站立即安排将该故障车辆从列车中摘下，车辆段调度员通知列检人员确认、处理。

3. 事故、故障车辆回送办法

(1)回送事故和故障车辆前，由车辆段指派人员按规定进行技术鉴定，重点确认以下内容：走行部不危及行车安全；车钩缓冲器连挂后不会造成列车分离；基础制动装置各零部件捆绑牢固，运行中不会脱落；车体各部不超出机车车辆限界，车门及其他配件不脱落。

(2)事故、故障车辆经车辆部门鉴定后，填插回送色票，向车站提交检修车回送单(车统—26)，由车站报请调度所安排挂运。跨铁路局集团公司回送时，须有国铁集团调度命令。对回送的事故、故障车在10辆以上或必要时，车辆段须派检车员护送。

4. 货物列车处置要求

车辆外观检查流程和标准：检查人力制动机是否拧紧；车轮踏面是否有熔渣；在列车制动机处于缓解状态下检查制动缸活塞杆是否伸出；如无上述三种情况，则不是抱闸。

(十六)在站内线路上检查、修理、整备车辆作业安全防护的补充规定

1. 检修车辆两端应与检修车辆防护信号有不少于20 m的防护距离，且检修车辆一端应停放于有风管路试风的标记处，不得影响检车作业。

车站值班员在列车编组完毕和到达列车预告(闭塞)时，将车次、股道、辆数、首尾车号通知列检值班员；列检值班员根据车站的通知，做好检修和接发列车的准备工作，并由列检人员确认列车编组完毕或整列到达后，按下列规定做好防护，然后进行技检作业。

(1)编组始发货物列车，在列车的前后不少于20 m的钢轨上，设置带脱轨器的防护信号，并在车列两端列车运行方向左侧车辆车体上设置停车手信号。

当列车尾部的防护距离不足20 m或未设脱轨器的线路时，列检值班员电话通知车站值班员，车站值班员(扳道员)应将该进路或影响该进路的前方第一组道岔开通至不能进入该线路的位置并加锁，列检人员确认道岔开通其他线路后，在车列两端列车运行方向左侧车辆车体上设置停车手信号。技检作业完毕撤除防护信号后，通知车站值班员。加锁办法、联系制度由车站与车辆段协商，纳入《站细》。

(2)到达列车，机车摘开后，除按本条第(1)项规定防护外，如机车摘开后的防护距离不足20 m时，可将带有移动停车信号的脱轨器设置在少于20 m的地点，待机车离开后，再将上述信号移至规定位置。

(3)在无风管道设备的车站，利用本务机车充风、试风时，应使用长大软管，其长度为25～30 m。

2. 在站线上检修停留车辆时，列检检修作业前，应将股道、检修时间和检修方式通知车站，并得到准许后，按本款第1项规定进行防护。车站准许后，在占线板上注明“检修”字样，并将两端道岔锁闭至不能进入该线的位置。

3. 列车、车辆检修完毕，应复查确认车下无人作业后，由负责安全号志的检车员按规定互对“好了”信号(使用安全牌的收回安全牌)后，再按规定撤除防护信号。

第十二节　检修车统计相关要求

一、检修车统计范围

1. 厂修、段修、辅修及轴检到期或过期而扣下处理、摘车临修、事故破损、等待报废和回

送检修等的国铁集团属铁路货车、企业自备铁路货车，根据铁路货车部门填发的车辆检修通知单（车统—23）或检修车回送单（车统—26）统计为检修车，铁路货车部门填发的车辆检修通知单或车辆检修回送单作为扣修检修车的原始记录。

2. 在铁路营业线上的外国铁路货车在运行过程中临时发生故障而摘车临修时，按检修车统计。

3. 机械冷藏车组中的铁路货车发生故障需扣修时，要全组填发车辆检修通知单办理扣车。修竣后，对未处理的铁路货车，在检修车辆竣工验收移交记录上注明"撤销"字样。

4. 整备罐车超过整备规定时间(6 h)继续整备时，从超过时起按检修车统计。即不论何种原因，凡被扣下修理的铁路货车，根据铁路货车部门签发的车辆检修通知单统计为检修车；回送检修车以车辆部门签发的（检修车回送单）统计为检修车。

二、统计依据

1. 由检车人员在施行铁路货车技术检查作业时判定。车辆检修通知单是列检人员发现须扣修停止运用的铁路货车而签发的扣车依据，检修车判定后要立即填发车辆检修通知单作为统计检修车的依据。签发（车辆检修通知单）的铁路货车不准越出站区进入区间运行，因此有红色斜杠标记。

2. 车辆检修回送单是扣留的检修车经列检人员鉴定或整修后，准许在规定区段运行的依据；也是铁路货车回送以及回送途中统计检修车的依据。检修车回送单是检车人员判定不良铁路货车在一定条件下允许在规定区段内运行的依据。

需要倒装的铁路货车在接到车站倒装完毕的通知后，应在车辆检修通知单上注明倒装完毕时间（通知时间），作为开始统计检修车的依据。

3. 修竣车由车辆段或车辆工厂填发检修车辆竣工验收移交记录（车统—33 并车统—36）作为修竣的依据。检修车辆竣工验收移交记录是将原检修车辆落成记录（车统—33）与车辆修竣通知单（车统—36）合并的原始记录，其功能不变。

4. 上述所有原始单据均要根据铁路货车所属分别国铁集团属车、企业自备车填发。

三、18 点检修车数统计

（一）18 点检修铁路货车现有数

凡 18 点当时在管界内的检修铁路货车（包括装在铁路货车上回送的国铁集团属铁路货车或落地的检修车），车站、铁路局集团公司统计上报。停放在车站、工厂、车辆段、区间、专用线内或连挂在列车中运行，均由铁路货车所在地的车辆段（工厂）、车站、铁路局集团公司统计上报。

（二）18 点检修车在厂、段现有数划分

1. 在厂检修铁路货车：送往工厂修理的检修车，自车辆段与工厂在车辆交接单（车统—71）上签字时起，至修竣铁路货车交到车站，车站在检修车辆竣工验收移交记录上签字时止，统计为在厂检修车。车辆交接单格式见表 8-1（入厂时由车辆段编制两份，一份自存，一份交工厂代表；出厂时由工厂编制两份，一份自存，一份交车辆段代表）。

表 8-1　车辆交接单

第　　号
兹将下列车辆移交工厂进行修理
车辆段以便运用

顺号	车号		修程	附注
	记号	号码		
1				
2				
3				
4				
5				
6				
7				
8				
9				
10				
11				
12				
13				
14				
15				

交车者：车辆段（工厂）代表
接车者：工厂（车辆段）代表
签字时间：20 年　月　日　时　分

说明：1. 本单为客货车出入厂时厂与段交接及工厂车辆段掌握出入厂情况之根据。
　　2. 本单为客货车共用，但应分别填写。

2. 在段检修铁路货车：在站、段待修和站段修理中的检修车，自邻段接入由本段承修（或通过）以及入厂交接前的检修车，统计为在段检修车。

可以这样说，检修铁路货车除了在厂的，剩下全部是在段检修车。

四、回送检修车统计

回送检修车由铁路货车所在地的车辆段根据检修车回送单，自铁路货车接入时起统计检修车数，检修车回送到站后，铁路货车部门应立即填发车辆检修通知单作为扣车和统计检修车的依据。

检修车回送时，车辆部门要掌握回送检修车的动态（车号、车次、命令号码），送出的车辆段应及时将回送检修车出入情况通知有关铁路局集团公司、车辆段，铁路局集团公司、车辆段按检修车实际出入情况作为掌握检修车的依据。

五、检修车的起讫时分

检修车自填发车辆检修通知单或车辆检修回送单，所在车站签字时起计算。

1. 在有列检人员的车站。由车辆检修通知单送交到车站签字的时刻算起；亦可由站段双方根据具体情况签订协议规定间隔时间，自列车技术作业结束时起至将车辆检修通知单交到车站时止。在规定间隔时间内送到车站按实际交到时分算起，在规定间隔时间后送到时，按规定间隔时间算起。

对扣修的重车需要卸车（倒装）后修理时，应在车辆检修通知单中注明，在接到车站倒装完毕的通知后，应在（车辆检修通知单）上注明倒装完毕时间（通知时间），作为开始统计检修车的依据。

2. 检修车的扣留由列检检车人员负责，在无列检作业场的车站，当临时发生故障的铁路货车不能挂入列车运行时，不论空重车均由车站通知管辖车辆段或列检作业场，检修车自通知时间起，站、段双方统计计算，并由车站在当日行车日志内登记双方姓名、通话时间、车种车型车号、货车故障原因等。

铁路货车车辆部门接到通知后应立即派人前往检查处理，到达故障铁路货车停留车站后，补发车辆检修通知单；经检查确认不需要修理或在站已修竣的铁路货车，填发检修车辆竣工验收移交记录予以撤销；重车需卸空修理的铁路货车，要在车辆检修通知单中注明，按卸车完毕通知铁路货车车辆部门的时分起计算检修车。在站已修竣的直接填发检修车辆竣工验收移交记录，将铁路货车转回运用车；需要卸空后修理的（不论在自站或送往他站修理），要在车辆检修通知单中注明，按卸车完毕通知铁路货车车辆部门的时分起计算检修车。

故障铁路货车经检查确认可以运行到附近车辆段、站修作业场处理或可继续运行到铁路货车终到站卸空后处理时，应填发检修车辆竣工验收移交记录予以撤销；同时填发车辆检修回送单，待故障铁路货车到站后按规定办理扣车手续。

3. 回送检修车，根据检修车回送单，在车辆段管界内，自铁路货车接入时起统计检修车，交出时撤销检修车。检修车的回送要根据国铁集团、铁路局集团公司命令办理。跨局回送要有国铁集团命令，本局管内回送要有铁路局集团公司命令。

(1)检修回送车要附有车辆检修回送单，并在回送单上注明准许回送的命令号，检修车回送到站后，列检人员要填发车辆检修通知单作为扣车依据。事故车送厂、段修理时，还要附有车辆破损技术记录。

(2)带有车辆检修回送单的检修车运行到指定车站，列检要及时换发车辆检修通知单扣车和统计检修车，以控制该车越出站区继续运行。如果列检认为该检修车须越出站区继续运行到另一回送地点时，要另填发车辆检修回送单，作为检修车继续回送的依据。

(3)检修车回送时，铁路货车车辆部门要掌握回送检修车的动态信息（车号、车次、命令号码），回送的车辆段要及时将回送的检修车挂运情况通知沿途管辖车辆段、铁路局集团公司车辆调度，铁路局集团公司、车辆段按检修车实际挂运和扣修情况作为掌握检修车的依据，铁路局集团公司要制定检修车回送的挂运、跟踪、扣修的具体办法。

准确掌握回送检修车数，送出车辆段要及时将回送的检修车的相关情况通知沿途管辖车辆段、铁路局集团公司车辆调度；铁路局集团公司 18 点统计人员应重点掌握在途回送检修车情况（包括其是否是提速铁路货车），并加强与铁路货车车辆部门核对，从而保证回送检修车统计的准确完整。

(4)修竣的铁路货车由车站在检修车辆竣工验收移交记录上签字时起转入运用车；车辆工厂修竣的铁路货车，如规定以工厂自备机车取送时，由自备机车送到规定交接地点，车站在检修铁路货车竣工验收移交记录上签字时起转入运用车。

六、铁路货车检修车修竣的确定

1. 凡由车辆段(工厂)进行检修的铁路货车(不包括返工修及成组的整备车)均由施修单位统计修竣车数。摘车检修的车辆,根据车站在检修铁路货车竣工验收移交记录上签字的时分统计;不摘车检修的铁路货车,根据实际修理完毕时分统计修竣车数。统计辅修修竣车数。摘车修,数种修程同时进行的铁路货车,以就高原则只统计一个修程。

2. 检修车自车站在车辆检修通知单或检修车回送单上签字时起至检修车辆竣工验收移交记录送交车站签字时止的全部时间称为休车时间(站段双方协议规定有间隔时间时,可按协议规定时间统计)。休车时间是反映扣修铁路货车不能参加运用的总时间,主要包括回送时间和修理时间两部分。返工检修车修竣时,要将其休车时间按原修程分别加入全月休车时间内,不包括检修车误扣时间和回送检修车到达施修段(厂)所在站以前的运行时间,这里的回送检修车到达施修段(厂)所在站以前的运行时间仅指误扣检修车。

3. 休车时间分为回送时间、待送时间、待修时间和修理时间四部分,如图 8-2 所示。

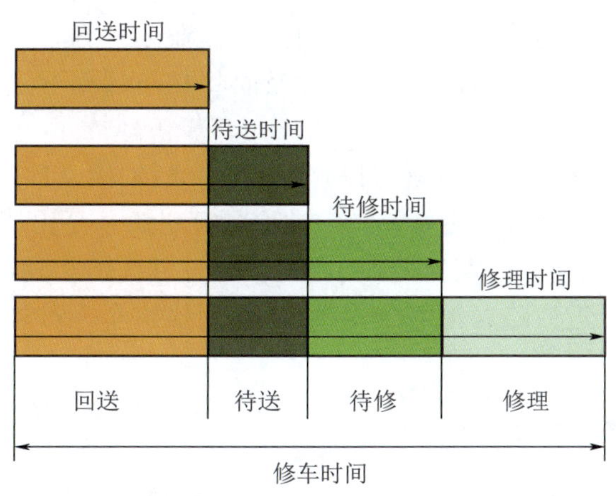

图 8-2　休车时间

(1)回送时间:自车辆段填发(检修车回送单)时起至检修铁路货车回送到站换发(车辆检修通知单)时止的时间。

即:回送时间=铁路货车回送到站填发车统—23 的时刻-签发车统—26 的时刻

(2)待送时间:自车站在车辆检修通知单上签字时起至铁路货车送入检修线时止的时间。

即:待送时间=铁路货车送入检修线时刻-铁路货车扣修时刻(回送检修车为换发车统—23 时刻)

(3)待修时间:自铁路货车送入检修线时起至开始修理时止的时间。

即:待修时间=开始修理时刻-铁路货车送入检修线时刻

(4)修理时间:自开始修理时起至检修车辆竣工验收移交记录送交车站并签字时止的时间。

即：修理时间＝铁路货车修竣时刻－开始修理时刻

(5)休车时间＝回送时间＋待送时间＋待修时间＋修理时间

4. 休车时间说明

回送时间是指自车辆段填发车统—26 时起，至检修铁路货车送入回送站换发车统—23 时止的时间，是构成休车时间的重要部分。由于检修车在回送过程中处于非运用状态，其回送效率同样影响铁路货车有效供应及其使用效率，所以将“回送时间”纳入铁路货车休时统计。

需要说明的是，检修车“回送”“待送”时间虽然包含在铁路货车的休时指标中，但这两个时段铁路货车车辆部门无法控制，而是反映了车务部门组织检车的工作效率；“待修”“修理”时间则完全反映铁路货车车辆部门的工作效率。所以，在统计分析和考核时应区别对待，科学分析。

七、定检扣车及扣车期限要求

1. 铁路局集团公司车辆处组织车辆段根据上级下达的年、月检修车任务、过期车检修数量和检修能力、资质及布局等因素，编制管内列检作业场月、周、日检修过期车扣车计划，明确扣车车型、辆数及送车地点等，车辆段调度及时将扣车计划下达相关列检作业场，按规定办理扣车。

2. 扣留定检到期、过期车，厂修、段修以月为准，辅修、轴检以日为准，辅修可错后 10 日，轴检可提前、错后 5 日，遇有厂修、段修、辅修、轴检同时到期时要扣高级修程，不得扣低级修程。扣留空车临修日期距辅修到期日期在 10 天以内时可提前扣辅修。如确因事故等特殊情况需提前扣修时，要经过铁路局集团公司批准；除列检检车人员外，任何单位和个人均不得到列检作业场扣留定检到期、过期车。

八、回送检修车整修要求

回送的检修车应事先通知列检作业场进行检查和整修，必要时派检车员护送，以确保运行安全。回送的检修车不能编挂于列车中部时，要由车辆调度员与列车调度员联系申请挂运命令，命令批准后准许挂于列车尾部(每列以 1 辆为限)，如为关门车时，列检要采取防止车钩分离的措施，具体措施由铁路局集团公司制定。整列回送时，要对转向架、车钩缓冲装置、制动装置等进行整修，根据现车技术状态限速运行，并在车辆检修回送单中注明限速要求。

检修车的回送要根据国铁集团、铁路局集团公司命令办理，跨局回送要有国铁集团命令，本局管内回送要有铁路局集团公司命令。

(1)检修回送车要附有车辆检修回送单，并在回送单上注明准许回送的命令号，检修车回送到站后，列检人员应填发(车辆检修通知单)作为扣车依据，事故车送厂、段修理时，还要附有车辆破损技术记录。

(2)带有车辆检修回送单的检修车运行到指定车站，列检要及时换发车辆检修通知单扣车和统计检修车，以控制该车越出站区继续运行，如列检认为该检修车须越出站区继续运行到另一回送地点时，要另填发(车辆检修回送单)，作为检修车继续回送的依据。

九、检修车回送办理要求

检修车回送时，车辆部门要掌握回送检修车的动态信息（车号、车次、命令号码），回送的车辆段应及时将回送的检修车挂运情况通知沿途管辖车辆段、铁路局集团公司车辆调度，铁路局集团公司、车辆段按检修车实际挂运和扣修情况作为掌握检修车的依据，铁路局集团公司要制定检修车回送的挂运、跟踪、扣修的具体办法。

十、企业自备铁路货车检修管理

铁路货车运用作业场应该要严格按检修合同和检修周期扣修企业自备铁路货车。

1. 定检到期和过期的企业自备铁路货车，在确保安全的前提下准许顺向继续运行到企业（或承担检修单位）所在地车站，但辅修不得超过 10 天、段修不得超过 1 个月。

2. 因运输需要或安全等其他方面的原因，需要非检修合同单位施行企业自备铁路货车定检时，签约检修单位与施修单位在同一铁路局集团公司的，由铁路局集团公司车辆处安排施修；签约检修单位与施修单位不在同一铁路局集团公司的，由国铁集团安排施修。

3. 企业自备铁路货车定检未到期发生临修时，不得做定检，只许做临修。

4. 提前扣修企业自备铁路货车，产权单位有权拒付检修费用。企业自备铁路货车产权单位请求提前施修的，要向检修合同车辆段所属铁路局集团公司车辆处提出书面申请，由车辆处审批，其检修周期和质量保证期按国铁集团有关规定执行。不符合扣修要求的，国铁集团将核减提前扣修车辆段所在铁路局集团公司相应国铁货车的检修任务。

十一、未设列检作业场的车站扣车规定

检修车的扣留由列检检车人员负责。在无列检作业场的车站，当临时发生故障的铁路货车不能挂入列车运行时，不论空重车均由车站通知管辖车辆段或列检作业场，检修车自通知时间起，站、段双方统计计算，并由车站在当日行车日志内登记双方姓名、通话时间、车种车型车号、故障原因等。

1. 铁路货车车辆部门接到通知后要立即派人前往检查处理，到达故障铁路货车停留车站后，补发车辆检修通知单；经检查确认不需要修理或在站已修竣的铁路货车，填发检修车辆竣工验收移交记录予以撤销。重车需卸空修理的铁路货车，要在车辆检修通知单中注明，按卸车完毕通知车辆部门的时分起计算检修车。

2. 故障铁路货车经检查确认可以运行到附近车辆段、站修作业场处理或可继续运行到铁路货车终到站车到站后按规定办理扣车手续。卸空后处理时，要填发检修车辆竣工验收移交记录予以撤销；同时填发车辆检修回送单，待故障铁路货车到站后按规定办理扣车手续。

十二、车号定检不一致处理

当列检作业场发现铁路货车两侧车种车型车号不一致或定检标记不一致时，要及时与车号自动识别标签有关信息进行核对，对存在错误的铁路货车信息应及时向车辆段进行反馈，并按规定进行扣车处理。

第十三节　爱车工作

爱护铁路货车、超限货物运输、过轨技术作业等货车运用其他工作是货车运用工作的组成部分，也是保障货车运用安全的重要环节。做好货车运用其他工作是货车运用从业人员的重要职责。

一、爱车主要工作

爱车工作是铁路货车“用、管、修”工作的重要组成部分，是为运输提供良好铁路货车、圆满完成运输生产任务、保护国家财产不受损失的重要基础。主要工作有：

1. 铁路局集团公司制定爱车活动方案，明确爱车活动主题、内容、重点、分工和责任，宣传爱车活动意义，对易损坏铁路货车的装卸设备、装卸方法和调车方式组织改进、完善。

2. 车辆段组织路内外铁路货车使用单位开展爱车宣传，指导、监督和检查铁路货车的使用，制止损坏铁路货车的行为，负责损坏铁路货车的索赔和管理。

二、爱车检查

1. 铁路局集团公司对爱车人员颁发“爱车检查证”，爱车人员凭“爱车检查证”进入爱车区域内的车站、货场、厂矿、港口、地方铁路、合资铁路、专用铁路、企业专用线和工程临管线等单位进行爱车宣传，检查、监督爱车协议的执行情况和铁路货车的使用情况。爱车人员对违反铁路货车使用规定、违章操作损坏铁路货车或装卸货物影响行车安全的行为，有权制止并通知有关部门处理，同时向上级主管部门报告；对未经国铁集团批准擅自改变铁路货车技术结构或安装永久性配件和装置的行为，须立即制止，并向上级主管部门报告。

2. 车辆段建立铁路货车翻车机、解冻库等装卸机械设备技术资料、使用和监测情况数据库，并定期统计分析铁路货车损坏情况。

3. 翻车机、解冻库以外的装卸设备应满足爱护铁路车辆的有关要求。装卸作业严格执行《铁路货物装卸安全技术规则》和国铁集团公布的其他有关货车使用、货物运输、装载加固的规定和要求，适应铁路现代物流和装卸机械化的发展需要，不得损坏铁路货车。

4. 车站站区治安管理单位要加强治安管理，防止停留的铁路货车配件被盗或人为损坏。铁路局集团公司定期组织车辆段对管辖区域车站进行车辆专业知识培训，使车站人员能够发现车辆异常状态。

5. 路内外单位损坏铁路货车时，铁路局集团公司车辆部门填写车辆破损技术记录，由双方共同检查签认，作为损坏车辆赔偿的依据，并按规定准确、足额计算铁路货车损坏赔偿费用，及时收取损坏铁路货车赔偿。

三、技术交接作业

1. 对进出厂矿、港口、地方铁路、合资铁路、专用铁路、企业专用线和工程临管线等单位以及上翻车机翻卸前和翻卸后、经解冻库解冻后的铁路货车，由路内外双方进行技术交接检查和故障处理。路内技术交接工作由技术交接作业场负责，未设置技术交接作业场的，由最近的列检作业场负责。技术交接工作可采取 TFDS 动态检查的方式进行，充分发挥铁路货车运行安全监控系统的作用。

2. 车辆段与相关单位签订铁路货车技术交接协议，对铁路货车的技术交接地点、交接方式、交接单据、交接范围和质量标准、损坏赔偿等进行具体明确。

四、货车翻卸与解冻

1. 翻车机是直接翻卸铁路货车散装货物的卸货系统，主要由卸货设备、用于配合调车作业的调车机（图 8-3）、迁车台、止挡器、夹轮器（图 8-4）等附属设备以及地面设施组成。

翻车机有摘钩翻卸和不摘钩翻卸两种方式，按照一次可翻卸的货车数量可分为单车翻车机（图 8-5）和多车翻车机（图 8-6）。

图 8-3 调车机

图 8-4 夹轮器

图 8-5 单车翻车机

图 8-6 多车翻车机

解冻库（图 8-7）是对铁路货车装载的被冻结的散装货物进行加温解冻的库房和设施，主要在我国北方寒冷地区设立使用。解冻库应具备温度智能监控、自动报警功能，热源须设在铁路货车侧梁以上。

图 8-7 解冻库

2. 热源出口温度及解冻时间等符合铁路货车翻车机和散装货物解冻库检测技术条件规定。解冻可采用热风、远红外、蒸汽、电热等方式进行加温，不应使用明火直接对车辆进行加温解冻，禁止使用化学品喷淋等易造成车辆损坏的解冻方式或方法。

3. 翻车机、解冻库应进行定期检修和测试，符合铁路货车翻车机和散装货物解冻库检测技术条件规定，并经有资质的机构检测合格后方可投入使用。

4. 技术交接作业场在铁路货车进入解冻库前，应在每批车中至少一辆车的制动阀防盗罩、管系连接法兰、轴箱橡胶垫、轴承外圈、车体等部位表面粘贴变色示温贴片或设置温度计，待该批铁路货车按规定时间解冻后，检查车辆配件外表面温度变化是否符合规定；对经解冻库解冻后的铁路货车检查配件有无损坏、烧损，橡胶制品有无变质，车号自动识别标签有无损坏等情况，且使用机车进行持续一定时间全部试验。

五、爱车索赔

1. 爱车索赔指依据国家有关法律法规及国铁集团有关规定，对国铁货车在使用过程中发生的责任损坏，由国铁集团及各铁路局集团公司根据其损坏程度向责任方提出的经济赔偿。

2. 车站、货场、厂矿、港口、地方铁路、合资铁路、专用铁路、企业专用线和工程临管线发生调车冲撞、脱轨及因违规装卸作业等导致铁路货车损坏时，应立即如实向车辆部门报告。

第十四节　车辆破损范围

一、货车报废条件

1. 需要更换中梁一根及切换另一根中梁的。

2. 需要更换中梁一根及底架上的枕、横梁 40%的。

3. 需要更换中梁一根及侧梁一根的。

4. 因事故底、体架破损严重，确无修复价值(如钢质焊接结构车，底、体架需解体 1/2 以上的)。

各梁更换条件：需截换全梁长度 25%以上，或补强板超过梁高 1/2，且各块补强板长度总和超过梁长 25%的。

二、车辆大破条件

破损程度达到下列条件之一时，可确定为车辆大破。

1. 中梁、侧梁、端梁、枕梁中任何一种弯曲或破损合计够两根(中梁每侧按一根计算)。

2. 牵引梁折断二根或折断一根加上述各梁弯曲或破损一根(贯通式中梁牵引部分按中梁算，非贯通式及无中梁的按牵引梁计算)。

3. 货车车体(底架以上部分，以下同)破损或凹凸变形(不包括地板)，敞车面积达 50%，棚车、冷藏车、罐车、守车面积达 30%。火灾或爆炸烧损计算车体面积时，包括地板在内。0.8 m 以下低边车和平车发生火灾或爆炸烧损面积达 90%(包括端板、侧板及地板)。

4. 客车、机械冷藏车、发电车车体破损，需施修车棚椽子、侧梁、侧柱、通过台顶棚中梁、车棚内角柱、端柱中任何一项。

5. 机械冷藏车、发电车、柴油机、发电机破损任何一项需要大修时。

6. 客车、发电车火灾或爆炸内部烧损需要修换的面积达 20 m^2(包括顶板、端板、侧板、地板、门板以及间隔板)。

三、车辆中破条件

破损程度达到下列条件之一时,可确定为车辆中破。

1. 中梁、侧梁、端梁、枕梁中任何一根弯曲或破损。

2. 牵引梁折断一根(牵引梁定义与大破同)。

3. 货车车体破损凹凸变形(不包括地板),敞车面积达 25%,棚车、冷藏车、罐车、守车面积达 15%。火灾或爆炸烧损计算车体面积时,包括地板在内。0.8 m 以下低边车和平车发生火灾或爆炸烧损面积达 50%(包括端板、侧板及地板)。

4. 转向架的侧架、摇枕、均衡梁或轮对破损需要更换任何一项。

5. 机械冷藏车、发电车的冷冻机、柴油机、发电机破损任何一项需要段修时。

6. 客车、发电车火灾或爆炸内部烧损需要换修的面积达 10 m^2(包括顶板、端板、侧板、地板、门板以间隔板)。

第十五节　报废货车鉴定要求

一、货车侧架裂纹报废鉴定

(一)作业方法

1. 准备工具及必要量具。
2. 从侧架一端开始检查,裂纹检查时,电筒从 45° 查看。
3. 裂纹测量。
4. 提出处理意见(书面)。
5. 填写处理加修单(报废时提出报废数据)。
6. 填写报废通知单。

(二)质量标准

1. 侧架弯角处横裂纹长度超过裂纹处断面周长的 30%时报废。
2. 侧架其他部位横裂纹长度超过裂纹处断面周长的 50%时报废。
3. 加修处理意见正确。
4. 尺寸测量准确。
5. 各部位检查全面不漏检。

(三)安全注意事项

按规定穿戴好防护用品,不得发生破皮、出血或受伤。

二、货车摇枕裂纹报废鉴定

(一)作业方法

1. 准备工具及必要量具。
2. 从摇枕一端开始检查,裂纹检查时,电筒从 45° 查看。
3. 裂纹测量。

4. 提出处理意见(书面)。

5. 填写处理加修单(报废时提出报废数据)。

6. 填写报废通知单。

(二)质量标准

1. 摇枕上平面、侧面横裂纹长度超过裂纹处断面周长的20%时报废。

2. 摇枕底面横裂纹长度超过底面宽的20%(测量周长或宽时,铸孔计算在内,测量裂纹长度时,铸孔不计算在内)时报废。

3. 加修处理意见正确。

4. 尺寸测量准确。

5. 各部位检查全面不漏检。

(三)安全注意事项

按规定穿戴好防护用品,不得发生破皮、出血或受伤。

三、货车车钩裂纹报废鉴定

(一)作业方法

1. 准备工具及必要量具。

2. 从钩头端开始检查,裂纹检查时,电筒从45°查看。

3. 裂纹测量。

4. 提出处理意见(书面)。

5. 填写处理加修单(报废时提出报废数据)。

6. 填写报废通知单。

(二)质量标准

1. 钩身横裂纹在同一断面总长度超过50 mm时报废。

2. 钩耳裂纹长度,超过15 mm时报废。

3. 加修处理意见正确。

4. 尺寸测量准确。

5. 各部位检查全面不漏检。

(三)安全注意事项

按规定穿戴好防护用品,不得发生破皮、出血或受伤。

四、货车钩舌裂纹报废鉴定

(一)作业方法

1. 准备工具及必要量具。

2. 从钩舌腕部开始检查,裂纹检查时,电筒从45°查看。

3. 裂纹测量。

4. 提出处理意见(书面)。

5. 填写处理加修单(报废时提出报废数据)。

6. 填写报废通知单。

(二)质量标准

1. 普通碳钢钩舌裂纹时报废。
2. C级钢、E级钢钩舌弯角外裂纹报废。
3. 牵引舌根部圆弧裂纹长度大于30 mm报废。
4. 钩舌护销凸缘部分缺损时报废。裂纹向销孔内延伸(突缘高度除外)大于10 mm报废。
5. 加修处理意见正确。
6. 尺寸测量准确。
7. 各部位检查全面不漏检。

(三)安全注意事项

按规定穿戴好防护用品,不得发生破皮、出血或受伤。

第十六节　车辆事故、故障调查与处置

一、因车辆故障造成调车冲突或调车脱轨事故时应调查记载的内容

发生车辆脱轨调查记载的主要内容有:

1. 车轮脱轨点处轮缘与钢轨的情况,应区分车轮:爬上钢轨、跳上钢轨或垫上钢轨。
2. 脱轨点至停车的距离及轮对行走的轨迹。
3. 道床、轨枕、钢轨、辙叉、岔尖及护轮轨的技术状态。
4. 脱轨轮对内侧距离。
5. 轮缘厚度、圆周磨耗深度及垂直磨耗状态。
6. 制动闸件有无脱落。
7. 脱轨时机车操纵牵引情况。
8. 脱轨处的线路曲线半径及顺坡率。
9. 车辆装载货物情况。
10. 心盘及旁承的技术状态。

二、发生调车作业碰轧脱轨器或防护信号事故时应调查记载的内容

车辆部门到达事故现场后,立即组织人员对事故现场进行调查,拍照取证、绘制事故现场草图;同时收集汇总现场调查信息,对事故发生原因进行初步分析判断,需要调查记录的资料如下:

1. 事故概况:事故发生的时间、地点、车次、发站,牵引吨位、编组辆数、列车换长、货物装载情况,中断行车时间等。

2. 列车中铁路货车基本信息:列车中铁路货车技术状态,制动机试验情况,铁路货车故障情况,故障铁路货车的车种车型车号、编组顺位,破损部件名称、部位,车辆定检,转向架型号、车钩缓冲装置型号、闸调器型号、制动机型号,检查是否有折角塞门关闭情况等。

3. 前方列检作业情况：前方列检列车技术作业情况、列车制动机试验记录等。

4. 车务部门相关情况：车站组织发车有关情况，调阅记录，听取录音，车站有关人员姓名及相关情况。

5. 制动机试验情况：列车制动机全部试验有关数据。

6. 机务部门相关情况：列车运行情况，司机操纵记录，机车型号、机车号，司机姓名等。

7. 关门车统计情况：关门辆数及编挂位数是否符合规定、关门原因，列车每百吨闸瓦压力是否符合规定等。

三、发生关闭折角塞门发出列车事故时应调查记载的内容

1. 勘察现场，详细检查机车、线路及其他设备。对机车、车辆、线路及设备情况检查记录。

2. 记录事故发生的地点、时间（到发、甩车及晚点时分）、车次、列车编组辆数、牵引吨数、机车型号、司机与车长姓名，发生事故的车辆型号、方位、定检日期及单位、发到站及货物名称、破损故障部位及程度，制动机、转向架、车钩、轮对形式及技术状态，发车列检所及时间，关系人员的职名、姓名等。

3. 对事故车辆进行详细的技术检查并做好详尽记录，必要时应拍摄照片，并通知有关局、段、站来人共同确认。

4. 作业质量。

（1）对事故关系人员分别调查，并写出书面材料。

（2）检查有关技术文件的编制情况。

（3）调查是否有人为破坏的迹象。

（4）根据调查结果初步判定事故原因及责任，并及时向上级详细汇报。

（5）根据调查结果写出书面报告并及时向上级汇报。

四、发生因车辆故障造成列车冲突、脱轨事故时应调查记载的内容

车辆部门到达事故现场后，立即组织人员对事故现场进行调查，拍照取证、绘制事故现场草图，组织专人配合起复铁路货车（确定顶镐位置是否正确，挂链、拆卸配件等），回收散落的铁路货车配件，并沿列车运行反方向检查有无脱落的铁路货车配件。同时，对事故铁路货车技术状态及相关数据进行检查测量。需要调查记录的资料如下：

1. 事故概况：事故发生的时间、地点、车次、发站，编组辆数、牵引吨位、列车换长、货物装载情况，中断行车时间等。

2. 铁路货车基本信息：故障铁路货车车种、车型、车号、编组顺位，破损部件名称、部位，铁路货车定检，转向架型号、车钩缓冲装置型号、闸调器型号、制动机型号等。

3. 前方列检作业情况：前方列检列车技术作业情况、列车制动机试验记录及前方货车安全防范系统相关信息等。

4. 车务部门相关情况：车站有关人员姓名及相关情况。

5. 机务部门相关情况：列车运行情况、机车型号、机车号、司机姓名等。

6. 车辆轮对数据：轴号、车轮直径、轮背内侧距离、踏面圆周磨耗、擦伤及剥离尺寸、轮

缘厚度、轮缘垂直磨耗、轮辋厚度等。

7. 检查列车运行方向反方向线路技术状态及其他行车设备状态，检查线路上有无铁路货车配件脱落，检查脱轨前方 500 m 范围内有无配件脱落打击线路痕迹等。发生货物列车车辆断轴事故时应调查记载的内容。

五、发生列车分离事故时应调查记载的内容

车辆部门到达事故现场后，立即组织人员对事故现场进行调查，拍照取证、绘制事故现场草图，负责事故车及关系车技术状态进行检查测量，并对列车中其他相关铁路货车技术状态进行检查。需要调查记录的资料如下：

1. 事故概况：事故发生的时间、地点、车次、发站，编组辆数、牵引吨位、列车换长、货物装载情况，中断行车时间等。

2. 铁路货车基本信息：故障铁路货车及关系铁路货车的车种车型车号，编组顺位，破损部件名称、部位，铁路货车定检，转向架型号、车钩缓冲装置型号、闸调器型号、制动机型号等。

3. 前方列检作业情况：前方列检列车技术作业情况、列车制动机试验记录及前方货车安全防范系统相关信息等。

4. 车务部门相关情况：车站有关人员姓名及相关情况。

5. 机务部门相关情况：列车运行情况、机车型号、机车号、司机姓名等。

6. 车钩技术数据：测量的车钩配件技术数据信息，包括车钩防跳间隙、车钩中心高度、车钩全开位及闭锁位钩舌与钩腕内侧距离、钩提杆链松余量、上作用式车钩钩提杆左右横动量、下作用式车钩钩提杆与钩提杆座凹槽间的间隙等，并使用车钩内部尺寸检查样板检查各部尺寸是否符合规定。

复习思考题

1. 货车运用维修工作的主要内容是什么？
2. 事故分为哪几类？
3. 列车技检时间有何规定？

第九章　车辆故障处理

第一节　车辆主要零部件常见故障及处理方法

1. 轮对故障常见故障：轮缘垂直磨耗，内侧缺损超限，踏面擦伤、剥离、凹下、缺损，圆周磨耗超限等。

处理方法：对于轮对尺寸超限须进行扣修处理，对 TPDS 预报的轮对故障可根据相应预报等级进行相应处理。

2. 空气制动机常见故障：空气制动机缓解不良、空气制动机不起制动作用、空气制动机起紧急制动。

处理方法：

(1)空气制动机缓解不良：关闭截断塞门，排尽副风缸余风，确认车辆处于缓解状态(处理中可拆卸制动杆件等基础制动装置配件)。

(2)空气制动机不起制动作用：对阀体作用不良的可更换阀体；对管系漏泄能够处理时，对管系漏泄部位进行处理将漏泄量控制在正常范围内，不能够处理时可关闭截断塞门，排尽副风缸余风，使本车失去制动作用，以防空气制动机运行途中突然发生制动作用。

(3)空气制动机起紧急制动：利用分段检查法迅速判断故障车位置，根据故障类型确定处理方案。

3. 车钩常见故障：车钩及车钩配件裂纹、互钩差超限等。

处理方法：

(1)车钩及车钩配件裂纹：对钩舌、钩舌销、钩舌推铁、钩锁铁可直接进行更换；对钩体裂纹、钩尾框折断等故障可扣修。

(2)互钩差超限：可采用调节钩身下部垫板来调整车钩高度。

4. 车体常见故障：车体外胀、车体倾斜、地板破损等。

处理方法：对于车体外胀、车体倾斜、地板破损的车辆可扣车处理。

第二节　摘车临修故障范围

摘车临修的故障范围如下：

1. 车轮轮缘垂直磨耗、内侧缺损超限；踏面碾堆、擦伤、剥离、局部凹下、缺损、圆周磨耗超限；轮缘厚度、轮辋厚度不符合规定；辐板孔裂纹超限等需更换轮轴的故障。

2. 滚动轴承故障；滚动轴承甩油，外圈、轴箱破损，轴端螺栓松动、脱出、丢失，前盖丢失；承载鞍破损，转 K2 型转向架承载鞍顶面金属碾出；侧架导框、副构架导框纵向与滚动轴承外圈接触；轴箱橡胶垫中间橡胶与上、下层板错位等需更换轮轴或分解修理的故障。

3．摇枕、侧架、一体式构架、副构架折断；副构架与连接杆连接用螺母丢失；上心盘铆钉折断，下心盘螺栓折断，心盘脱出；侧架立柱磨耗板、斜楔及主摩擦板破损、窜出、丢失，侧架立柱磨耗板折头螺栓、铆钉折断、丢失，摇枕斜楔摩擦面磨耗板窜出；摇枕斜面磨耗板折头螺栓丢失；旁承体破损、丢失，双作用弹性旁承上旁承与下旁承尼龙磨耗板有间隙、旁承滚子或旁承尼龙支承板与上旁承磨耗板接触，间隙旁承间隙超限；交叉支撑装置盖板及交叉杆体变形、折断，扣板螺栓、铆钉丢失，交叉杆端部螺栓松动、脱出、丢失；轴箱弹簧折断、窜出或丢失，重车摇枕弹簧及减振弹簧折断、窜出或丢失；转向架弹簧托板、折头螺栓折断等需架车修理的故障。

4．钩体破损，牵引杆、钩尾框折断；钩锁锁腿折断，下锁销组成配件丢失、脱落；钩提杆座裂损；钩提杆折断、丢失，钩提杆链松余量不符合规定；从板折断，从板座、缓冲器、冲击座破损；钩体支撑座、钩尾框托板、钩尾销托梁、从板、缓冲器箱体含油尼龙磨耗板窜出、丢失；钩体支撑座止挡铁铆钉丢失；列车队无法调整的车钩高度超限等需分解修理及更换的故障。

5．制动缸活塞作用不良；集成制动装置制动缸活塞行程指示器显示制动、缓解位置不正确，标志牌丢失；副风缸、加速缓解风缸、容积风缸、降压风缸缸体裂损，吊架折断；制动缸脱落，吊架折断；制动阀作用不良、防盗罩脱落；制动主管、支管、连接管折断；空重车自动调整装置限压阀、调整阀、传感阀破损，横跨梁折断；缓解阀拉杆、空重车调整杆折断，吊架裂损；闸调器破损；脱轨自动制动装置调节杆折断，拉环脱落、丢失，拉环与车轴接触，塞门关闭等需分解修理、焊修及更换的故障。

6．制动梁梁体、支柱裂损，支柱夹扣螺母、闸瓦托铆钉折断、丢失，制动梁吊裂损；制动梁安全链折断，制动梁脱落；基础制动装置各拉杆、杠杆、链蹄环折断或丢失，拉铆销套环丢失，拉杆、杠杆吊架裂损、脱落，固定杠杆支点座拉铆钉丢失等需要更换、补装、焊修及铆接的故障。

7．人力制动机配件破损、脱落、丢失，附加杠杆、拉杆丢失，人力制动机轴链折断、拉铆销套丢失，集成制动装置人力制动杠杆及销轴丢失等影响人力制动机使用的故障。

8．中梁、侧梁、端梁、枕梁、横梁及牵引梁折断等需要焊修的故障，侧梁下垂、车体倾斜或外胀超限；铁路货车车号自动识别标签失效、丢失，防火板脱落、丢失。

9．侧柱、端柱、角柱裂损，敞车上端梁、上侧梁折断；车门、车窗脱落或丢失，底开门关闭不良，棚车漏雨，车门、端板或渡板折页及座折断；车门滑动轨道折断，车门滑轮脱出轨道；墙板、门板、地板、浴盆板破损或腐蚀穿孔超限，车门锁闭装置配件破损或丢失；绳栓折断，柱插破损或丢失；脚蹬、车梯扶手、集装箱锁头、门挡及车端护栏破损、折断、丢失；罐车卡带折断，罐体及阀漏泄，人孔盖及安全阀丢失，下卸式排油管脱落，罐车上部车顶走板、防护栏配件脱落、窜出或丢失等需要焊修、补装及处理的故障。

10．从板座及冲击座铆钉折断、丢失等其他需焊修、铆接的故障。

11．发生铁路交通事故及有撞车、脱轨等痕迹需扣车鉴定的铁路货车；轴承遭遇水浸或火灾的铁路货车。

12．铁路货车运行安全监控系统预警需扣修的铁路货车。

第三节 大件修范围及处理方式

列检作业场发现铁路货车大件修故障，须使用专用工具、机具，按照相应的质量标准进行修理。大件修范围规定如下：

1. 更换、补装：钩舌、钩舌推铁、钩锁、下锁销组成、车钩托梁、空车摇枕弹簧及减振弹簧、制动阀、制动软管、折角塞门、直端塞门、截断塞门、组合式集尘器、远心集尘器、罐车卡带圆销等。

2. 调整：互钩差、脚蹬及车梯扶手弯曲、钩提杆链松余量等。

3. 恢复：承载鞍错位，摇枕弹簧及减振弹簧窜出，钩体支撑座、钩尾框托板、钩尾销托梁含油尼龙磨耗板窜出等。

4. 修复：主管、支管、连通管漏泄，下拉杆下垂超限，关门车等。

第四节 小件修范围及处理方式

列检作业场发现铁路货车小件修故障，须按相应的质量标准进行修理。小件修范围规定如下：

1. 更换、补装：钩舌销、车钩防跳插销、钩体支撑座止挡铁、钩提杆复位弹簧、钩提杆链、闸瓦、闸瓦插销、闸瓦插销环、下拉杆安全索、交叉杆安全索、各风缸堵、各管系卡子及螺母、折角塞门卡子及螺母、闸调器螺杆连接螺母定位片、人力制动拉杆链环、螺栓、螺母、圆销、开口销、塞门手把、制动软管胶圈、轴承挡键等。

2. 紧固：螺栓、螺母等。

3. 恢复：闸瓦插销、下锁销组成不正位等。

4. 修复：制动梁安全链、人力制动机拉杆吊架脱落等。

第五节 车辆故障修理标准

货车运用作业场对不摘车施修的铁路货车故障，须按以下标准进行修理：

1. 圆销、螺栓或拉杆、杠杆上组装的圆开口销须为新品，双向劈开角度不小于 60°；钩尾销螺栓、钩尾销安全吊架螺栓、钩托梁螺栓、人力制动轴上下端及制动轴链羊眼螺栓的圆开口销和下拉杆、中拉杆等扁开口销安装后须劈开卷起。

2. 扁孔圆销长度允许在上下两个规格范围内调整，组装后扁孔圆销的窜动量 2～10 mm。

3. 斜向或竖向安装的圆销应由上向下装入，横向安装的圆销应以车体纵向中心线为准，由里(左)向外(右)装入(无安装空间者及有特殊要求的除外)；车轮附近的直立式杠杆圆销，由车轮侧由外向里装入；横向安装的圆销应在开口销与被连接件之间装平垫圈。

4. 各阀和风缸吊架安装螺栓应由上向下装入(无安装空间者除外)，在长圆孔侧加平垫圈；制动阀防盗罩螺栓须紧固。各螺栓组装紧固后，螺杆上的螺纹须露出螺母 1 扣以上，但不能超过 1 个螺母厚度(U 形管吊卡和风缸吊卡除外)。使用 4 个螺栓连接紧固的配件，须对角进行紧固；处理螺母丢失的故障时，填补基本螺母紧固后须加装备螺母(防松螺母及有弹簧垫圈者除外)。

5. 处理制动管故障时,管系螺纹处须使用聚四氟乙烯薄膜缠绕或涂抹黑铅粉油,缠绕不得超过螺纹端部,连接处紧固后须外露 1 扣以上的完整螺纹,旋入部分不得少于 4 扣;主管端接管(辅助管)长度为 250～400 mm;分解管系时,橡胶密封件须更换新品,橡胶密封圈须使用 E 型密封圈。

6. 橡胶密封圈、接头体、法兰体组装时,螺栓应均匀紧固,不得发生漏泄。

7. 更换折角塞门时,折角塞门体中心线与主管垂直中心夹角为 30°;更换制动软管时,软管连接器连接平面与车体中心夹角为 45°;有特殊要求的除外。

8. 更换远心集尘器或组合式集尘器时,集尘器体的安装箭头方向须符合安装要求;更换的集尘器下体在组装时胶垫正位,密封线须向上,止尘伞位置正确,螺栓均匀紧固。更换的制动阀在组装时安装座胶垫须正位,螺栓须均匀紧固。

9. 更换闸瓦时,须使用有生产资质厂家的良好闸瓦,且闸瓦型号及生产厂家代码标记清晰,禁止高、低摩合成闸瓦互换安装使用。闸瓦插销穿入闸瓦托与瓦背的插销孔内正位入底,闸瓦插销下部环孔需露出,并须安装闸瓦插销环。

10. 更换钩舌及钩腔内部配件时,须使用符合要求的配件,钩舌尾部及钩锁的工作面须涂抹二硫化钼耐磨剂。

11. 更换和补装空重车自动调整装置横跨梁螺栓时,须使用标准专用螺母,并安装圆开口销;安装后,螺栓垂向移动量不小于 3～5 mm,开口销须插入螺母的槽口,双向劈开,调整垫圈数量不超过 3 个。

12. 更换折角塞门、直端塞门、截断塞门、制动阀、制动软管等空气制动配件时,装车前须取下各通路防护件包装、密封防护物,并确认无异物进入通道。

13. 新安装配件不得与邻近的零部件、管系发生干涉。

14. 装用交叉支撑装置的转向架需要进行滚动轴承转动检查时,侧架顶升高度单侧不得超过 70 mm,同轴两侧均不得超过 100 mm。

15. 处理空气制动故障后,须进行持续一定时间全部试验。

16. 其他故障处理执行《铁路货车站修规程》临修标准。

第六节 车辆运用限度及测量方法

铁路货车车体部分的运用限度须符合表 9-1 规定。

表 9-1 车体运用限度 单位:mm

序号	名称		限度	备注
1	侧梁下垂	空车	≤40	在两枕梁之间测量
		重车	≤80	
2	敞车车体外胀	空车	≤80	
		重车	≤150	
3	车体倾斜		≤75	
4	端墙板、侧墙板、地板、门板、浴盆板破损或腐蚀穿孔		≤50×50	
5	棚车、平车非金属地板破损		≤100×100	

铁路货车转向架部分的运用限度须符合表 9-2 规定。

表 9-2　转向架运用限度　　单位：mm

<table>
<tr><th>序号</th><th colspan="2">名　称</th><th>限度</th><th>备注</th></tr>
<tr><td rowspan="2">1</td><td colspan="2">间隙旁承同一转向架左右旁承间隙之和</td><td>2～20</td><td>铁路货车任何一侧旁承间隙须大于 0，载重 280 t及以上铁路长大货物车须大于 2 mm</td></tr>
<tr><td colspan="2">双作用弹性上下旁承间隙</td><td>0</td><td></td></tr>
<tr><td>2</td><td colspan="2">双作用弹性旁承滚子或旁承尼龙支承板与上旁承间隙</td><td>>0</td><td></td></tr>
<tr><td rowspan="2">3</td><td rowspan="2">各垂下品与轨面水平线垂直距离</td><td>钢轨内侧</td><td>≥60</td><td rowspan="2">钢轨上部垂下品不得小于 25 mm</td></tr>
<tr><td>钢轨外侧</td><td>≥80</td></tr>
</table>

铁路货车轮轴部分的运用限度须符合表 9-3 规定。

表 9-3　轮轴运用限度

<table>
<tr><th>序号</th><th colspan="2">名　称</th><th>限度</th><th>备注</th></tr>
<tr><td rowspan="2">1</td><td rowspan="2">车轮轮辋厚度</td><td>无辐板孔</td><td>≥23 mm</td><td rowspan="2"></td></tr>
<tr><td>有辐板孔</td><td>≥24 mm</td></tr>
<tr><td rowspan="2">2</td><td rowspan="2">车轮轮缘厚度</td><td>棚车、集装箱平车、平车—集装箱共用车、小汽车运输专用车及 120 km/h 货物列车中的铁路货车</td><td>≥25 mm</td><td></td></tr>
<tr><td>其他</td><td>≥23 mm</td><td>3 轴及多轴转向架的中间轮对轮缘厚度列检可不掌握</td></tr>
<tr><td>3</td><td colspan="2">车轮轮缘垂直磨耗(接触位置)高度</td><td>≤15 mm</td><td></td></tr>
<tr><td rowspan="2">4</td><td rowspan="2">车轮轮缘内侧缺损</td><td>长度</td><td>≤30 mm</td><td rowspan="2"></td></tr>
<tr><td>宽度</td><td>≤10 mm</td></tr>
<tr><td>5</td><td colspan="2">车轮踏面圆周磨耗深度</td><td>≤8 mm</td><td></td></tr>
<tr><td>6</td><td colspan="2">车轮踏面擦伤及局部凹下深度</td><td>≤1 mm</td><td></td></tr>
<tr><td rowspan="2">7</td><td rowspan="2">车轮踏面剥离长度</td><td>一处</td><td>≤50 mm</td><td rowspan="2">1. 沿圆周方向测量。
2. 测量时规定如下：
(1)两端宽度不足 10 mm 的，不计算在内。
(2)长条状剥离其最宽处不足 20 mm 的，不计算在内。
(3)两块剥离边缘相距小于 75 mm 时，每处长不得超过 35 mm；多处小于 35 mm 的剥离，其连续剥离总长度不得超过 350 mm。
(4)剥离前期未脱落部分，可不计算在内</td></tr>
<tr><td>二处(每一处均)</td><td>≤40 mm</td></tr>
</table>

续上表

<table>
<tr><th>序号</th><th colspan="2">名称</th><th>限度</th><th>备注</th></tr>
<tr><td rowspan="2">8</td><td rowspan="2">车轮踏面缺损</td><td>相对轮缘外侧至缺损部位边缘之距离</td><td>≥1 508 mm</td><td>从缺损部内侧边缘起测量</td></tr>
<tr><td>缺损部位之长度</td><td>≤150 mm</td><td>沿车轮踏面圆周方向测量</td></tr>
<tr><td>9</td><td colspan="2">车轮辐板孔边缘周向裂纹</td><td>≤30 mm</td><td></td></tr>
<tr><td>10</td><td colspan="2">滚动轴承温升</td><td>≤55 ℃</td><td></td></tr>
</table>

铁路货车制动部分的运用限度须符合表 9-4 规定。

表 9-4 制动运用限度 单位：mm

<table>
<tr><th>序号</th><th colspan="4">名　称</th><th>限度</th><th colspan="2">备注</th></tr>
<tr><td rowspan="13">1</td><td rowspan="13">制动缸活塞行程</td><td rowspan="8">装有闸调器的单式闸瓦</td><td rowspan="2">356×254 制动缸</td><td>空车位</td><td>115～135</td><td rowspan="2">未装闸调器</td><td>85～135</td></tr>
<tr><td>重车位</td><td>125～160</td><td>110～160</td></tr>
<tr><td rowspan="2">305×254 制动缸</td><td>空车位</td><td>145～165</td><td colspan="2"></td></tr>
<tr><td>重车位</td><td>145～195</td><td colspan="2"></td></tr>
<tr><td rowspan="2">254×254 制动缸</td><td>空车位</td><td>145～165</td><td colspan="2"></td></tr>
<tr><td>重车位</td><td>145～195</td><td colspan="2"></td></tr>
<tr><td rowspan="2">203×254 制动缸</td><td>空车位</td><td>115～145</td><td colspan="2"></td></tr>
<tr><td>重车位</td><td>125～160</td><td colspan="2"></td></tr>
<tr><td rowspan="3">装有闸调器的复式闸瓦</td><td rowspan="2">B_{21}、B_{22-1} 型车</td><td>空车位</td><td>120～130</td><td colspan="2"></td></tr>
<tr><td>重车位</td><td>150～160</td><td colspan="2"></td></tr>
<tr><td colspan="2">B_{19}、B_{22-2}、B_{23} 型车</td><td>130～150</td><td colspan="2"></td></tr>
<tr><td rowspan="2">集成制动装置</td><td colspan="2">BAB 系列</td><td>行程指示器在制动标志孔内</td><td colspan="2" rowspan="2"></td></tr>
<tr><td colspan="2">DAB 系列</td><td>行程指示器在行程标志环带内</td></tr>
<tr><td>2</td><td colspan="4">高、低摩合成闸瓦磨耗剩余厚度</td><td>≥20</td><td colspan="2" rowspan="2"></td></tr>
<tr><td>3</td><td colspan="4">C_{100} 型敞车 2、3 位转向架闸瓦磨耗剩余厚度</td><td>≥25</td></tr>
<tr><td>4</td><td colspan="4">同一制动梁两端闸瓦厚度差</td><td>≤20</td><td colspan="2" rowspan="2">更换闸瓦后确认</td></tr>
<tr><td>5</td><td colspan="4">C_{100} 型敞车 2、3 位转向架同一制动梁两端闸瓦厚度差</td><td>≤10</td></tr>
</table>

铁路货车车钩部分的运用限度须符合表 9-5 规定。

表 9-5　车钩运用限度

单位：mm

<table>
<tr><th>序号</th><th colspan="3">名　称</th><th>限度</th><th>备注</th></tr>
<tr><td rowspan="2">1</td><td rowspan="2">13 号钩舌与钩腕内侧距离</td><td colspan="2">闭锁位置</td><td>≤135</td><td rowspan="2"></td></tr>
<tr><td colspan="2">全开位置</td><td>≤250</td></tr>
<tr><td rowspan="2">2</td><td rowspan="2">13A、13B 型钩舌与钩腕内侧距离</td><td colspan="2">闭锁位置</td><td>≤132</td><td rowspan="2"></td></tr>
<tr><td colspan="2">全开位置</td><td>≤247</td></tr>
<tr><td rowspan="2">3</td><td rowspan="2">16、17 型钩舌与钩腕内侧距离</td><td colspan="2">闭锁位置</td><td>≤100</td><td></td></tr>
<tr><td colspan="2">全开位置</td><td>≥219</td><td></td></tr>
<tr><td>4</td><td colspan="3">钩提杆链松余量</td><td>40～55</td><td></td></tr>
<tr><td>5</td><td colspan="3">两连接车钩中心水平线高度之差</td><td>≤75</td><td></td></tr>
<tr><td rowspan="3">6</td><td rowspan="3">车钩中心高度</td><td colspan="2">最高</td><td>≤890</td><td rowspan="3"></td></tr>
<tr><td rowspan="2">最低</td><td>空车</td><td>≥835</td></tr>
<tr><td>重车</td><td>≥815</td></tr>
</table>

复习思考题

1. 轮对、空气制动机主要有哪些常见故障?
2. 大、小件修包括哪些内容?
3. 车轮踏面剥离如何测量?

第三篇　相关知识

第十章　车 辆 振 动

第一节　引起车辆振动的原因及形式

实际的铁路轨道不可能是绝对平直和刚性的，铁路轨道上存在各种各样的不平顺，实际的车轮也不是一个理想的几何圆形。因此，车辆在轨道上运行时轮轨之间会出现不断变化着的轮轨作用力，这些作用力会激起车辆的振动。引起车辆振动的原因有很多，有些是确定的，有些是随机的。

一、车辆振动的原因

（一）铁路线路方面的因素

1．钢轨接头处的轮轨冲击

铁路线路是由一根根的钢轨连接起来的，当车轮通过钢轨接头时，接缝处会出现明显的形状变化。这些局部形状变化，使车轮通过钢轨接头时出现跳跃，形成轮轨间的冲击，车辆弹簧受周期性的冲击，产生压缩或伸长，引起车体在弹簧上的振动。

2．铁路线路的垂向变形

铁路线路具有一定的弹性，当车辆沿钢轨运行时，在轮对垂直载荷的作用下，铁路线路也随轮对的移动出现垂向变形，车辆在上面行驶时，将随同起伏而形成振动。

3．铁路线路局部不平顺

车辆在铁路线路上运行时，还受到轨道各种局部不平顺的影响，如曲线外侧超高及其顺坡、横向的方向变化、曲率半径变化、轨距的变化、车辆通过道岔，此外轨道还有上坡和下坡，钢轨的局部磨损、擦伤，路基局部隆起或下沉，气温变化等，这些局部形状变化都是引起车辆振动的原因。

（二）车辆自身结构状态因素

1．轮对偏心

由于制造工艺和设备等方面的原因，造成轴颈中心与车轮中心有偏心。当车轮在铁路线路上运行时，车轴中心相对瞬时转动中心会出现上下和前后振动。

2．车轮不均重

如车轮的质量不均匀，车轮的重心与几何中心不一致，当车轮转动时车轮上会出现转动不平衡力，从而引起车辆周期性振动。

3. 车轮踏面擦伤

车轮踏面存在擦伤时，车轮滚过擦伤处时，轮轨间将产生周期性的冲击。

4. 车轮踏面的斜度(或等效斜度)

由于车轮踏面具有斜度(或等效斜度)以及轮缘与钢轨之间的间隙存在，轮对在线路运行的轨迹为蛇行运动。随着车速的提高，蛇行运动加剧不仅增加运行阻力，还可能造成车辆的脱轨事故，大大降低了车辆的运行品质，同时带动车体产生横向周期性的振动。

二、车辆振动的形式

车体振动有六种基本形式，分别是浮沉振动、点头振动、摇头振动、侧摆振动、侧滚振动、伸缩振动。

第二节　轮对蛇行运动产生的原因

具有一定踏面形状的铁路车辆轮对，沿着平直轨道滚动，受到微小激扰后就会产生一种振幅保持或继续增大直到轮缘受到约束的特有运动。此时轮对向前滚动，一面横向往复摆动，一面又绕铅垂中心线来回转动，其轮对中心轨迹呈现波浪形，称蛇行运动。当激扰消失而剧烈的蛇行运动不能收敛时，则称为蛇行失稳。表面上轮对并未受到钢轨的纵向或横向位移激振，实际上这是一种自激振动，是轮对对钢轨的相对运动产生了内部激振力，由这种激振力维持着轮对的运动。由机车牵引力提供的非振动能量由于轮轨间的自激机制(理)转换为蛇行运动的能量。当车辆运行提高到某速度，车辆系统中的阻尼无法耗散这种能量时，蛇行运动就呈现失稳，该速度称为蛇行失稳临界速度。轮轨间的蛇行运动是由具有等效斜率的踏面产生的。这种踏面是为避免轮对的轮缘始终贴靠轨侧运动而采取的自动取中措施。正是这种取中的能力在一定条件下转化为失稳的动力。

为了比较直观地研究车轮踏面形状对车运行的影响，首先分析自由轮对在轨道上的蛇行运动。在分析中为了使问题简化做如下假定。

1. 轮对与转向架之间无任何刚性和弹性约束，轮对单独地在轨道上滚动。
2. 钢轨顶部呈刀刃状而且是两根平行直线。
3. 轮对是两个对称圆锥体，轮对在轨道上运行时，轮轨之间无任何相对滑动。
4. 不计轮对上任何作用力和惯性力。

根据以上假定，可以导出自由轮对在钢轨上运行时的运动学关系，具体计算过程和分析不在此进行赘述。

当车轮踏面为锥形时，只要轮对中心线偏离轨道中心线，轮对就会在横向产生正弦运动，这种运动称为自由轮对的蛇行运动。

车轮半径越大、踏面斜度越小，则轮对蛇行运动的波长越长，即蛇行运动越平。轮对蛇行运动也将激起车辆的振动。

上述分析是在忽略了转向架对轮对的约束和轮轨之间的相互作用下导出的结果。事实上作用在轮对上所受的悬挂力和轮轨作用力都会影响轮对在轨道上的运动过程。

当车辆沿轨道运行时，轮对有蛇行运动的倾向，轮对的蛇行运动将激起车辆簧上部分的振动，而车辆簧上部分的振动也将反过来影响轮对的蛇行运动。当车辆沿完全平滑的轨道运行时，轮轨之间虽无明显的激扰作用，由于车轮踏面的特点也会激起车辆系统的振动，这种振动属于力学中的自激振动，只要车辆沿轨道运行，轮对中心与轨道中心线之间存在横向偏移时，就会引起轮对蛇行运动，只有车辆停止运动，蛇行运动才能停止。总之影响蛇行运动的因素有很多，主要有轮对定位刚度、车轮踏面等效斜率、蠕滑系数、转向架固定轴距、中央悬挂装置等五个方面。

第三节　车辆减振措施

一、改善车辆垂向振动性能的措施

转向架的弹簧减振装置对车辆垂向性能的影响最大，因此弹簧装置选用时应充分考虑到弹簧的静挠度和刚度比。此外采用橡胶可以有效地吸收车体的高频振动。在心盘、轴箱弹簧座、摇枕弹簧座、承载鞍处加入橡胶垫，可以有效改善车体垂直振动性能。

二、改善车辆横向振动性能的措施

引起横向振动的主要原因是转向架的蛇行运动，尤其是行车速度超过 100 km/h 时更加明显。对于货物车辆，通常从以下几个方面着手解决。

1. 采用旁承支重。采用旁承支重是为了利用上下旁承面间的摩擦力，抑制转向架的蛇行运动，从而达到改善车辆横向振动性能的目的。

2. 车轮踏面斜度。车轮踏面斜度是引起蛇行运动的根本原因。减小踏面斜度，可以增加蛇行运动的波长，减小横向振动的加速度。

3. 轴箱定位。轴箱定位也就是轮对定位，即约束轮对与构架之间的相互位置。采用轴箱定位的原因有以下几点。

(1)使轴箱在转向架上的位置及活动余地限定在一定范围内，从而正确地把载荷传递并分布到轮对上。

(2)使轮对转动灵活，转向架顺利通过曲线。

(3)利用车体的稳定惯性来牵制、减少轴箱的横向摆动。

货车轴箱定位的方式有导框式、支柱式、油导筒式、拉杆式、拉板式、橡胶弹簧式。

实践表明，轴箱定位方式对高速运行的转向架蛇行运动的影响十分明显。目前，较好的轴箱定位方式有弹性导柱式、转臂式、拉板式及橡胶堆式轴箱定位方式。

(4)采用横向减振器。采用横向减振器可以大大改善横向振动性能。此外，设置抗侧滚扭杆，也是十分有效的措施。

第四节　车辆脱轨因素

一、车辆状态引起的脱轨因素

1. 转向架与车体的斜对称载荷，构架扭曲弹簧刚度不一致，轮径不一致，前后心盘不平行或对角旁承压死等都能引起轮对一侧减载而造成脱轨。

2. 旁承摩擦力过大，阻碍转向架转动，通过曲线时使轮缘承受过大侧向压力引起脱轨（在采用旁承支重的转向架上易发生）。

3. 轴箱定位刚度过大，使轮对与钢轨间侧向冲击力增加，易造成脱轨。

4. 空车比重车易脱轨，因为空车弹簧挠度小，对线路扭曲的适应力差。

5. 车辆重心位置过高，影响到各轮垂直载荷的分配，也易引起脱轨。

6. 旁承游间过大，能引起车辆过大的侧滚振动，对脱轨安全性也有影响。

7. 轮缘外侧粗糙，加大了轮轨间的摩擦力，易导致脱轨。

二、线路状态引起的脱轨因素

1. 线路水平面扭曲能增加轮对的侧向压力，易引起脱轨。

2. 小半径曲线外轨超高较大，车辆在低速通过时，使外侧车轮减载；高速运行时，如外轨超高不足，内侧车轮则减载，这些都会影响轮对的稳定性。

3. 线路高低不平的程度过大或线路水平突变，易使个别车轮产生脱空而不承载或少承载，引起脱轨事故。

4. 道岔上的尖轨与基本轨不密贴或尖轨被轧伤，易使轮缘爬上钢轨而发生脱轨事故。

三、引起车辆悬浮脱轨的主要因素

1. 线路的超高顺坡率。多发生在曲线半径 200 m 以内，超高顺坡率在 2.5‰以上。曲线间夹直线在 25 m 以内的连续反向曲线区段和缓和曲线部分上，没有明显的爬轨痕迹。

2. 货物装载的程度。轻浮货物和零担货物，载重轻，重心高或运行中容易位移造成严重偏载的货物。

3. 车辆平面摩擦式旁承的接触状态和游间大小。两侧旁承游间过大或过小或一侧旁承无游间。

复习思考题

1. 引起车辆振动的原因有哪些？
2. 车体振动有哪几种基本形式？
3. 车辆状态引起的脱轨因素有哪些？

第十一章 货车造修基础

第一节 铁路货车检修制度

铁路货车有两种检修制度，一是计划性预防修，二是技术状态修。各国铁路一般根据实际情况，对铁路货车采用其中一种或两种检修制度。我国铁路货车目前采用计划性预防修的检修制度。

我国铁路货车具有以下主要特点：

1. 无固定配属，全国铁路共享共用。
2. 除车体以外的基本结构高度统一、通用性强，大部分配件(零部件)可互换，便于维护使用。
3. 数量大，远超其他铁路移动装备。
4. 适用于全国各种地理环境。
5. 无随车维护人员，主要以新造和定检保证其技术状态。

要确保铁路货车运行安全和满足运输要求，需结合铁路货车的特点开展检修工作。计划性预防修检修制度是定期预防性检查与状态维修相结合的制度。定期检修是每隔一定时间或达到一定运行里程，对运用中车辆的零部件进行一定程度的检查和维修。实施定期检修时，对全车及各部位技术状态进行全面检查，根据检查结果按其技术状态实施调修、更换、重新组装等不同程度的修理方式。以计划好的时间或运行里程确定定检修程，考虑定期检修周期(以下简称定检周期)设置应短于货车主要部件主要故障的发生发展周期，在货车故障影响到车辆安全或正常使用之前进行维护、修理，并对货车技术状态进行检查、调整，从而保证货车在下一定检周期内安全运行和满足运输需要。

铁路货车定检周期分为以时间和以运行里程结合时间两种。以时间确定定检周期的铁路货车分为厂修、段修两级修程。以运行里程结合时间确定定检周期的铁路货车分为 A 级修(大修)、B 级修(全面检查修)两级修程。以运行里程结合时间确定定检周期的铁路货车，满足二者之一视为到期。各级修程同时到期时，按高级修程施修，段修过期至距厂修到期不足 4 个月时，按厂修施修。

段修是维护性修理，其任务是维护货车的基本性能、减少运用故障、提高车辆使用效率，一般在铁路局集团公司车辆段检修车间进行。段修作业包括分解、检查、检测、修理、组装、试验等主要检修过程和运输、储存等辅助过程，专业上涵盖焊接、铆接、机械加工、热处理、调修、装配等工艺和目视检查、量具检查、无损检测、自动检测等检查技术。《铁路货车段修规程》规定了铁路货车段修技术标准和管理要求，对铁路货车段修工艺、生产布局、工装配置、场地设施、人员素质、生产组织、材料配件、管理制度等各项工作提出了明确要求，是现阶段我国铁路货车段修工作的主要依据。

厂修是恢复性修理，其任务是对铁路货车各部装置按规定进行全面分解、检查和彻底修理，恢复铁路货车的技术性能，一般在车辆工厂进行，也可以在有条件的铁路局集团公司车辆段进行。厂修作业包括分解、检查、检测、探伤、修理、组装、试验、油漆等主要检修过程和运输、储存等辅助过程，专业上涵盖焊接、铆接、机械加工、热处理、调修、装配、油漆等工艺和目视检查、量具检查、无损检测、自动检测等检查技术。《铁路货车厂修规程》规定了铁路货车厂修技术标准和管理要求，对铁路货车厂修工艺、生产布局、工装配置、场地设施、人员素质、生产组织、材料配件、管理制度等各项工作提出了明确要求，是现阶段我国铁路货车厂修工作的主要依据。

A 级修也称大修，仅名称上区别于以时间确定定检周期的铁路货车厂修，其作业场所、作业内容及任务与厂修一致。B 级修也称全面检查修，仅名称上区别于以时间确定定检周期的铁路货车段修，其作业场所、作业内容及任务与段修一致。

第二节 零件损伤

一、零部件的损伤类型

（一）车辆零件的磨损

磨损是零件在工作过程中，由于摩擦使零件表面材料受到损失，使几何尺寸和表粗糙度发生变化的一种损伤。车辆零件的磨损有正常磨损和不正常磨损。正常磨损是不可避免的。不正常磨损是工作条件不正常或材质不良引起的偏磨或急剧磨损。这种磨损不仅速度快而且会引起其他危害，如果消除引起零件不正常工作的条件，不正常磨损是可以避免的。

（二）车辆零件的腐蚀

车辆零件腐蚀形式常见的有以下四种：表面的均匀腐蚀，如铁锈；夹锈，发生在两连接件接触面之间；局部穿孔或大面积蚀透；腐蚀性裂纹。

（三）车辆零件的变形

车辆零件刚度过低或受到过大的载荷会发生变形。零件变形会使车辆承载能力下降，还会使车辆超出车辆限界，与线路两侧的设备碰撞造成事故。

车辆零件发生变形的原因除受到过大的载荷以外，还有在运用中受到不正常的冲击，或是零件设计不合理，或因受到腐蚀，使零件强度不足造成的变形。零件发生变形后，零件的受力状态发生变化，往往使应力上升，变形发展加快或引起裂纹和断裂。

（四）车辆零件的断裂

车辆零件的断裂主要有冲击断裂、静载断裂和疲劳断裂。车辆零件发生的断裂大部分属于疲劳断裂。由于车辆的主要零部件在车辆运行中所受载荷是交变性或有交变载荷的成分，因此，在运用中极易产生金属疲劳而导致零件断裂。

二、铁路货车检修限度

铁路货车检修限度指车辆在检修时对车辆零部件允许存在的损伤程度，是一种极为重要的车辆技术规定。检修限度制定得合理与否，直接影响到运用车辆质量与车辆检修的经济效果。因此，合理地制定检修限度标准，对高质量完成铁路运输任务具有重要意义。

（一）检修限度的分类

车辆零部件运用中，以尺寸大小表示磨损、腐蚀、裂纹、变形、擦伤、剥离、间隙等损伤形式的程度。因此，检修限度标准中，绝大部分是以尺寸值来表示。只要适当地规定各种损伤的尺寸限度，就能控制车辆零部件的损伤程度，确保车辆运用中的安全性。

与现行的车辆检修制度和修程种类相适应，铁路货车检修限度主要分为厂修限度、段修限度、运用限度。原则上，厂修限度严于段修限度，段修限度严于运用限度。厂修限度是车辆进行厂修时，零部件上允许存在的损伤程度，也是检验损伤修复后是否合格的依据。段修限度是货车进行段修时，零部件上允许存在的损伤程度，也是检验损伤修复后是否合格的依据。运用限度是允许车辆零部件存在损伤的极限程度，是零部件能否继续运用的依据。车辆运用中，当零部件的损伤程度达到运用限度时，即表示损伤已达到了极限的损伤状态，则该零部件就不能继续使用，必须进行修理或更换，才能保证列车的安全运行。

车辆检修中并不是所有零部件都具有这几种检修限度的规定，某些零部件只有厂修、段修限度。对这类零部件来说，在车辆运用中不列入列车检查的对象，因此在运用限度中，对其损伤程度不作具体规定。此外，有的零部件的某种损伤程度只有运用限度规定，说明该零部件的这种损伤在其他修程中不允许存在，必须通过加修或更换以恢复其原形尺寸。

（二）各级修程检修限度的关系

各级修程的检修限度不同，高级修程检修限度严于低级修程。一是因为各级修程的任务不同，厂修是恢复铁路货车的技术性能，段修是维护货车的基本性能；二是因为各级修程的质量保证内容和保证期限不同，高级修程比低级修程的质量保证内容要多、保证期限要长；三是因为各级修程的工装设备不同，有些检修工作在低级修程无法完成。

（三）检修限度说明

各级修程规定的检修限度“不超过……”“不小于……”“不大于……”“须在…以上”的数值，均为允许限度。各级修程规定的检修限度、数据均按名义尺寸计算，不包括公差。各级修程规定的检修限度，上一级修程有数据而下一级修程无数据者，下一级修程可不掌握；上一级修程无数据而下一级修程有数据者，上一级修程则不得发生。

复习思考题

1. 我国铁路货车的主要特点是什么？
2. 段修的主要任务是什么？
3. 厂修的主要任务是什么？
4. 铁路货车检修限度是指什么？